我们都是用广州做革命的起点

广州是革命党的发源地

—— 孙中山

广州
历史文化图录

中国民主革命策源地

Guangzhou: the Cradle of the Democratic Revolution of China

广州

1840—1949

陈建华　主编

广州出版社
GUANGZHOU PRESS

《中国民主革命策源地——广州（1840—1949）》

编辑委员会

广州市人大常委会教科文卫工作委员会

广州市社会科学院历史研究所

联合编撰

序　言

《中国民主革命策源地——广州（1840—1949）》是一部用大量罕见的珍贵历史照片呈现广州近代史的图录。

广州自秦代始皇帝三十三年（公元前 214 年）置南海郡和番禺县至今，逾越两千载，为南粤地区政治、经济、文化的中心。在历史发展的进程中，广州先后成为海上丝绸之路的发祥地、岭南文化的中心地、中国民主革命的策源地和改革开放的先行地，堪称历史悠久的文化名城，且因交通枢纽和国际商贸中心的地位而享有千年商都之美誉，迄于近代则为民主革命的中心。

广州在东汉时海上贸易已达波斯湾地区，时为世界上最长国际航线；珠江口内外，各国商船不绝于途，黄埔古港商贾云集，兴旺发达的陆上、江河和海洋交通贸易与人文交流，造就了历经两千多年而长盛不衰的世界大港。

秦末汉初，陈胜、吴广起义，楚汉争霸而秦亡。秦副将龙川县令赵佗受命于主将南海尉任嚣弥留之际，后自立为南越王，以广州为中心割据岭南，又心怀大一统观念。赵佗治粤 67 年，百业兴旺，物阜民丰。自秦以降，在漫漫的历史长河中，中原文化与百越文化在这里融合并吸收海洋文化，逐渐形成中华民族文化中的一朵奇葩——岭南文化。“广东之文始尉佗”（屈大均语），中外文化交相辉映，于是成就了岭南文化中心地——广州。

广州这座城市承续了中华民族优秀传统文化，又较早融汇了近代西方先进思想——从民主主义到社会主义，加以地缘等诸因素，在民主革命进程中具有重要的地位和作用。伟大的民主革命先行者和近代化先驱孙中山先生曾经把故乡人民的精神概括为弥足珍贵的两点：“进取心之坚强”和“爱国心之勇猛”。人民是民主革命的承担者，作为南粤中心的广州因此成为民主革命策源地，当非偶然。

1840 年于广州爆发的鸦片战争开启了中国近代时期的帷幕，此乃中国近代史的原点。然而，世界东方古老的帝国并未走上近代化的道路。正如毛泽东所指出：“帝国主义列强侵入中国的目的，决不是要把封建的中国变为资本主义的中国。帝国主义列强的目的和这相反，它们是要把中国变成它们的半殖民地和殖民地。”这段长达百余年的峥嵘与苦难岁月，梁启超曾给予非常形象的表述：“十九世纪与二十世纪交点之一刹那顷，实中国两异性之大动力相搏相射，短兵紧接，而新陈嬗代之时也。”民主革命的进程无疑充满激荡和剧变，千年未有之大变革自有其历史脉络可循。本书在谋篇时，邀请广州地区部分民国史专家提出意见和建议，张磊老师集中大家智慧，形成了比较一致的认识，大致可以将中国民主革命分为两个时期和六个阶段：旧民主主义革命时期和新民主主义革命时期，以五四运动与中国共产党的成立为转折；旧民主主义革命时期又分为准备阶段与正规阶段，以兴中会的组建为界限；新民主主义革命时期分为四个阶段——第一次国内革命战争、第二次国内革命战争、抗日战争和解放战争，划分的依据主要是革命运动的内涵和形式的变易。中华人民共和国的诞生，标志着民主革命基本完成。

正是这风云变幻、怒潮澎湃的伟大时代，哺育和塑造了英雄的城市——广州。作为民主革命策源地，广州推进了民主革命的深化和发展。事实正是如此，在民主革命的每个时期和阶段，广州都在历史舞台上扮演着重要和主要的角色：中国近代史的起点；旧民主主义革命的发端地；旧民主主义革命正规阶段，亦是潮起南粤；新民主主义革命初始阶段，则为主要基地；不论是鸦片战争还是辛亥革命阶段，抑或第一、第二次国内革命战争阶段，乃至抗日战争阶段和解放战争阶段，广州始终是抵御外来侵略和反对封建统治的重镇，为坚持民族独立的抗争和人民解放的奋斗，作出自身所能承担的、独特的贡献。综观中国民主革命的全过程，特别是从辛亥革命到国民革命阶段，广州的重要地位和作用虽有起伏变化，实无愧于民主革命策源地的光荣称号。

广州是粤港澳大湾区的核心城市和“一带一路”的枢纽城市，正面临着巨大的发展机遇和责任担当。因此，全面地、深刻地、客观地反映广州这座英雄城市的业绩与辉煌，展示难以忘却的历史记忆，再现先驱者和先烈令人感佩的不朽形象，显然是兼具学术价值和现实意义的重大课题。在成书过程中，编撰者们力求做到主题鲜明、立论中肯、资料翔实、文字平实。本书以图文并茂的形式展现鲜活的历史画卷，更采用了多帧在海内外广泛搜集的鲜为人知的珍稀图片，集思想性、知识性、可读性于一体。同时，还充分利用先前的许多相关成果，多方位、多层次、多视角地再现了广州在我国波澜壮阔的民主革命中独特而又充满魅力的历史风貌。

在新时代来临之际，我们承担着重要的历史使命。必须运用和不断提高科学理论思维的能力，方能排除困难和解决问题，勇于和善于创新，奋进不已。科学理论思维包括战略思维、历史思维、辩证思维和创新思维，能够增强工作的科学性、预见性、主动性和创造性。历史思维能力则在于以史为鉴，知古鉴今，以历史的眼光认清事物发展规律，把握前进方向，指导现实工作。

让我们深刻认识和牢记学习历史、历史教育的必要性和重要性，努力提高历史思维能力。

祝愿本书的编撰者们不断推出优秀的新成果。

是为序。

陈建华　于天河华文斋

2018 年 9 月 20 日

目 录

一

民主革命的发端地

（1840—1894）

1840—1842年，英国发动侵略中国的鸦片战争。此前，清政府已于1729年、1796年颁布法令禁止吸食鸦片和进口鸦片，英国却不断扩大非法的鸦片走私贸易，严重腐蚀和荼毒中国民众，借此获得高额利润，并且不择手段地以坚船利炮打开中国闭关锁国的门户。由此引发了中国社会的严重危机，中国人民进行了正义的禁烟运动。为了维护自身的非法利益，英国采取了侵略手段。在这场以鸦片命名的战争中，广州的地位非常重要和突出：战前鸦片输入的集中区、钦差大臣林则徐的禁烟运动和军事指挥中心、抗击英军的第一线。侵略军频频进窥，英军首袭广州，清政府妥协求和，林则徐被革职，清政府先后派遣军政大员琦善和奕山到广州接替其职。庸臣懦将一反林则徐的作为，和战失据。奕山于1841年5月与英国侵略者签订地区性休战协定——严重损害民族尊严和南粤民众利益的《广州和约》，亦为清政府批准。英方获得巨额赔款，旋即撕毁和约并扩大战火。由于清政府的极端腐朽，中国最终战败，英国于1842年8月强迫清政府签订了《南京条约》，中国逐步沦为半殖民地半封建社会。严峻的现实是：中国——如同马克思在评论不列颠对印度的统治时所指出——并未在失去“旧世界”的同时获得一个“新世界”。因为列强对中国的侵略虽然在客观上促进了中国传统的自给自足的自然经济的分解及资本主义的萌发，但侵略者又与清朝统治者相勾结，竭力维护半殖民地半封建社会秩序，以专制的统治阻断了中国近代化的道路。只有粉碎殖民主义、封建主义双重枷锁，才是中国人民获得“新世界”的前提。民主革命运动无疑是唯一的救亡图存之路，舍此别无通途。

继鸦片战争后，英、法侵略者在俄、美政府支持下于1856—1860年发动了第二次鸦片战争，广州、天津、北京先后被侵入。清政府再次战败，被迫签订了《天津条约》《北京条约》。英国割占香港的九龙司，广州沙面被划为英法租界。贪婪的侵略者又在19世纪后期相继发动了中法战争、中日甲午战争、八国联军侵华战争，强迫清政府签订一系列不平等条约，中国面临被蚕食鲸吞、瓜分豆剖和列强共管的厄难。民族危机空前深重，捍卫祖国、振兴中华成为近代中国社会进步思潮和运动共有的主旋律。

殖民主义者的行径激起了中国人民持续的反抗。广州军民的反侵略火焰首先迅猛燃烧起来。1839年，林则徐在虎门销毁鸦片，并挫败英国兵舰多次发起的武力挑衅。1841年5月，广州三元里人民自发组织了抗击英军入侵的斗争，用行动向侵略者宣示中国人民抵御外侮的爱国精神和英勇气概，揭开中国人民反侵略、反殖民主义斗争的光辉篇章。稍后，广州人民发起了“反河南租地”和长达数年的反英军入城运动，延绵不断的反侵略斗争，在很大程度上为后来席卷半个中国的太平天国运动的酝酿与发动提供了重要条件。广州人民在第二次鸦片战争、中法战争中继续以各种方式反击了侵略者。

19世纪40年代，洪秀全在毗邻广州的故乡花县（今广州市花都区）撰写《原道救世歌》《原道醒世训》《太平天日》等重要著作，号召人们起来击灭“阎罗妖”——清朝统治者，为实现“天下一家，共享太平”的理想而战斗。因此，吸引了众多两广贫苦农民加入反清队伍中，迅速形成声势浩大的太平天国运动，并席卷了大半个中国。此前，出身农家的塾师洪秀全曾到广州多次应试未果，却得以接触和研读《劝世良言》等宣扬基督教的小册子，成为他附会和采用于自己著作的素材。1854年，广东天地会在太平天国的影响下发动“洪兵起义”，这是珠江三角洲地区规模最大、持续时间最长的反清斗争。然而，农民运动虽然沉重地打击了封建王朝，但历史的局限性使它难以承担革故鼎新的历史重任。

两次鸦片战争激发了中华民族的觉醒与奋起。鸦片战争前后，先进人士睁眼看世界的视野和“师夷长技以制夷”的思想成为向西方学习的先声。从爱国走向变革的思潮澎湃，且不断深化和拓展，维新变法及其他社会变革运动应运而生，甚至给农民运动抹上了时代的色彩。先是“居外久”的洪仁玕撰述的《资政新篇》在 19 世纪 50 年代就已经提出近代化的初步构想。洪仁玕作为太平天国后期主要领袖，其主张显示了向西方学习的倾向，并大体得到洪秀全的赞同。但太平天国不久即溃灭，它反映了当时先进人士探索救国救民道路的迫切愿望和尝试。太平天国悲剧结局的原因在于：洪秀全颁布的《天朝田亩制度》体现的农业社会主义思想有悖于近代历史潮流，难以实现；洪仁玕提出的《资政新篇》则缺乏相应的社会基础和条件；太平天国形势日趋危殆，难以顾及和实施社会建设。从 19 世纪 80 年代以降，爱国与变革成为备受人们关注的课题，容闳、郑观应等一批早期维新人物，不断推出以富强救国为核心的变革方案。康有为、梁启超、陈千秋等更把变革思潮推向政治制度和理念层面，开办了万木草堂以培育维新队伍，广州地区成为思想启蒙与社会改革的肇始之地，开风气之先。被当权的顽固派镇压的戊戌变法，则是维新志士首次也是末次付诸实践的壮举。

1894 年 6 月，接受过“欧洲式教育”和满怀爱国变革热忱的孙中山北上投书李鸿章，希望这位以洋务闻名当世的朝廷重臣能接纳他的社会变革纲领：“人尽其才，地尽其利，物尽其用，货畅其流。”他认为“此四事者，富强之大经，治国之大本也”。然而，上书的失败、清军在中日甲午战争中的耻辱结局，使他希望通过和平方式改革中国社会现状的梦想破灭。孙中山和他的同志们决定用武装斗争的方式来推翻清王朝。1894 年 11 月 24 日，孙中山在檀香山创建了中国第一个资产阶级革命民主派团体——兴中会，入会誓词为“驱除鞑虏，恢复中国，创立合众政府”。兴中会发出“振兴中华”的召唤，首次提出具有共和制度诉求的纲领，显然具有划时代的意义，它的成立及翌年的广州起义标志着近代中国民主革命从准备阶段进入具有比较完全意义的正规阶段。

形势迫使国门进一步开放，社会经济状况发生变化。侵略者通过诸多方式和手段控制了中国重要通商口岸、海关和外贸；贷款给中国政府和开设银行，控制了中国财政和金融，买办和商业高利贷剥削网遍布城乡；直接在中国开办工厂和企业，用以配合商品输出；原有的传统经济体系逐步瓦解，许多民众迫于生计，涌向境外以谋生路，部分人士逐渐认识和接受西方的生产方式，把国外工厂的技术、设备及管理方式引进故里。侨商陈启沅于 1873 年率先采用机器生产，在毗邻广州的南海县创办了继昌隆缫丝厂，并由此引发了珠江三角洲民间资本兴办近代企业的最初热潮。

广州还是中国境内首先出现洋行和外资企业的地区。1714 年，英国商人在广州首先设立了商馆，成为外商在华设行的起点。鸦片战争后，在不平等条约庇护下的洋行纷纷在广州设立，业务范围不断扩大，通过买办和商人在中国一些城市建立了销售据点并形成经销网，在相当程度上操纵了相关的经济和一些社会公用事业。怡和洋行是广州洋行发展的典型代表。英商投资的柯拜船坞于 1845 年在广州东郊长洲岛（今黄埔造船厂内）设立，成为广州现代修造船舶工业的发轫。

在西潮东渐影响下，西学的传播与新式教育机构的建立逐步开展起来，学习外国语言文字、社会政治、经济学说与科学技术蔚然成风。1864 年设置的广州同文馆专门培养涉外人才，学员研习外语、自然科学、实用技术兼及国际公法等科目，1905 年更名为译学馆（遗址为今广州市朝天路小学所在），对引进西学起了重要的中介作用。广州在中西方文化的汇聚、冲撞和交融过程中开始更新和变易，在诸多方面居于全国的前列。

“新的社会因素”在近代中国萌发，尽管这个过程颇为缓慢艰难，但还是迈开了走出封建社会的步伐，社会结构及各个领域均发生不同程度的变化。“中国民族资本主义发生和发展的过程，就是中国资产阶级和无产阶级发生和发展的过程。”广州地区则是“新的社会因素”最早的诞生地之一，近代民主革命的内涵和趋向因而发生了前所未有的重大更替和迈进。

广州——西方列强对华侵略的切入点

清道光年间（1821—1850）的广东省城广州地形示意图，原件现藏于瑞典斯德哥尔摩德罗特宁哥姆城堡。

1685年，清政府开放海禁，设置粤、闽、江、浙四地海关，至1757年仅保留广州一口通商。

实行一口通商后，广州垄断了商品的进出口，独享中西交往带来的红利，但清政府的闭关政策又使中华民族疏隔于世界发展的潮流。图为 19 世纪初中国画家笔下的广州城。

18 世纪繁忙的广州港。1768 年，英国商人威廉 · 希克对广州赞不绝口："珠江上船舶运行忙碌的情景，就像伦敦桥下的泰晤士河，不同的是河面上的帆船形状不一，还有大帆船。在外国人的眼里再没有比排列在珠江上长达几英里的帆船更为壮观的了。"

19 世纪初的缫丝场图。外国商船汇聚在广州大量采购生丝和丝织品。珠江三角洲地区的蚕桑业日益繁荣，广州西关开设的丝织工坊织造的"广纱""广缎"驰名海外。

1840年之前，每年约有45万担茶叶从广州输往世界各国。清代广州河南地区茶园与花田遍布，出产的“河南茶”备受洋行青睐。图为制作茶叶图。

清末珠江南岸运载茶叶的情景。

18—19 世纪初的黄埔港，见证了广州对外贸易的鼎盛。

THE
Saturday Magazine.

Nº 703.   JUNE   17TH, 1843.   PRICE ONE PENNY.

WHAMPOA.

WHAMPOA ISLAND AND THE CANTON RIVER.

About ten miles below the city of Canton, the island of Whampoa divides the river into two channels. This island affords safe anchorage-ground for foreign ships trading to Canton, and on arriving at Whampoa the bustle and variety of the Canton river become very striking. The river seems to be alive with boats, some fishing, some passing up and down or across in all directions. On the shores, as far as the eye can reach, green fields appear in every direction, intersected by small canals, and sheltered by elevated lands which form an agreeable back-ground to the picture. Small villages, each with a dense and bustling population, may be descried through the shady and rich foliage of the banana, the orange tree, and the bamboo. Mat sails are universally employed for Chinese junks of all sizes, and these give a peculiar feature to the scenery about Whampoa, and from thence up to Canton. An eye-witness describes these sails as being composed of a number of mats sewed together, with from six to eight bamboo battans placed at equal distances, and horizontally across the sail; the space between each constituting a reef, which is always taken in on the foot, by lowering the haulyards, and rolling up on the battans, from the extreme end of each of which are lines so placed as to meet at a centre to form the sheet, but yet each supporting its own battan. These junks and boats invariably *tack*, for the act of wearing would, from the jibbing of the sail, endanger their lightly secured masts.

On anchoring at Whampoa, two boats from the offices of the local authorities are placed alongside to prevent smuggling, and their permission is necessary to the landing or shipping of any goods. The exactions on foreign ships have hitherto been very oppressive, and have led to an extensive system of smuggling. In the lading and unlading of ships, a linguist is employed, who transacts all the necessary business connected with fees and duties at the government offices. Five or six of these men are licensed by government, and are considered responsible for all proceedings connected with the cargoes of European vessels.

Conspicuous on the island of Whampoa is its stately pagoda, which rises to an elevation of a hundred and twenty feet. Like most other edifices of the kind it is constructed of brick. The view from its summit is very fine, embracing the varied scenery of the adjacent hills and valleys, and the extensive and animated navigation of the Canton river. Pagodas are also seen erected at certain distances all up the river as far as Canton, and even beyond. Mr. Bennett remarks that in looking from the terrace of the East India Company's late factory, it was observed that these pagodas formed a line of watch-towers; and signals and lights could pass from them with rapidity from one to the other, forming excellent means of telegraphic communication. The pagodas here and elsewhere are, as it is well known, the religious buildings of the Chinese; indeed the name pagoda is a corruption of the Sanscrit word for "holy house." These temples generally consist of a porch or vestibule, an outer sanctuary for the priests, and an inner sanctuary, containing the principal idol. As the fruit of idolatry we may naturally expect to find superstitious observances among the Chinese, when death occurs in their families; and such the report of recent observers proves to be the case.

1843 年，英国杂志对黄埔港的描写。

1844 年 11 月拍摄的十三行商馆。广州十三行亦称“洋行”“外洋行”，是官府特许独占广州对外贸易的商行，主要职能是办理外商货物的报关纳税，传达政府有关法令和管理外商等。1842 年被废止。

广州织金彩瓷，简称“广彩”，创制于清朝初年，在景德镇白瓷胎面加彩，再经焙烧而成。既传承中国彩瓷工艺，又融合西洋传入的珐琅彩技艺，赢得国内外人士的赞誉，销售遍及世界五大洲。

清朝官员巡视十三行商馆。

伍秉鉴（商名伍浩官），清代广州怡和行行商。嘉庆十四年（1809），成为十三行总商。在官府庇护下，通过外贸特权获得巨额财富，道光十四年（1834），他的资产约达 2600 万西班牙银元。

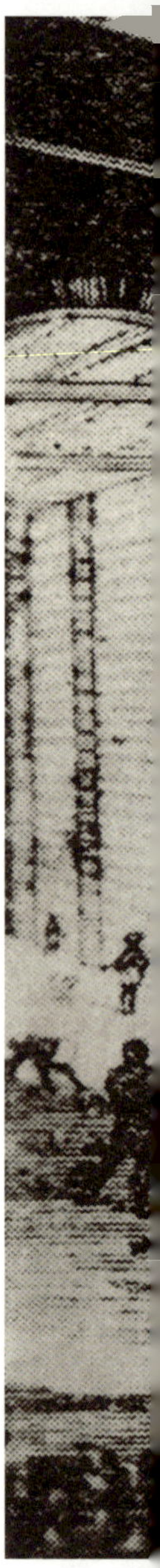

伍秉鉴所建的伍氏花园。

18 世纪末，英国在印度的殖民机构东印度公司极力进行鸦片走私贸易，向中国倾销鸦片。图为东印度公司的鸦片仓库。

广州鸦片烟馆内的情景。

鸦片战争前，英国已拥有“船坚炮利”的海军，陆军装备了比较精良的枪炮。清朝水师不能出远海作战，军队装备大多为性能落后的鸟枪、土炮以及刀、矛等冷兵器。图为射箭和持鸟枪的清朝士兵。而且鸦片流毒清军内部，林则徐奏请严禁，不然“是使数十年后，中原几无可以御敌之兵。”

中国人吸食鸦片的情形。

马克思曾引用英国人蒙哥马利·马丁的话来形容鸦片的危害：“同鸦片贸易比较起来，奴隶贸易是仁慈的……充当凶手的英国人和吸毒自杀的中国人彼此竞争着向摩洛赫的祭台上贡牺牲品。”此图和下页图片为英国报刊登载的两组连环画，名为《中国人吸食鸦片导致家破人亡》。

THE FIRST DOWNWARD STEP

The opium-smoker, just making his first essay in the vice, is seen reclining on a costly black wood couch, inlaid with marble, while his companion is indulging in tobacco through the water-pipe common in China.

PARENTAL EXPOSTULATIONS

The opium-smoker, who has been detected in his secret indulgences, is now seen kneeling before his father to ask forgiveness and promise amendment. His mother leans on her staff in an adjoining room, and his child runs away with the dreaded pipe.

PLEASURE GOES: SORROW COMES

One dissipation leads to another. Demoralised by opium-smoking, he now seeks the society of musicians and singing women, for whose particular companionship he has qualified himself by his vice.

HABIT FIXED: ESTATE RUINED

The wife is painting scrolls for a livelihood, and a servant in the foreground preparing opium by the usual method of boiling for his master's use.

DEAF TO ENTREATY

Wife and child are now seen weeping at the side of the couch. The house is no longer thronged with attendants, and the aged mother brings him tea, leaning on her staff.

RESENTMENTS SOWN

The wife in her indignation dashes the opium utensils to the ground, and prepares to split up the pipe. The husband, outraged by this interference with his pleasures, seizes a bamboo stick and beats her. He is restrained from violence only by some friend or attendant.

THE OPIUM APPETITE KEENER THAN THAT FOR FOOD

Some old friend or attendant is offering him charity in his retirement. He has lost all appetite, however, for ordinary food.

WEEPING OF WIFE AND CHILD

Wife and child look with hopeless sorrow on the living half-naked skeleton of the once portly and well-dressed gentleman.

THE EMPTY HOUSE

The comfort and shelter of the paternal home are things of the past. His present home is a partially roofed shed, his cook-house a makeshift arrangement of mats. All the furniture is gone, and he now smokes on the floor.

SELF-INDUCED WRETCHEDNESS

Crime too often follows the destitution caused by opium smoking, for at all costs opium must be had. Possibly the bucket in which the wanderer carries his pipe, and the labourer's hat slung behind him, are both stolen. The very dogs, recognising him for a loafer, give chase.

HOMELESSNESS

The downward course of the opium smoker is now very rapid. Exposure to the weather and want of food accelerate the injurious effects of the opium. No one would think of giving a night's shelter to a man whose imperious craving for opium would compel him to rob his benefactor before morning.

THE END

Winter comes on apace. With trembling steps and a shivering frame, he seeks the shelter of a cave among the rocks, in which he will lie down and die. Nor is he alone in his misery. Thousands of such victims are living, dying, dead. They are to be found everywhere.

THE EVILS OF OPIUM SMOKING, FROM FAC-SIMILES OF NATIVE CHINESE DRAWINGS

林则徐（1785—1850），福建侯官（今福州）人，嘉庆十六年（1811）进士，爱国的、进步的政治家。他勇于“开眼看世界”，坚决主张禁绝鸦片和反抗外国侵略。道光十八年（1838），他被委为钦差大臣赴粤查禁鸦片，并节制广东水师与查办海口事宜。

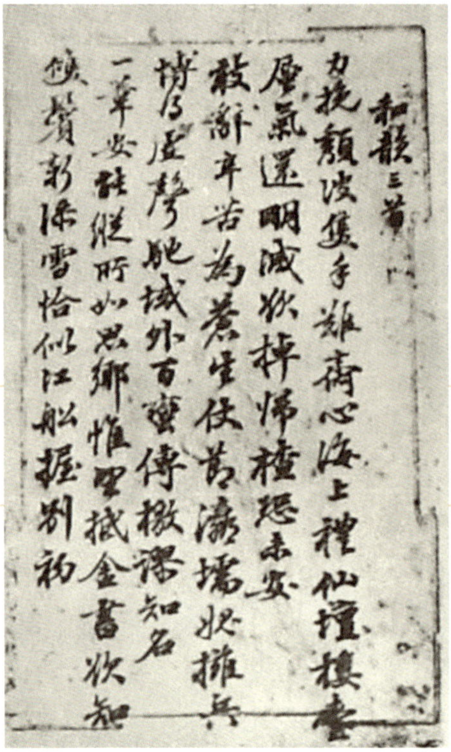

1839 年，林则徐在广东禁烟抗英期间寄给友人的诗稿手迹。

1839 年 6 月 3 日至 25 日，林则徐将收缴的 237 万多斤鸦片在虎门海滩当众销毁。图为英国报刊转载的中国时事绘画《林文忠公烧毁鸦片》。

虎门销烟遗址。

鸦片战争时期置于威远炮台的铁炮。由邓廷桢、关天培在广东佛山定做。

鸦片战争中清军使用的铁质炮弹。

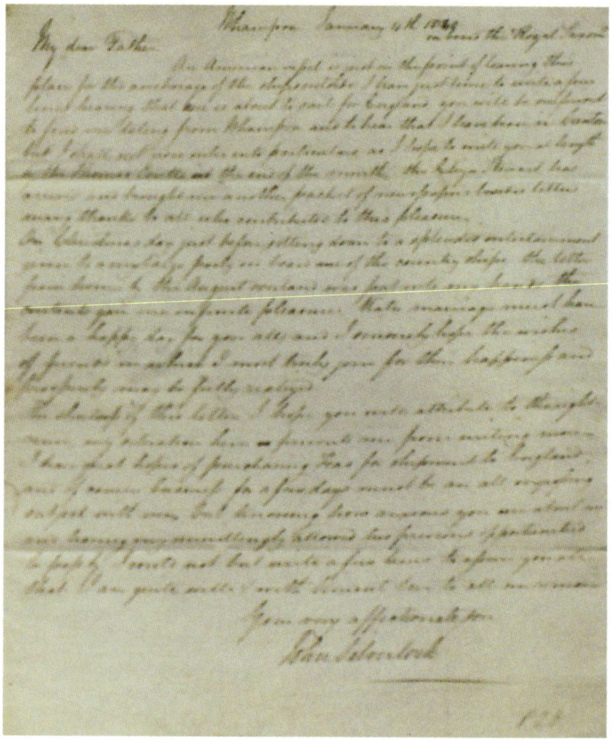

1839 年 11 月，英国商船“皇家萨克逊”号具结入口贸易。该船司务长约翰·希尔维洛克于 1840 年 1 月在黄埔写给他父亲的信中提到：“对所有诚实且与鸦片买卖没有瓜葛的人来说，这里没有丝毫的危险。我是作为‘皇家萨克逊’号的司务长而登岸的，我当然能泰然地表露出我这一身份，因为我是符合中国人的要求的。”清当局不但允许该船自由贸易，还将早先在铜鼓湾抓获的违法英国人送到船上顺搭返国。图为约翰·希尔维洛克的信函。

1840 年 1 月 25 日，阿达姆公司职员在珠江口铜鼓湾发往英国伦敦休斯公司的信中提及当年中国的茶叶出口量达 1500 万磅，生丝的出口量可能达到 5000 包。信中提及“托马斯·高茨”号商船日前自黄埔归来，载有大批货物，并将很快转运到英国。

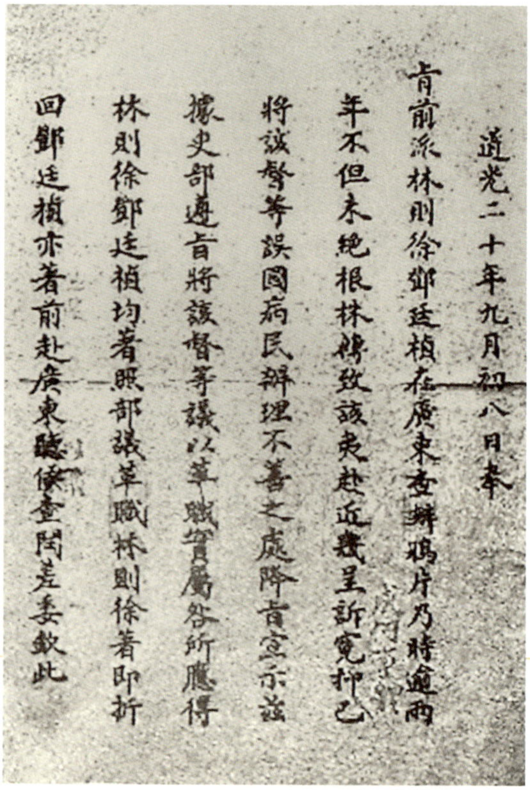

道光二十年九月初八日奉
旨前派林則徐鄧廷楨在廣東查辦鴉片乃時逾兩
年不但未絕根株轉致該夷赴近畿呈訴冤抑已
將該督等誤國病民辦理不善之處降旨宣示茲
據吏部遵旨將該督等議以革職實屬咎所應得
林則徐鄧廷楨均著照部議革職林則徐著即折
回鄧廷楨亦著前赴廣東聽候查問差委欽此

1840 年 11 月，道光皇帝急令琦善赴广东与英军谈判，琦善擅自订立出卖国家利益的《穿鼻草约》，同时道光皇帝将林则徐革职，并下令拆除防御工事。图为贬黜林则徐、邓廷桢的圣旨。

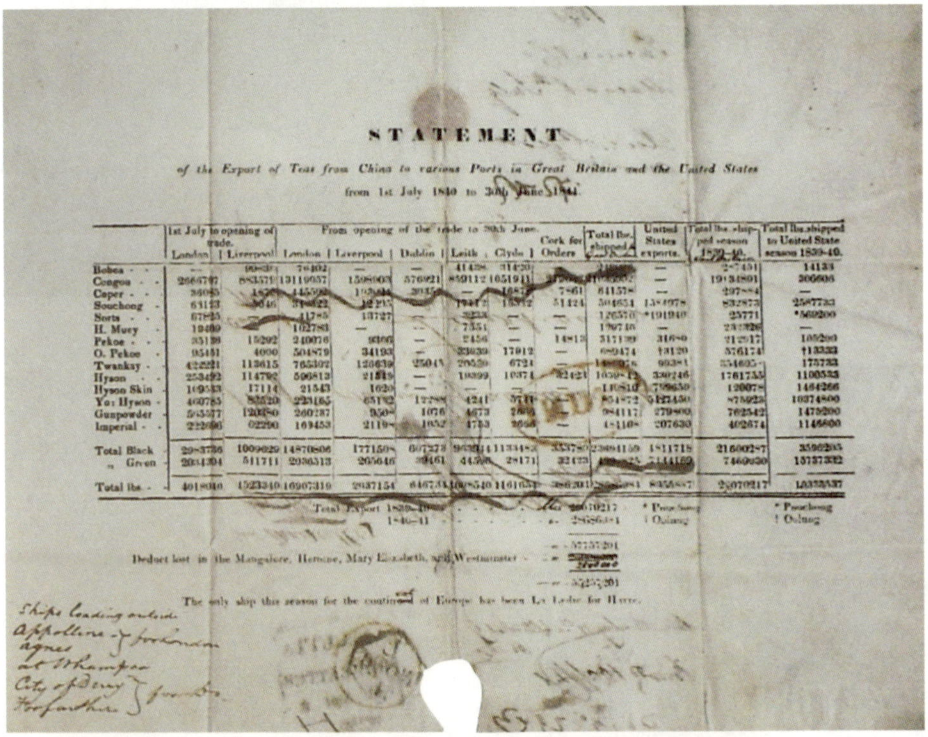

STATEMENT

of the Export of Teas from China to various Ports in Great Britain and the United States from 1st July 1840 to 30th June 1841.

	1st July to opening of trade. London	1st July to opening of trade. Liverpool	From opening of the trade to 30th June. London	Liverpool	Dublin	Leith	Clyde	Cork for Orders	Total lbs. shipped	United States exports.	Total lbs. shipped season 1839-40.	Total lbs. shipped to United State season 1839-40.
Bohea	—	99839	76402	—	—	41438	31420	[illegible]	[illegible]	—	2?7451	14133
Congou	2666707	883571	13119057	1598003	576921	859112	1051911	[illegible]	[illegible]	—	19134891	306606
Caper	36095	1877	145590	192044	2015	—	1687	7861	841578	—	297884	—
Souchong	63123	3046	314822	12295	—	19412	15592	51424	504654	138978	832873	2587733
Sorts	67825	—	11785	13727	—	3233	—	—	126570	*191940	25771	*569200
H. Muey	19409	—	102781	—	—	7351	—	—	179748	—	232926	—
Pekoe	35139	15292	240076	9166	—	2456	—	14813	317139	31680	212917	109200
O. Pekoe	95451	4000	504879	34193	—	23639	17912	—	689474	†3120	576174	†13333
Twankay	422221	113615	765307	126639	25045	20520	6721	—	[illegible]	99381	354695	175733
Hyson	253492	114792	596813	21519	—	10399	10374	32421	[illegible]	330246	1761755	1100533
Hyson Skin	109583	17114	21543	1620	—	—	—	—	148810	799650	120078	1464266
Yo: Hyson	460785	82520	223165	65132	17288	4241	3711	—	854872	5127450	878923	10374800
Gunpowder	593577	120180	260287	9508	1076	4673	2899	—	984117	279800	762542	1475200
Imperial	222690	92290	169453	21198	1052	4733	2658	—	418108	207630	402674	1146600
Total Black	2983736	1009629	14870806	1771508	607373	[illegible]	1133482	353780	23894159	1811718	21600287	3590205
,, Green	2034304	511711	2036513	265646	39461	44596	28171	32423	[illegible]	7144169	7469930	15737332
Total lbs.	4018040	1521340	16907319	2037154	646734	[illegible]	1161653	[illegible]	[illegible]	8955887	29070217	19333537

* Pouchong † Oolong

Total Export 1839-40 ... 29070217

1840-41 ... 28686?81

... 57757201

Deduct lost in the Mangalore, Hermine, Mary Elizabeth, and Westminster ... [illegible]

... 5?4?57201

The only ship this season for the continent of Europe has been La Ledie for Havre.

Ships loading outside
Appolline for London
Agnes
at Whampoa
City of Derry
Forfarshire } for London

1841年7月8日，特纳公司自澳门寄往英国利物浦约翰·格莱斯顿公司的信件于11月6日抵达英国，当时鸦片战争已经开始。信中谈到英国兵力不足、不能向北进攻北京以及义律赴广州谈判等内容。

1841 年 1 月 7 日，英军突然袭击珠江口大角、沙角炮台，守台副将陈连升等英勇牺牲，其子陈长鹏投江殉国，炮台失守。图为英军登陆。

1841 年 1 月 7 日，20 余艘英舰进攻虎门，关天培率军殊死抵抗。

1841 年 2 月，英军集中进攻南山威远、靖远、镇远三炮台。清军防御力量薄弱，当局拒不发兵支援，关天培指挥将士浴血奋战，“身受数十创，血淋漓，衣甲尽湿”，最后壮烈殉国。图为关天培在靖远炮台指挥作战的油画。

1841年3月1日，英国新任侵华陆军司令郭富（Viscount Hugh Gough）率军抵达黄埔港，开始进攻广州。5月25日，英军侵占广州城北各炮台。靖逆将军奕山在城头挂起了白旗，与侵略者签订停战协定。

1841年8月，英国政府侵华全权代表璞鼎查（Henry Pottinger）率军先后攻占厦门、定海、镇海和宁波等地，清军大败。翌年8月，英军兵临南京城下。

1842 年 8 月 29 日，清政府代表耆英、伊里布和两江总督牛鉴与英方代表璞鼎查在英舰“皋华丽”号上签订中国近代史上第一个不平等条约——《南京条约》。

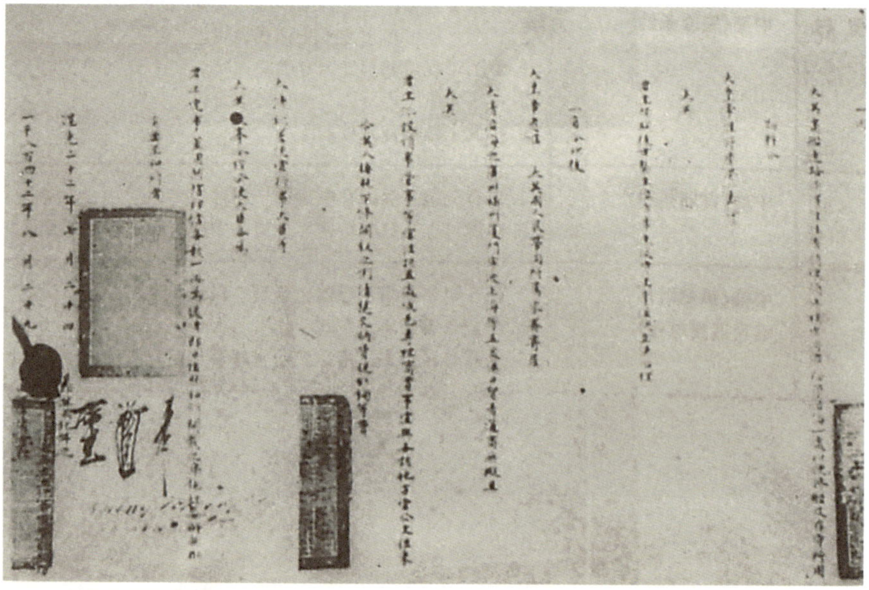

1842 年 10 月，中英双方签订《中英五口通商章程》和《五口通商附粘善后条款》，作为《南京条约》的补充。英国由此攫取了许多特权，主要有：割占香港岛，强开广州、厦门、福州、宁波、上海为通商口岸，取得 2100 万银圆的赔款，协定关税，废除中国对外贸易的公行制度，并享有领事裁判权、片面最惠国待遇以及在通商口岸租地建房等特权。图为《南京条约》中的部分条文。

英法两国为扩展在华权益，伺机发动新的侵略战争。1856 年 10 月，英国海军以“亚罗号事件”为借口入侵珠江口，一度冲入广州城区，挑起第二次鸦片战争；翌年，法国也以“马神父事件”为借口向中国开战。两国组成侵华联军。图为英国舰队进攻虎门炮台。

1856 年 10 月，被英国军舰炮击毁坏的虎门炮台内景。

1856 年 10 月，英国军舰炮击广州城。12 月，广州民众火烧十三行洋人商馆。

1857 年 12 月 28 日，英舰再次炮击广州，并于次日进城。

1857 年 12 月，英法联军指派英国人巴夏礼（Harry Smith Parkes）、哈罗威（C · Thomas Holloway）和法国人修莱（F. Martineau des Chenez）组成“联军委员会”，对广州实行军事管制。原广东巡抚柏贵和广州将军穆克德讷投降后成为侵略军扶植的傀儡广州政府官员。侵略军占领期间，广州民众纷纷组织团练抗击，港澳同胞亦罢工声援。

广州将军穆克德讷。

1858 年 1 月 5 日，两广总督叶名琛在衙署内被英法联军俘虏。后死于印度加尔各答。

“联军委员会”对广州的军事管制从1857年12月29日到1861年10月21日。图为1860年被英法联军占领的越秀山上的镇海楼。

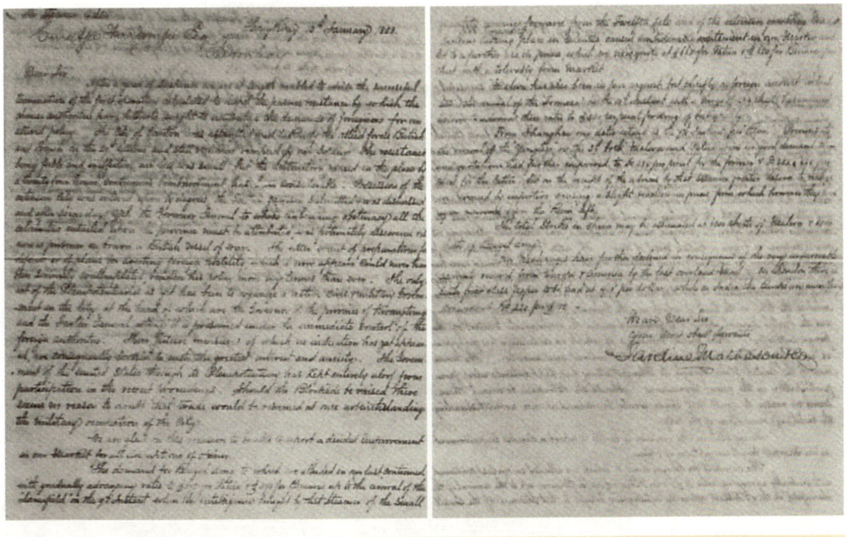

1858年1月13日，香港怡和洋行寄往印度孟买的信件。信中述及广州已被英法联军攻陷，“我们非常高兴，因为我们的鸦片可以出口，并且在销售上可以有决定性的改进”。

詹姆斯·布鲁斯（James Bruce），英国贵族。1857 年 7 月任英国对华全权专使，率英法联军于 12 月攻占广州。1858 年 5 月，他率军北上攻陷大沽炮台，迫使清政府签订中英《天津条约》。1860 年，他率英法联军攻入北京，焚掠圆明园，迫使清政府签订了丧权辱国的《中英北京条约》。

1860 年，英法联军侵入北京，恭亲王奕䜣被委任为全权钦差大臣，负责与英、法、俄谈判，代表清政府相继签订《中英北京条约》《中法北京条约》和《中俄北京条约》。图为奕䜣。

《中英北京条约》共 9 款，其中包括清政府割让九龙半岛南端的九龙司地方一区。1860 年，英军依据《中英北京条约》登上九龙半岛。

英法联军占领时期（1857—1861）的广州。图为归德门上的牌子，第一行用英文和法文写着“南门”。

英法联军占领时期的广州净慧寺一带。

第二次鸦片战争后，英、法依据不平等条约强租广州沙面。图为沙面租界。

1898年4月，法国强迫清政府租借广州湾（今湛江）。次年11月，中法签订《广州湾租界条约》。图为法国设在广州湾的兵营。

1898 年 6 月 9 日，李鸿章、许应骙与英国公使窦纳乐在北京正式签订《展拓香港界址专条》，租借新界给英国，租期 99 年。1899 年 3 月，英国又通过《香港英新租界合同》《香港英新租界水面照会》等约章文件，扩大租借面积，使租借地成为完全由英国管辖的殖民统治地区。图为中英官员在标定粤港边界。

驻守广州的清朝兵士。

广州人民反殖民侵略和反清斗争

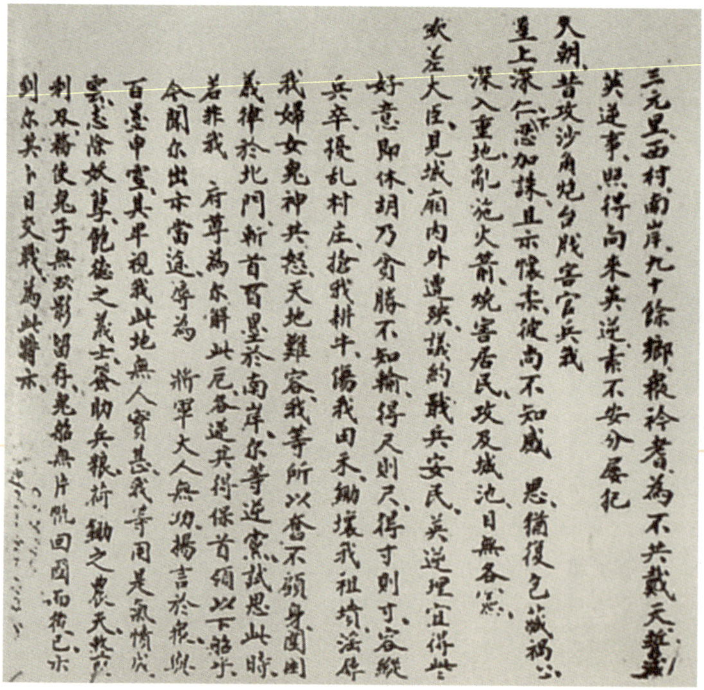
三元里西村南岸九十餘鄉衆紳耆為不共戴天誓
英逆事照得向來英逆素不安分屢犯
天朝昔攻沙角炮台戕害官兵我
皇上深仁恐加誅且示懷柔彼尚不知感恩猶復包藏禍心
深入重地亂施火箭燒害居民攻及城池日無虛息
欽差大臣見城廟內外遭殃議約戢兵安民英逆理宜從此
好意歇休胡乃貪勝不知輸得尺則尺得寸則寸容縱
兵卒擾亂村庄搶我耕牛傷我田禾鋤壞我祖墳淫辱
我婦女鬼神共怒天地難容我等所以奮不顧身團鬥
義律於北門斬首百里於南岸爾等逆黨試思此時
若非我 府尊為爾解此厄各逆兵得保首領以下船乎
令聞爾出示當途為 撫軍大人無功揭言於衆與
百里中實其耳視我此地無人實甚我等因是氣憤
雲志除妖募飽德之義士籌助兵糧荷鋤之農夫共
利及輪使鬼子無蹤影留存鬼船無片帆回國而後已亦
到爾英卜日交戰為此聲示

1841 年 5 月，英军入侵广州。占据四方炮台的英军到三元里抢掠财物、侮辱妇女。三元里人民自发组织了抗击侵略军的斗争，用行动宣示中国人民抵御外侮的英勇气概。图为三元里、西村、南岸等 90 余乡联合发出的抗英檄文。

1841 年 5 月 29 日，三元里人民云集三元古庙，以庙内的三星旗为令旗，誓言“旗进人进，旗退人退，打死无怨”。图为三元古庙。

1841 年 5 月 30 日，英军统帅郭富率军再次进犯三元里。乡民们高举三星旗，手持戈矛和农具等作为武器击退英军。

三元里人民在抗英斗争中使用的各种武器。

1841 年 5 月 30 日，三元里一带百余乡民及城中打石、丝织工人等近万人集结，面对洋枪洋炮毫无惧色，奋起抗击英军。

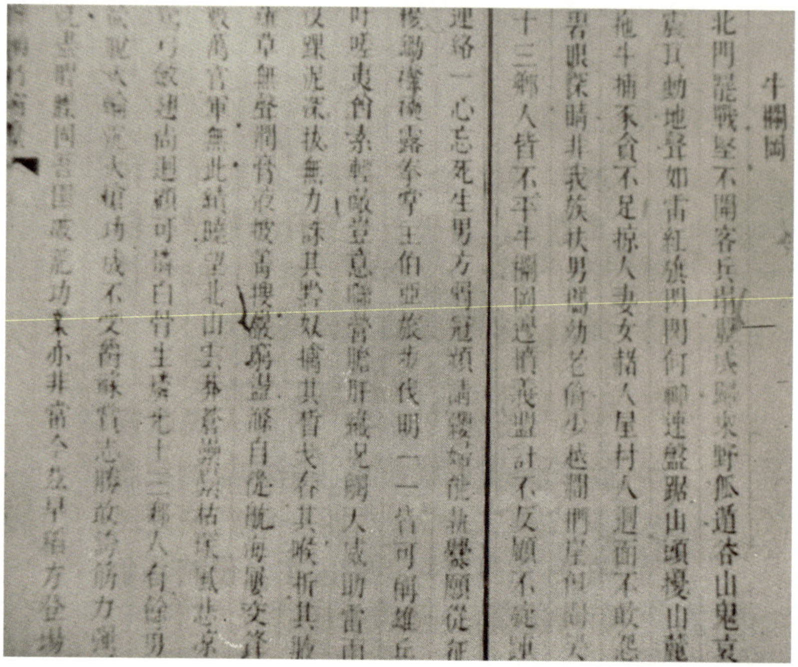

爱国诗人张维屏、梁信芳等用诗歌真实记录和热情歌颂了三元里人民抗英斗争的伟绩。张维屏的《三元里》诗称：“三元里前声若雷，千众万众同时来。因义生愤愤生勇，乡民合力强徒摧！”梁信芳在《牛栏冈》诗中盛赞这场战斗：“自从航海屡交锋，数万官军无此绩。”图为《牛栏冈》诗文照片。

广州市人民政府于1950年为三元里人民抗英斗争修建的纪念碑，碑文为“一八四一年广东人民在三元里反对英帝国主义侵略斗争中牺牲的烈士们永垂不朽”。

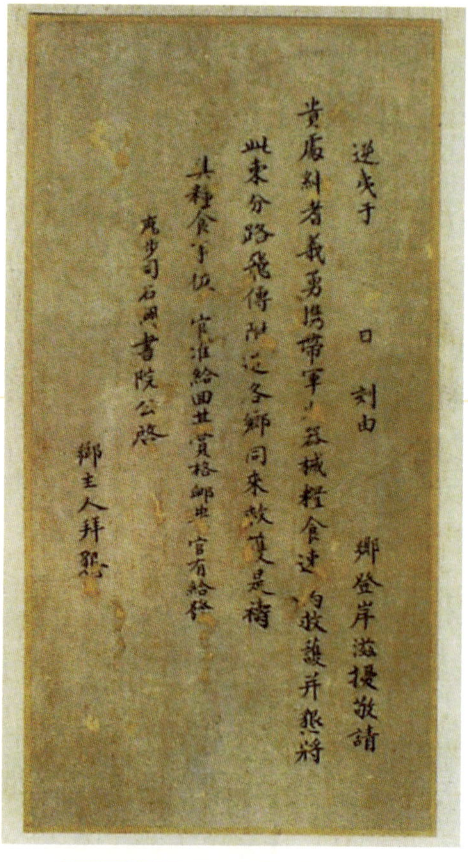

逆夷于 日 刻由 鄉登岸滋擾，敬請
貴處糾者義勇，携帶軍火器械糧食，速赴救護，並飛將
此柬分路飛傳附近各鄉，同來救護是禱
其糧食事故，官准給回並賞格，鄉内官有給發
鹿步司石岡書院公啓
鄉主人拜懇

1841年，广州东郊鹿步司石岗书院联合各乡民众抗击英军侵略的报警通传飞柬。

升平社学旧址。1842 年夏，举人李芳请准在城北石井建立新的升平社学，组织团练自卫，成员主要是农民。“无事则负耒力田，闻警则操戈御侮。”社学在领导反对侵略者强租土地、强行入城等斗争中起到重大作用。

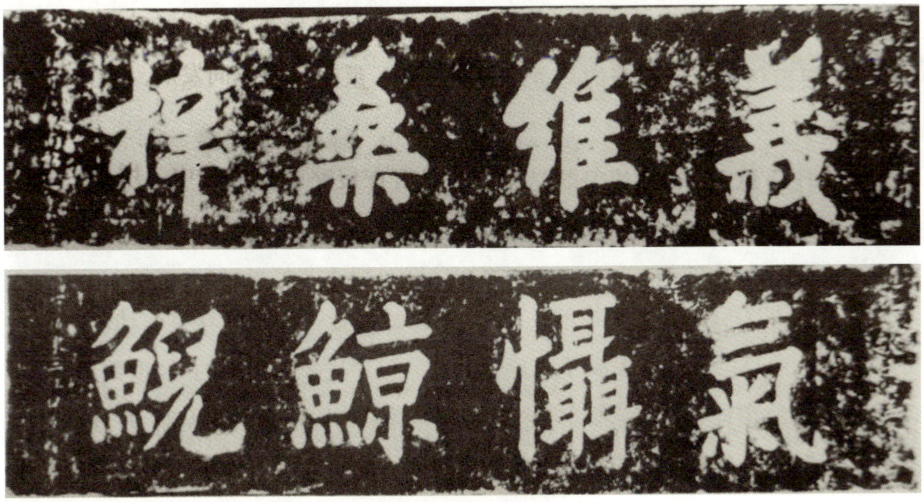

新的升平社学旧址的石门额：“义维桑梓”“气慑鲸鲵”。

1843 年，洪秀全与冯云山、洪仁玕在故乡广东花县莲花塘创立拜上帝会。

1851年1月11日，洪秀全在广西桂平金田村发动武装起义，后建号太平天国。

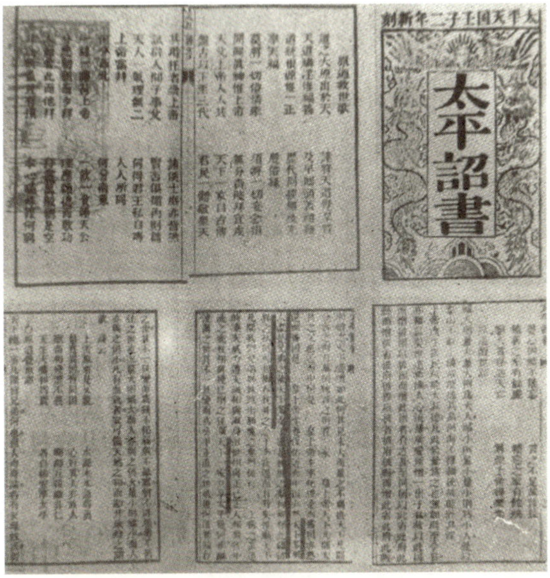

洪秀全撰写了《原道救世歌》《原道醒世训》《原道觉世训》《太平天日》，大体奠定了太平天国农民运动的思想基础。图为载有《原道救世歌》《原道醒世训》的《太平诏书》刻本。

太平天国天王印玺。

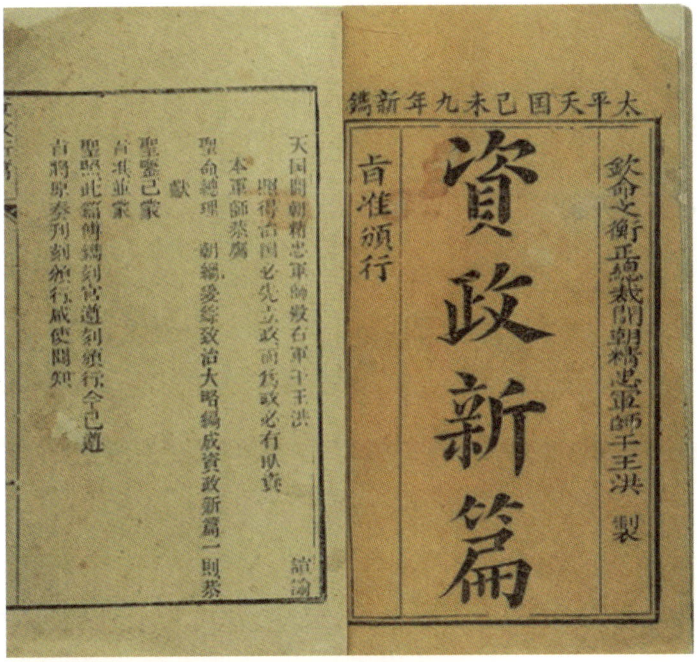

太平天国己未九年新鐫

欽命文衡正總裁開朝精忠軍師干王洪 製

資政新篇

旨准頒行

天國開朝精忠軍師殿右軍干王洪 謹諭

照得治國必先立政，而爲政必有取資

本軍師恭膺

聖命總理 朝綱，爰綜致治大略，編成資政新篇一則，恭

獻

聖鑒已蒙

旨准並蒙

聖照此篇傳鐫刻宜遵刻頒行，今已遵

旨將原奏刊刻頒行，咸使聞知

洪仁玕撰写的《资政新篇》，是太平天国后期社会政治、思想的亮点，堪称近代先进中国人向西方寻求救国道路的早期重要尝试。

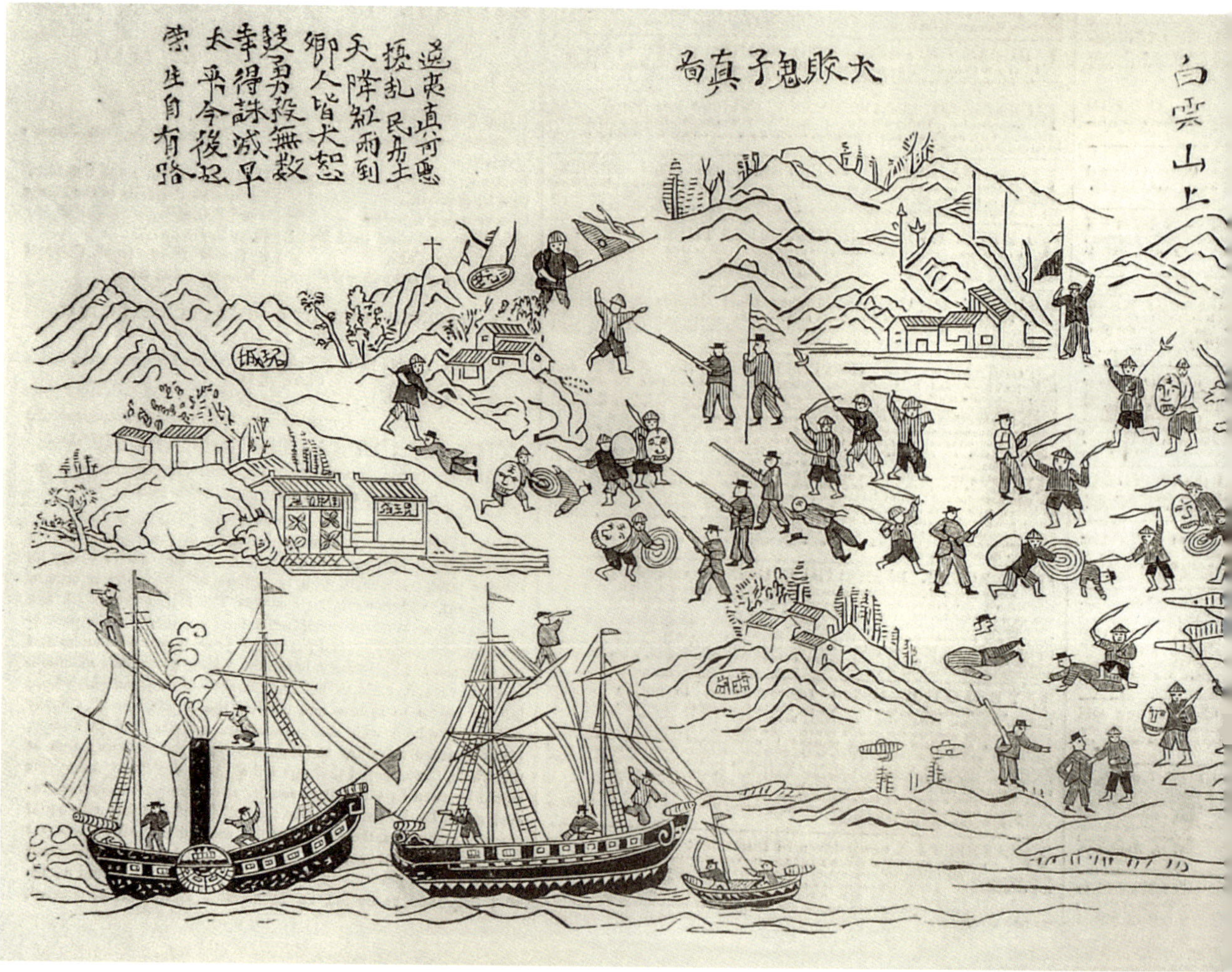

1858 年 1 月 23 日，英国《伦敦新闻画报》上刊登的广东民间版画《大败鬼子真图》，反映了广东人民在第二次鸦片战争期间打击英、法侵略者的场景。

1843—1849 年，广州民众坚持反对英军入城斗争，迫使英军放弃入城要求。图为 19 世纪中期广州城内街道。

邓世昌（1849—1894），广东番禺人。在1894年中日甲午战争中，他率致远舰抗击日本海军，壮烈殉国。

致远舰官兵合影，二排左四为管带（舰长）邓世昌。

邓氏宗祠位于广州市同福中路。邓世昌殉国后，其母于 1895 年在原祠堂旧址上修建而成。近年重修后辟为“邓世昌纪念馆”。

救亡与变革思潮的高涨

郑观应（1842—1922），广东香山（今中山市）人，近代著名的维新思想家、实业家，撰有《盛世危言》等著述。

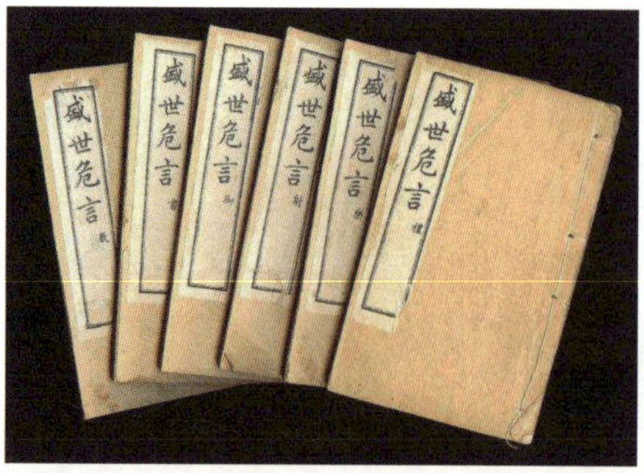

《盛世危言》成书于1894年，正是中日甲午战争一触即发之际。全书贯穿着“富强救国”的主题，突出“以商战为主”的观念，在政治、经济、军事、外交、文化等方面提出一系列改革方案。该书多次增订再版，影响深远广泛。

容闳（1828—1912），广东香山（今珠海市）人，近代中国最早的留美学生，为耶鲁大学的首位中国留学生。维新思想的先驱者、教育家、外交家和社会活动家。后曾支持孙中山的革命活动。著有《西学东渐记》等。他的主要业绩之一是在19世纪70年代倡导官费留学生事宜，被称为“中国留学运动之父”。

康有为（1858—1927），广东南海人，政治家、思想家、教育家，维新变法主要领袖。1895 年 5 月，《马关条约》签订的消息传到北京，康有为、梁启超等在京集结千余名应试举人，向光绪皇帝上万言书，反对与日议和，请求变法，史称“公车上书”。

梁启超（1873—1929），广东新会人，思想家、政治家，百科全书式学者，维新变法主要领袖。

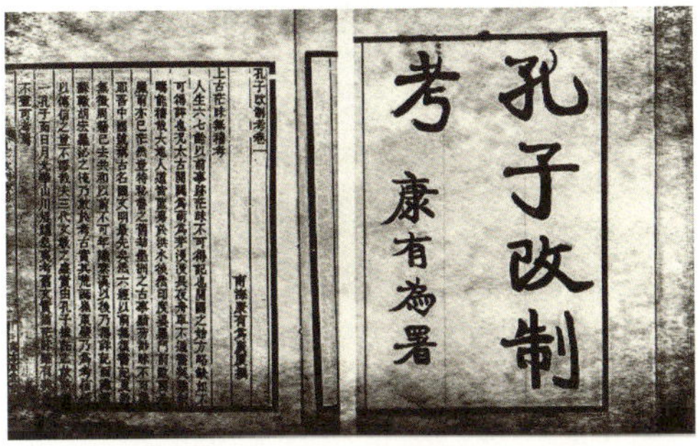

康有为的重要著作《孔子改制考》，论证变法维新的必然性，要求因革改制。

图为万木草堂旧址。康有为为了把变革思潮推向政治制度和理念层面，培育维新队伍，在广州邱氏书室开办了万木草堂。广州地区的思想启蒙与社会改革活动开风气之先。

民主革命的发轫地

孙中山（1866—1925），广东香山（今中山市）人。近代中国民主革命的伟大先行者和近代化前驱。早年先后在檀香山、香港、广州求学。图为17岁的孙中山。

1886 年秋，孙中山就读于广州博济医院附设的南华医学堂。

孙中山（左二）于1887年转入香港西医书院学习，期间常与陈少白（左三）、尢列（左四）、杨鹤龄（左一）聚谈反清抱负，抨击时政，四人被谑称为“四大寇”。图中站立者是同学关景良。

1894 年 11 月，孙中山在檀香山成立了中国历史上第一个民主革命团体——兴中会。图为兴中会经常活动的场所。

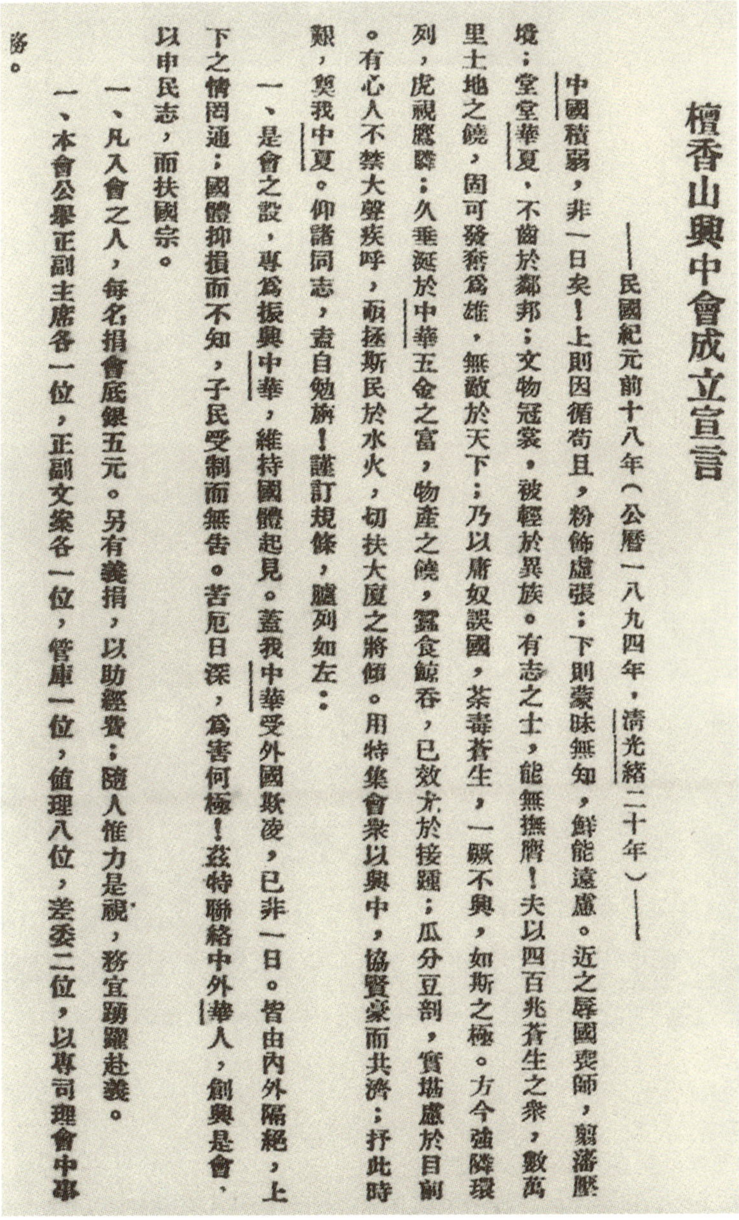

檀香山興中會成立宣言

——民國紀元前十八年（公曆一八九四年，清光緒二十年）——

中國積弱，非一日矣！上則因循苟且，粉飾虛張；下則蒙昧無知，鮮能遠慮。近之辱國喪師，翦藩壓境；堂堂華夏，不齒於鄰邦；文物冠裳，被輕於異族。有志之士，能無撫膺！夫以四百兆蒼生之衆，數萬里土地之饒，固可發奮爲雄，無敵於天下；乃以庸奴誤國，荼毒蒼生，一蹶不興，如斯之極。方今強鄰環列，虎視鷹瞵；久垂涎於中華五金之富，物產之饒，蠶食鯨吞，已效尤於接踵；瓜分豆剖，實堪慮於目前。有心人不禁大聲疾呼，亟拯斯民於水火，切扶大廈之將傾。用特集會衆以興中，協賢豪而共濟；抒此時艱，奠我中夏。仰諸同志，盍自勉旃！謹訂規條，臚列如左：

一、是會之設，專爲振興中華，維持國體起見。蓋我中華受外國欺凌，已非一日。皆由內外隔絕，上下之情罔通；國體抑損而不知，子民受制而無告。苦厄日深，爲害何極！玆特聯絡中外華人，創興是會，以申民志，而扶國宗。

一、凡入會之人，每名捐會底銀五元。另有義捐，以助經費；隨人惟力是視，務宜踴躍赴義。

一、本會公舉正副主席各一位，正副文案各一位，管庫一位，值理八位，差委二位，以專司理會中事務。

孙中山主持制定的《檀香山兴中会成立宣言》，首次在政纲中提出了“振兴中华”的口号。

早期兴中会会员孙眉（1854—1915），侨居檀香山的企业家，为孙中山胞兄。孙中山倡导的民主革命事业得到孙眉物质上和精神上的大力支持，他变卖了家产，奔走于广东与香港两地进行革命活动。

香港辅仁文社。1892 年正式成立，以开通民智、关心时事为宗旨，是第一个由香港进步知识青年组成的团体。图为 1895 年以来加入香港兴中会的部分成员。

杨衢云（1861—1901），福建海澄人，原辅仁文社社长、香港兴中会会长，曾参与策划1895年广州起义和1900年惠州三洲田起义，1901年在香港被清政府派凶刺杀身亡。

谢缵泰（1872—1938），广东开平人，兴中会会员，曾参与创办辅仁文社，参与策划了1895年广州起义和1903年洪全福起义。

陈少白（1869—1934），广东新会人，兴中会骨干成员，参与策划了1895年广州起义。1905年，任同盟会香港分会会长。辛亥革命时期，任广东军政府的外交司长。著有《兴中会革命史要》等。香港《中国日报》创办人、首任社长兼总编辑。

香港兴中会会员与日本友人宫崎寅藏（右四）在香港的合影。

近代企业的诞生和发展

19世纪40年代，为适应与中国沿海及远洋运输需要，外国人率先在南方口岸兴办、经营船舶修造厂。广州黄埔、香港逐渐成为当时最大的船舶修造基地。

1845年，英国人约翰·柯拜（John Couper）在广州黄埔租建“柯拜船坞”，成为广州现代修造船舶工业的起点。图为柯拜船坞旧址。

1832 年，英国人威廉 · 渣甸（William Jardine）及詹姆士 · 马地臣（James Matheson）在广州创办怡和洋行，1841 年怡和洋行迁至香港。之后约一个世纪间，怡和洋行扩张到中国各大城市，成为英国在华经济侵略的重要机构。图为 1868 年的香港怡和公司。

19 世纪中叶的洋行买办。

19 世纪 60 年代以降，西方经济入侵不断扩展，洋货充斥市场，广州原有的传统经济体系日渐瓦解。

1851—1861 年，广州较早出现搬运行业组织——打包工业联合会。

1868 年 10 月，上海英资耶松船厂的粤籍工人组织罢工，反对厂方降薪，这是中国最早的罢工记录。图为耶松船厂。

陈启沅（1834—1903），广东南海人。1873 年，在南海创办继昌隆缫丝厂，率先采用机器生产，引发了珠江三角洲民间资本兴办近代企业的最初热潮。

1874 年，“继昌隆”与广州十三行豆栏街的“联泰”号作坊合作办厂，改号“陈联泰”。1876 年 8 月，“陈联泰”迁到十八甫，从香港购置机械设备，技术提升，业务得到扩展，成为广州第一家民营机器厂。

“陈联泰”使用的蒸汽缫丝机器模型。

1875 年，广州的一间藤制品工场。

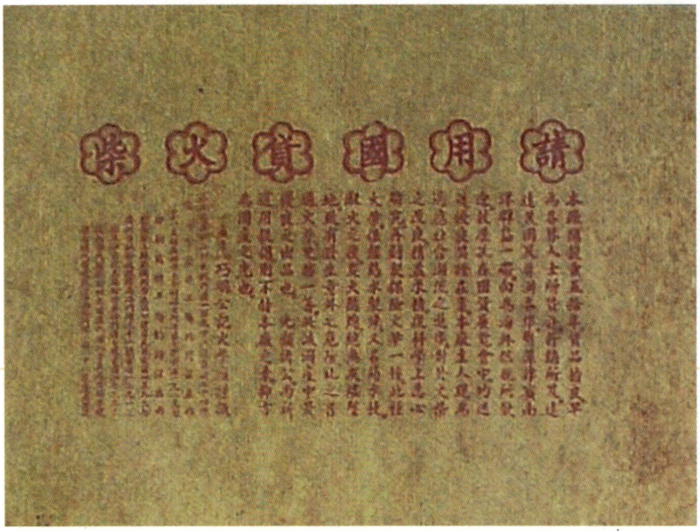

广州是中国早期近代化“先行一步”的地区。中国第一家火柴厂、电灯公司、橡胶厂等都设在广州。1879 年，广州东山巧明火柴厂建立。图为该厂广告。

广州家喻户晓的“王老吉”凉茶的创始人——王泽邦。1828 年创制了“王老吉”凉茶，初在十三行靖远街开设凉茶铺，经营水碗凉茶。1840 年起，以前店后场形式开始生产包装凉茶外卖。

1885 年，广州茶叶出口量占全国出口量一半以上，茶行遍布广州。图为当年茶行工人工作的情景。

瑞麟（1809—1874），两广总督。1873 年在广州创办机器局，专门制造枪弹，为广州官办军事企业之始。

张之洞（1837—1909），直隶南皮（今属河北）人。1884—1889 年任两广总督，其间创办石井枪弹厂、广东钱局等近代企业。

1887 年，张之洞在广州大东门外黄华塘（今黄华路）创办广东钱局，目的是解决制钱短缺和外国银圆大量流入中国市场的问题。1911 年广东钱局改为广东造币厂。

广东钱局是我国第一家机器造币厂。1890 年开始正式铸造银圆，是我国最早的官制新式银圆。

1886 年 10 月，张之洞在广州创办石井枪弹厂，制造后膛枪弹。辛亥革命后，该厂由广东军政府接管并改名为广东兵工总厂。

工人阶级的出现

19 世纪中后期的广州劳工。

广州地区原先比较发达的手工纺织业逐渐萎缩。

19 世纪 70 年代的广州拣茶妇女。

19 世纪中后期，广州的织布女工。

19世纪中叶，西方殖民主义者为开发殖民地和本国资源，在广东等沿海地区大量拐贩华工，人数约百万，形成中国近代第一次对外移民潮。图为当时被贩卖出洋的契约劳工。

19 世纪中叶至 20 世纪初，出国的劳工都需签约，称为契约华工，对外输出劳工俗称为“卖猪仔”。贩运、买卖“猪仔”的地方名为招工馆，亦称为“猪仔馆”。图为 19 世纪中叶从广州等地被拐骗到香港“猪仔馆”的华工。

19世纪中叶的“猪仔船”。为追求高额利润，船主往往超员多载，克扣华工的食物和饮用水。在数月航行中，华工被囚于舱底，死亡率甚至高达30%，故“猪仔船”又被称为“浮动地狱”。

19世纪末，在南非矿场工作的华工。

20 世纪初，在南非的中国矿工。

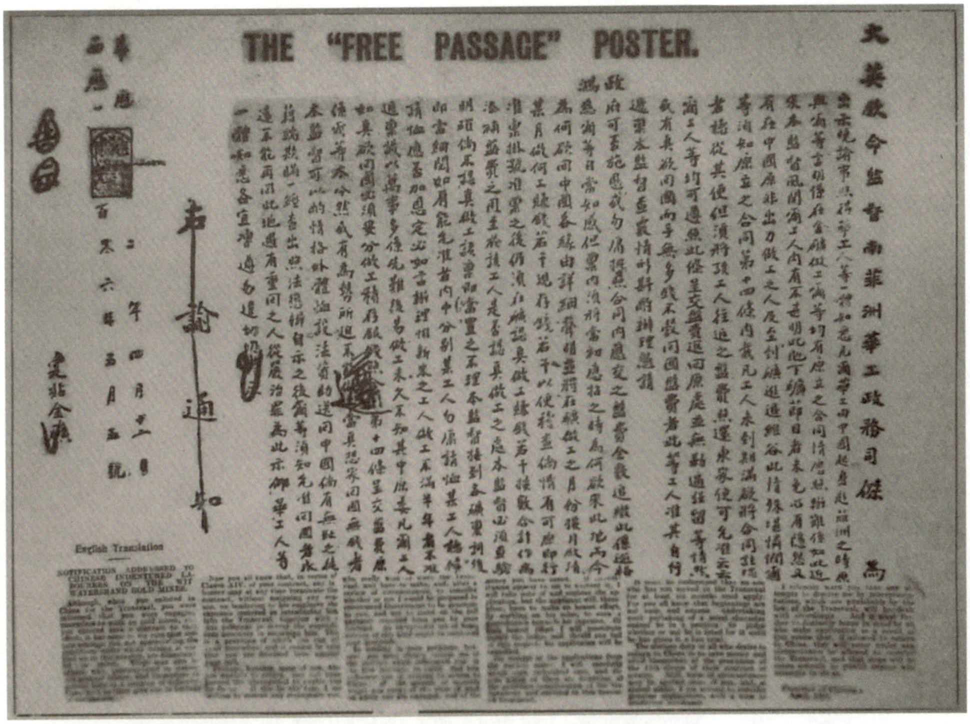

1906 年，南非矿场老板拒绝华工要求发给路费回国的公告。据《新民丛报》1904 年第一号刊载的南非比勒陀利亚中华会馆投寄的《南非洲华侨惨状记》叙述，华工被驱入三四十米深的矿井底，数年不得见天日，而工钱不及本土工人的一半。

19 世纪后期，在新加坡菠萝园工作的华工。

19 世纪后期，在美国谋生的华人以粤籍居多。他们多年后大多已融入当地社会，主要从事洗衣、补鞋等社会服务行业。

由于地缘、人缘等因素，最早出洋务工、经商、留学的中国人多为粤籍。侨胞们怀有深厚的爱国爱乡之情，恪守中华优秀文化，牢记自己的祖籍是唐山（对中国的俗称），积极支持祖国的救亡图存事业。图为 20 世纪初的纽约唐人街。

侨工对所在国家或地区的社会经济发展作出了重要贡献。旧金山变成富庶城市，离不开侨居美国华工的辛勤劳作。图为 1908 年 4 月 12 日自旧金山寄往意大利的明信片，展示了当地华侨的生活场景。

文化与教育

清代的番禺学宫（今广州农民运动讲习所）。

番禺学宫内的大成殿。

19 世纪 70 年代的广州贡院（旧址在今广州市文明路），始建于 1684 年，是省一级举行乡试的考场。

19 世纪末的南海学宫，始建于宋代，是教育官员、聚集生员讲学和宣读圣谕之处。

张维屏（1780—1859），广东番禺人，曾任学海堂学长，著有《松心草堂集》等。

陈澧（1810—1882），广东番禺人，长期任学海堂学长、菊坡精舍山长，著有《汉儒通义》等。

学海堂图。学海堂位于广州越秀山麓，是当时广东的高等学府。它引导学生研习经史百家，培养出许多通政致用的学者，并刊刻整理了大批文化典籍。

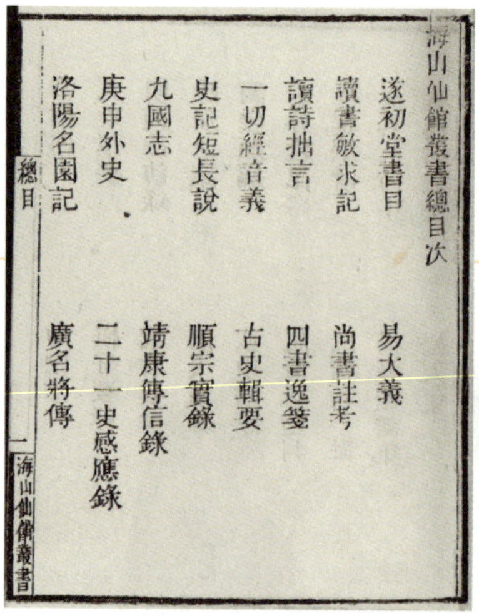
海山仙館叢書總目次

遂初堂書目 易大義
讀書敏求記 尚書註考
讀詩拙言 四書逸箋
一切經音義 古史輯要
史記短長說 順宗實錄
九國志 靖康傳信錄
庚申外史 二十一史感應錄
洛陽名園記 廣名將傳

總目

海山仙館叢書

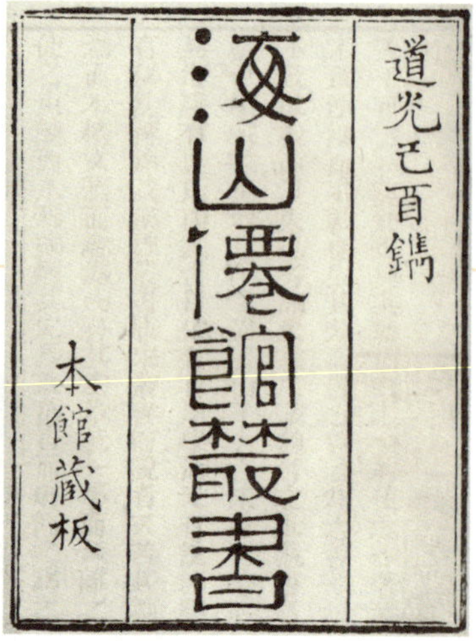
道光己酉鐫

海山僊館叢書

本館藏板

1851 年，潘仕成在广州海山仙馆刊印的《海山仙馆丛书》。全书凡 56 种，共 487 卷，除收传统经史子集外，对算书、地理书和西人著述亦有辑录，颇具学术价值和社会意义。

潘仕成所建的海山仙馆。

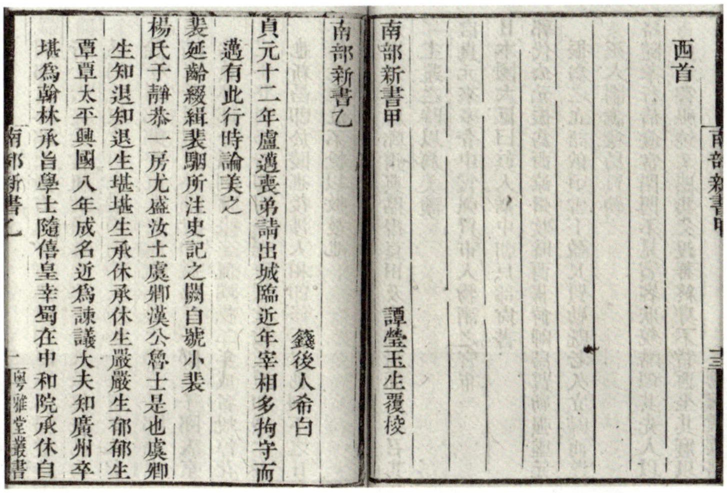

南部新書乙

錢後人希白

貞元十二年盧邁喪弟請出城臨近年宰相多拘守而
遵有此行時論美之
裴延齡綴緝裴駰所注史記之闕自號小裴
楊氏子靜恭一房尤盛汝士虞卿漢公魯士是也虞卿
生知退知退生堪堪生承休承休生嚴嚴生郁郁生
覃覃太平興國八年成名近為諫議大夫知廣州卒
堪為翰林承旨學士隨僖皇幸蜀在中和院承休自

南部新書乙　粵雅堂叢書

西首

南部新書甲

譚瑩玉生覆校

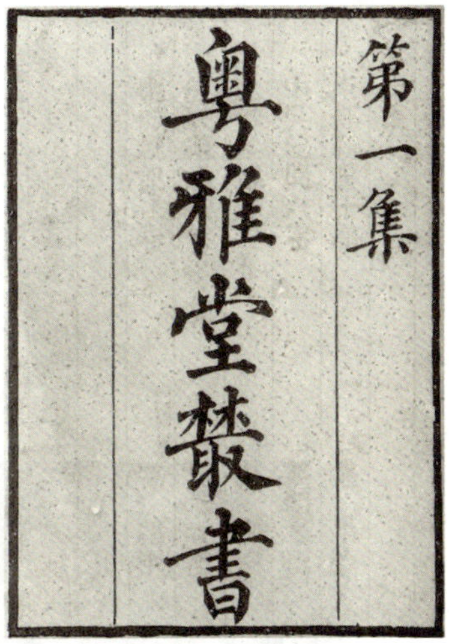

第一集

粵雅堂叢書

1850—1875 年，由伍崇曜出资、谭莹校勘编订的《粤雅堂丛书》在广州刊刻，汇辑魏至清代著述，凡 3 编 30 集 185 种 1347 卷，为清末最有影响力的综合性大型丛书。

居廉（1828—1904），广东番禺人，岭南画派宗师。

十香园位于广州江南大道，建于 1864 年，是清代著名画家居巢、居廉的故居。

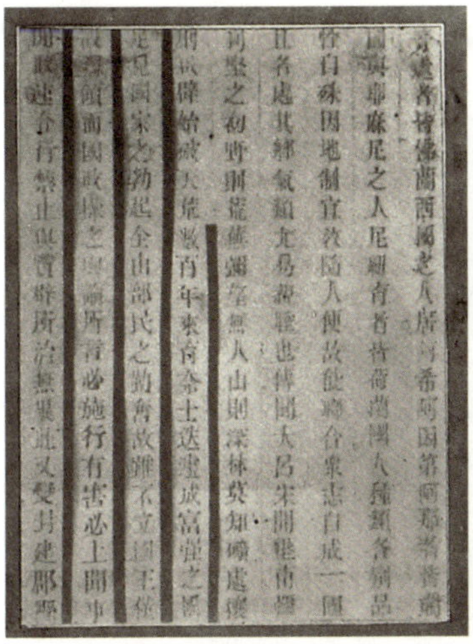

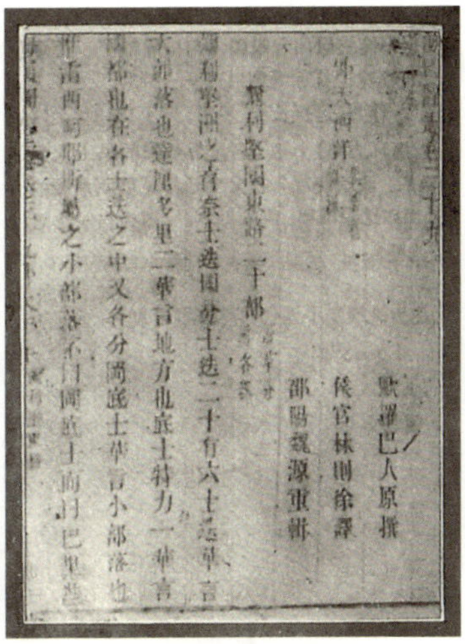

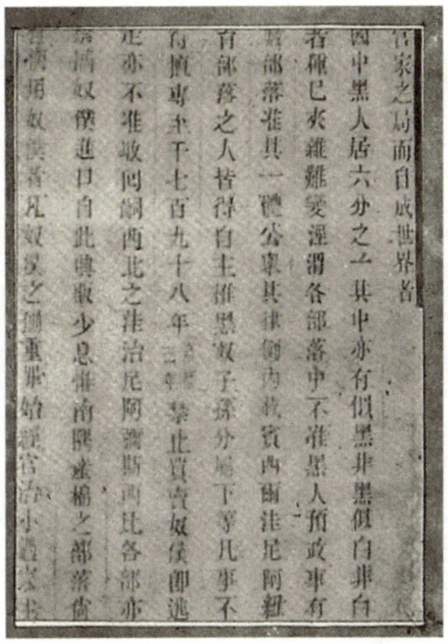

林则徐介绍美国的文章，载于魏源所著的《海国图志》。

1864 年 6 月，清政府在广州创办同文馆，后更名为译学馆，兼习科技、国际公法等科目，是广州最早的外语学校。图为广州同文馆师生合影。

1881 年，两广总督张树声在广州黄埔长洲岛兴办广东实学馆。1884 年，张之洞改其为广东博学馆。图为詹天佑（前排居中者）与广东实学馆教员合影。

张之洞于 1888 年创办的广雅书院是晚清两广最高学府，1902 年改为两广大学堂。图为广雅书院藏书楼——冠冕楼。

1872 年 8 月，清政府在容闳的倡导下首次选派幼童赴美国学习，开近代公费留学欧美之先河。首批赴美幼童共 30 名，其中广东籍幼童 24 人。

1872 年，美国传教士那夏理（Harriet Newell Noyes）在广州沙基创办真光书院，开创女子教育的先河。民国初年改称真光女子中学。

真光书院校舍。

真光书院教员。

1879 年，美国传教士那夏礼（Henry V. Noyes）在广州沙基创办安和堂，1888 年迁芳村花地，改名培英书院。1927 年又易称私立广州培英中学。

1888 年，美国传教士哈巴安德（Andrew Patton Happer）在广州创办格致书院（岭南大学的前身），是为外国人在广东开办高等学校之始。

1889 年，培正书院成立初期全体董事、学员在越秀山镇海楼下合影。

1907 年，广州东山培正中学成立。

伯驾（Peter Parker），美国来华医务传教士。1835 年在广州创办眼科医局，1859 年改称博济医院，是中国内地第一所西医医院。

1866 年，嘉约翰医生（John Glasgow Kerr）创办了附设于博济医院的南华医学堂。1886—1887 年，孙中山曾在该校学习。

广州博济医院附设的南华医学堂是中国第一所西医学校。图为嘉约翰（前排左五）和职员的合影。

1899 年，美国医生富马利（Mary Hannah Fulton）在广州创办我国第一所女子专科医学校——广东女子医学校。稍后，美国牧师柔济等捐资兴建附属柔济医院。美国人夏葛捐款兴建新校舍，医学校更名为广东夏葛女子医学校。图为广东夏葛女子医学校校舍。

柔济医院院舍。

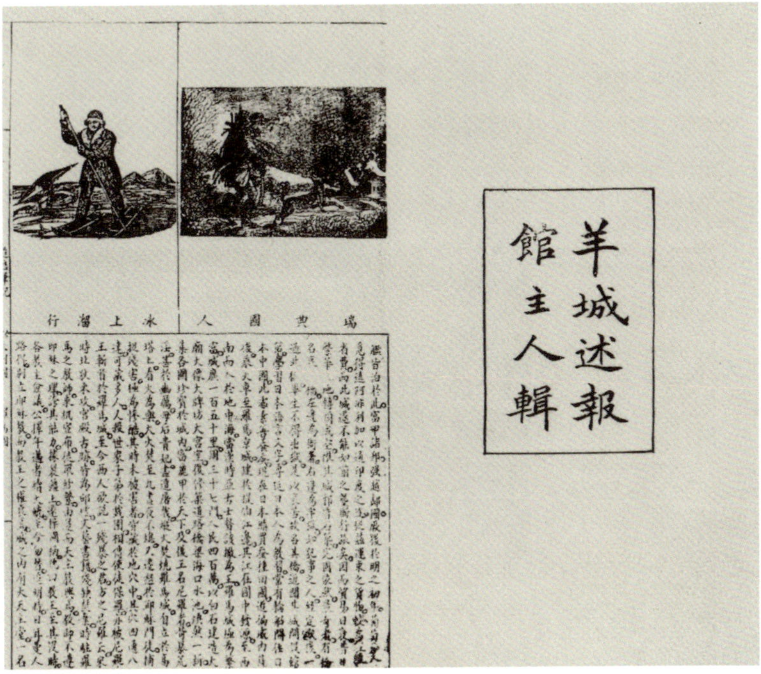

羊城述報
館主人輯

瑞典國人

冰上溜行

1884 年，《述报》在广州创办。每月汇编成一卷，取名《中西近事汇编》。

城市与社会风貌

锦纶会馆建于1723年，位于下九路西来新街。该馆是广州丝织业的行业会馆，也是广州唯一保留下来的近代专业行馆。

小蓬仙馆始建于清道光年间，1856年重建。康有为曾在此读书。2001年，广州市人民政府将其迁建于醉观公园内（广州市芳村大道中275号）。仙馆内的木刻浮雕具有浓郁的地方特色。

广州圣心堂，俗称“石室”，原址是两广总督署。1863 年，法国教会将其改建为天主教堂，1888 年竣工，是国内现存最宏伟的全石结构哥特式建筑。

资政大夫祠，位于广州市花都区，建于清同治年间。它以规模宏大、工艺精湛而著称，被誉为“岭南传统民居中不可多得的艺术瑰宝”。

余荫山房，始建于1867年，位于广州市番禺区，是一座具有岭南园林特色的私家庭院。布局精致、小中见大，为清代广东四大名园之一。

1870 年，广州华林寺五百罗汉堂内景。

19 世纪中后期的广州琶洲塔。

1870 年，英国摄影师威廉 · 普莱尔 · 弗洛伊德（William Pryor Floyd）所摄的越秀山上的镇海楼。

1894 年建成的陈氏书院（今陈家祠），是广东省 72 县陈姓的合族祠，主要为陈氏宗族子弟赴省城备考科举、候任、交纳赋税、办理诉讼等事务提供临时居所。

广州万寿宫。照片拍摄时间约在 1870—1875 年，现藏于大英图书馆。1875 年，英国传教士约翰·亨利·格雷（John Henry Gray）在他编写的游记 *Walks in the City of Canton*（《广州七天》）一书中描绘了万寿宫的建筑架构及功用。

陶陶居位于广州第十甫路，创建于1880年。1933年改建为混凝土结构的3层楼，每层设园林小景，构成别致的饮食文化氛围。

19世纪70年代，从镇海楼俯瞰广州城。

1883 年，广州的俯拍照。

小东门。

大北门。

19 世纪 70 年代的广州西门。

1861 年，广州市郊风景（第 94—96 页图）。
存于英国伦敦的皇家亚洲学会。

19 世纪中后期，广州繁华的街道是外国游客游览广州的必到之处，各式各样鲜亮的彩色招牌是其最大特色。

19 世纪后期，广州商贸活动十分活跃。图为当时沙基大街一带的货栈。

19 世纪 70 年代的广船。广船形制头尖体长、上宽下窄，适宜远洋航行，与沙船、福船并称中国古代的三大船型。

19 世纪 70 年代，广州的蒸汽轮船码头。码头上停靠着“金山”号汽轮，该汽轮每天往返于广州和香港之间。

1862—1875 年间的广州花舫。

清末，广州沙面。

19世纪60年代，沙面的建筑。

19 世纪 60 年代，沙面的法国邮局。

19 世纪 60 年代，沙面的中心马路。

19 世纪 70 年代，美国旗昌洋行办公楼。

19 世纪 70 年代，英国驻广州领事衙门。背后为花塔。

19 世纪 70 年代，广州漱珠桥和客栈。

清代修建的“东平大押”古碉楼，
紧邻明代东城门门楼。

元代建造的铜壶滴漏，清代安置于广州市
区双门底（今北京路）的拱北楼，是全国
现存最大、最完整的古代计时器。

19 世纪中后期，广州的音乐爱好者们。

1861—1864 年，广州洋行的翻译。

1871 年，广州的老人和孩子。

抱着书本的广州学童。

广州老妇半身侧面像。

19 世纪 80 年代，广州女子。

1880 年，广州的一对年轻夫妇。

身穿蓑衣的广州船夫。

二

民主革命运动潮起南粤

（1895—1911）

鸦片战争以后，中国在侵略者的坚船利炮胁迫下打开国门，古老帝国面临天崩地裂的局势，社会各个阶级、阶层都感受到强烈震动。在清王朝的朽败统治下，军民的爱国抗争未能阻止国家主权的沦丧。农民运动规模浩大，却难以完成革故鼎新的使命，不能改变旧有社会秩序和建立新的社会制度。康有为、梁启超等积极倡导的维新运动逐渐走向高潮，企望通过自上而下的、温和的社会变革，除旧布新，拯救民族危机和社会危机。维新运动促进了中国人民的醒悟。但是，“跪着的造反”——戊戌变法也遭到清廷顽固派的残酷镇压，六君子陈尸京师街头，悲剧的结局宣告了温和的改良运动“此路不通”。

以孙中山为代表的先驱者们在实践中逐步认识到必须用“强迫”方式代替“和平之法”，以共和制度取代封建帝制，方可拯救中国。为此，必须首先建立革命政党，以之为中枢，团结一切爱国进步的力量，进行武装反清斗争。孙中山于1894年在檀香山创办兴中会后，旋即于翌年2月在香港建立了兴中会总机关，并在广州地区广泛展开活动，尤其侧重武装起义的准备工作。

1895年，孙中山在广州策划了“乙未之役”。起义虽然流产，但却成为革命党人武装推翻清政府的起点，是走向共和的第一步。革命党人从此持续战斗，直至打倒专制王朝并缔造共和制度。孙中山首次进行的反清武装斗争，开创了他毕生政治生涯中具有重要意义的“战争事业”。

1900年是新旧世纪更替之际，也是中国近代史上发生巨变的时刻。义和团运动达到高潮，八国联军悍然发动侵华战争。京师沦陷，慈禧太后挟光绪帝逃往西安，中国面临空前深重的灾难。在这种危殆的形势下，长江流域与南方数省的督抚们却为了防止义和团运动的蔓延，适应列强维护在华利益的需求，共同实施了“东南互保”。革命党人在复杂动乱的局势下加紧进行武装反清活动，发动了惠州三洲田起义。义军东指福建，在郑士良率领下屡战屡胜，进入三多祝后队伍已经发展至 2 万余人，孙中山则在台北就近策应指挥。后因相关政局变化，械弹不继，只得解散主要部队，余部千余人回师三洲田，准备围攻广州，终因弹尽粮绝，起义失败。史坚如在广州响应，策划刺杀署理两广总督德寿。行动未果，被捕殉难。惠州起义振聋发聩，正如孙中山所感受：“有识之士且多为吾人扼腕叹息，恨其事之不成矣”，“有志之士多起救国之思，而革命风潮自此萌芽矣”。国人的觉醒，使革命党人受到极大的激励。

20 世纪来临时，中国半殖民地半封建社会最终形成。民族矛盾和社会矛盾日趋激化，促使革命形势潜滋暗长。在孙中山和他的战友们积极筹划和推动下，中国同盟会于 1905 年在东京成立。这个统一的、全国性的革命政党以“驱除鞑虏，恢复中华，创立民国，平均地权”为主要内容的三民主义作为纲领，把各地许多革命团体凝聚起来，成为革命的“中枢”。更多具有留学背景的知识分子趋向革命，使得革命组织开始形成了以先进知识分子为主要成员的领导核心。武装反清斗争在全国，特别是岭南地区频繁发动，革命党人不再主要依靠会党和运动防营，清政府编练的新军成为革命党人努力争取的重要力量。1910 年的广州新军起义虽然失败，却表明新军是比较能够倚重的武装。以同盟会的成立为起点，“革命风潮鼓荡全国”。

1910 年 11 月，孙中山在多次反清武装斗争失败后，于槟榔屿（今属马来西亚）召开同盟会重要骨干会议，决定集中力量在广州再次发动起义。翌年 1 月，黄兴、赵声、胡汉民等在香港成立统筹部作为起义领导机构，并于广州及附近各处设立秘密据点，运储枪械军火，联络新军、防营、会党、民军，多路并起，相互配合响应。4 月 23 日，革命党人在靠近总督署的司后街（今广州越华路）内巷小东营设立起义总指挥部，赵声、黄兴分任正、副指挥。4 月 27 日（农历辛亥年三月二十九日）下午 5 时 30 分，黄兴率百余名“选锋”队员从总指挥部出发，直扑两广总督衙门，迅速冲入总督署，总督张鸣岐穴墙而逃。但因敌我力量悬殊，义军只得焚署突围，将遭遇伤亡的首路义军余部分为三支，赴小北门接应另路义军，攻打巡警教练所和据守大南门以会师防营。由于与其他数路义军联络不畅，未能及时发动，致使“选锋”势成孤军，终归失败。黄兴、朱执信等负伤后化装逃脱，喻培伦、方声洞、林觉民等牺牲。日后查明姓名的烈士有 87 人，实际牺牲者 200 余人。革命党人潘达微出面收殓烈士遗骸 72 具葬于黄花岗，故此役又称为黄花岗起义。

广州辛亥三二九起义在全国引起了巨大反响，革命党人的献身精神和英勇气概深为国人所钦敬，强烈激励了民众的斗志，诚如孙中山所赞颂：“是役也，碧血横飞，浩气四塞，草木为之含悲，风云因而变色。全国久蛰之人心乃大兴奋。怨愤所积，如怒涛排壑，不可遏抑。不半载而武昌之大革命以成。则斯役之价值，直可惊天地，泣鬼神，与武昌革命之役并寿！”起义虽然遭到镇压，却成为武昌起义的先声和辛亥革命的序幕。

1911年10月10日，湖北革命党人在武昌首先举义，全国风从，广东革命党人随即积极响应。同盟会南方支部迅速在广州、东江、北江、西江和韩江等地区策划武装起义，省城及从化、花县的新军酝酿倒戈。武装反清的烽火遍及全省，迅成燎原之势。革命风暴席卷南粤，广州承担起历史转折的重大使命。1911年11月9日，经由革命党人长期艰苦的奋斗和民众不屈不挠的抗争，终于促成了广州乃至广东的和平光复，革命政权取代了清朝地方政府："五羊城中，焕然一新世界矣。"广东军政府成立，胡汉民、陈炯明出任正、副都督。军政府实施了一系列民主主义性质的措施，社会秩序迅速好转。为支援长江下游各省的革命斗争，军政府组建广东北伐军，出师宁沪，为扩展新生的革命政权继续艰苦战斗。

划时代的辛亥革命是中国走向近代化的重要步伐：推翻了封建王朝，打击了帝国主义侵华势力，形成了一场民主主义的思想启蒙，推动了社会经济的发展。同时，亦为后来的革命运动的发展创造了条件。然而，历史的局限使得辛亥革命未能根本改变社会性质和人民生活状况。在新政权建立后，接续而来的是长达10年的捍卫共和的战斗。

在这个充满暴风骤雨的划时代时刻，垂死的清帝国为了苟延残喘采取了一些举措，立宪和清末新政的推行或多或少提供了一些改良空间，广州的社会与经济在各个领域均有一定程度的发展。铁路交通、城市公用事业的成长较为显著。

1901年，粤汉铁路动工兴建，是为广东修建大型跨省铁路的先行，广九铁路也接踵建成通车。广东电话局、广东电力有限公司、广州增埗自来水厂、粤垣电灯公司、广东士敏土厂等近代企业相继创立。由澳大利亚华侨蔡氏兄弟创建的大新公司于1910年在广州问世，是当时广州经营品种最齐全的百货零售企业。广州的中小学教育和社会教育也在逐步前行，有所发展。

武装反清的首次尝试——1895年广州起义

1895年2月，孙中山召集陆皓东、陈少白、郑士良、杨衢云、谢缵泰等人在香港成立兴中会总机关，对外称“乾亨行”。图中的永善菴原为乾亨行旧址。

1895 年 2 月，孙中山决定在广州发动起义。3 月，孙中山偕陆皓东、郑士良等到广州成立兴中会分会。图为位于广州城内双门底的兴中会广州分会会址——王氏书舍。

1895 年 10 月，兴中会策划在广州举行首次武装起义。后因准备不周、叛徒告密而流产。陆皓东被捕牺牲。孙中山赞誉他是“中国有史以来为共和革命牺牲之第一人”。图为少年时代的陆皓东（1867—1895）。

香港兴中会骨干黄咏商，广东香山人。1895 年，他参与策划广州起义，变卖祖产楼房一栋，为义军提供经费。

兴中会会员杨心如，广东香山人。参与广州起义筹备工作，变卖家产资助起义。

两广总督署卫队长、兴中会会员胡凤璋。1895 年，参与筹划广州起义，预做内应。起义流产后，他及时传递清政府缉捕革命党人的信息，帮助孙中山等脱险。

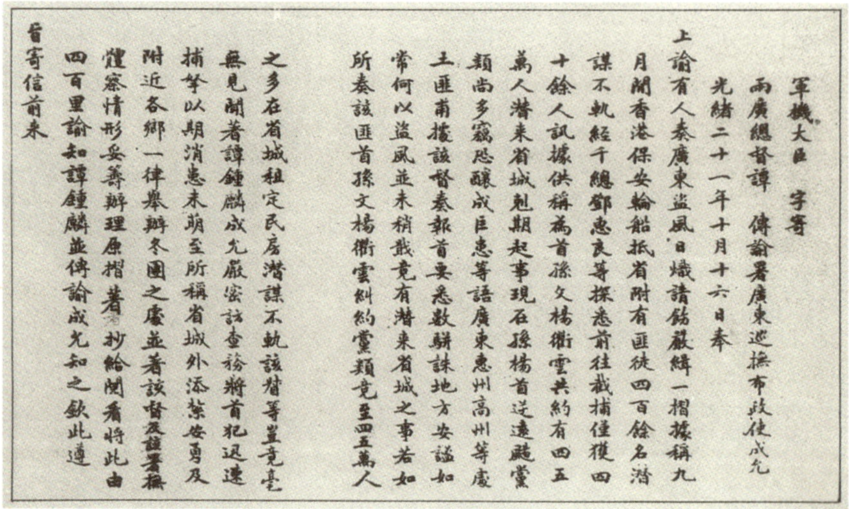

軍機大臣 字寄
兩廣總督譚 傳諭署廣東巡撫布政使成允
光緒二十一年十月十六日奉
上諭有人奏廣東盜風日熾請飭嚴緝一摺據稱九
月間香港保安輪船抵省附有匪徒四百餘名潛
謀不軌經千總鄧惠良等探悉前往截捕僅獲四
十餘人訊據供稱為首孫文楊衢雲共約有四五
萬人潛來省城剋期起事現在孫楊首逆遠颺黨
類尚多竊恐釀成巨患等語廣東惠州高州等處
土匪甫據該督奏報首要悉數駢誅地方安謐如
常何以盜風並未稍戢竟有潛來省城之事若如
所奏該匪首孫文楊衢雲糾約黨類竟至四五萬人
之多在省城租定民房潛謀不軌該督等豈竟毫
無見聞著譚鍾麟成允嚴密訪查務將首犯迅速
捕拏以期消患未萌至所稱省城外添紮安勇及
附近各鄉一律舉辦冬團之處並著該督及該署撫
體察情形妥籌辦理原摺著抄給閱看將此由
四百里諭知譚鍾麟並傳諭成允知之欽此遵
旨寄信前來

1895 年，清政府饬令广东当局缉捕孙中山等人。

广州起义流产后，兴中会总部机关被清军查封，一部分起义者被捕遇害。孙中山等避走日本。流亡期间，孙中山与陈少白（右）、郑士良（左）为表明推翻清王朝的决心，毅然断发改装，以明心志。

惠州再次举义——广州策应：革命风潮『自此萌芽』

《中国——被列强瓜分的蛋糕》，1898年1月16日刊载于法国《小日报》。

1900年6月，英、俄、法、德、日、美、意、奥八国血腥镇压义和团，以保护使馆和侨民为由大举入侵。慈禧太后主政的清政府对八国“宣战”。后京师失陷，慈禧太后又偕光绪皇帝仓皇西逃。图为联军侵驻紫禁城的场景。

慈禧太后（1835—1908），清帝国晚期近半个世纪的实际统治者。

1901 年 9 月 7 日，慈禧太后派李鸿章代表清政府与列强议和，签订了丧权辱国的《辛丑条约》。

孙中山在国内极其复杂动乱的形势下决定在惠州三洲田再次举行反清起义。郑士良为总指挥，史坚如等在广州策应，杨衢云等在香港接济饷械。1900 年 10 月 8 日，郑士良率众发难，东指福建，四战皆捷。后因缺乏后援，起义军被迫解散。图为起义领导者郑士良（1863—1901），广东惠阳人。

1900 年 9 月，孙中山为就近指挥预拟进入福建的义军，先期由日本抵达台湾。图为孙中山在台北的寓所。

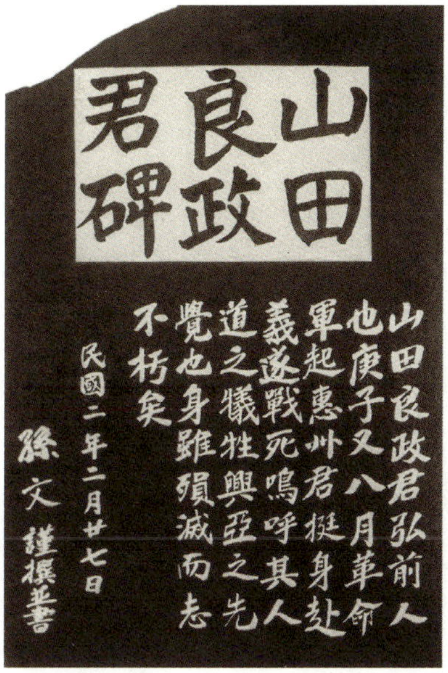

1900 年，惠州起义得到日本友人的支持。右图为在惠州起义中遇难的山田良政。左图为民国二年（1913）孙中山为他撰写的碑文。

1900 年，设在广州的广东巡抚官署。

1900年10月28日，史坚如在广州谋炸广东巡抚兼署理两广总督德寿，被捕，后慷慨就义。兴中会在广州起事的计划也宣告流产。史坚如（1879—1900），广东番禺人。

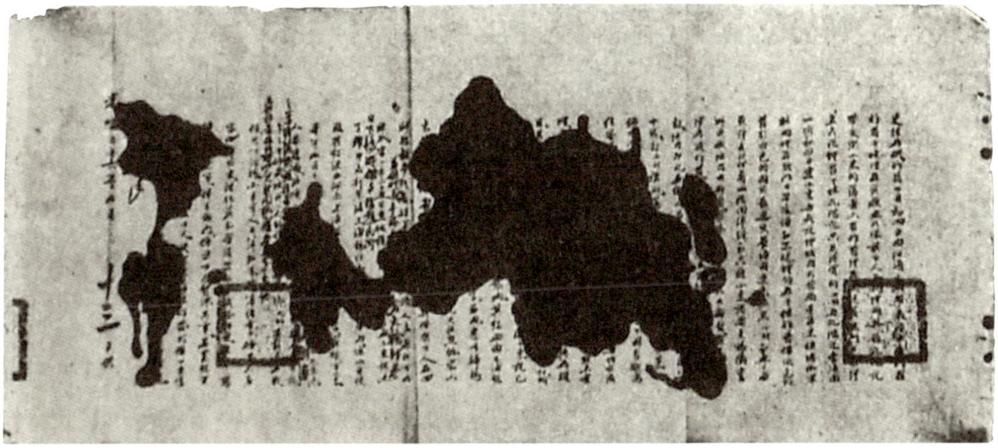

1900 年农历九月十三日，史坚如烈士的供词（清政府书吏记录）。

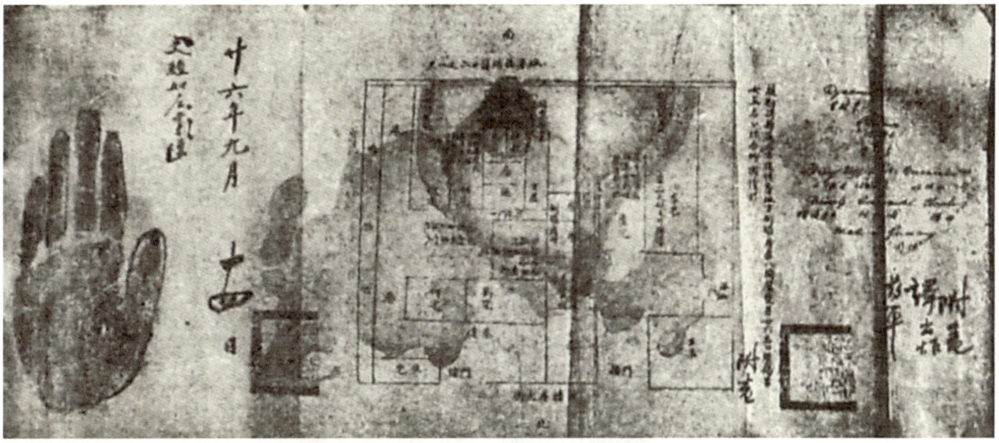

1900 年农历九月十四日，广州清吏审讯史坚如的档卷，左侧为史坚如的手模。

1901 年 9 月，兴中会香港分会会员李纪堂、谢缵泰与洪全福联络会党，密谋在广州举行反清起义，建立“大明顺天国”，事泄失败。图为“大明顺天国”起义领导人李纪堂（广东新会人）。

“大明顺天国”起义领导人洪全福（广东花县人）。

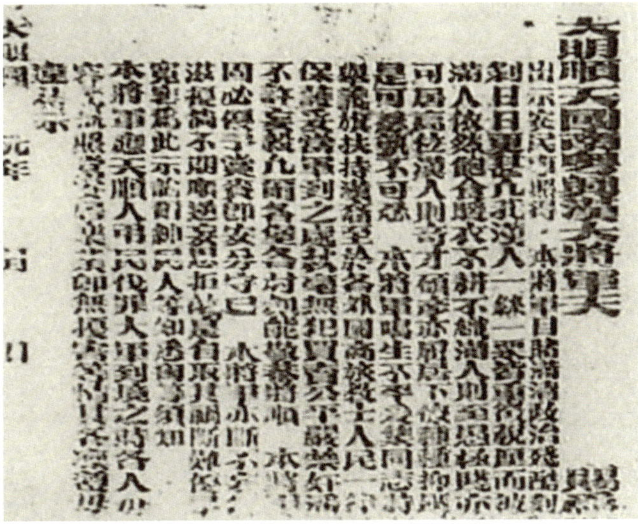

1903 年，“大明顺天国”起义前预制的《大明顺天国南粤兴汉大将军檄》。

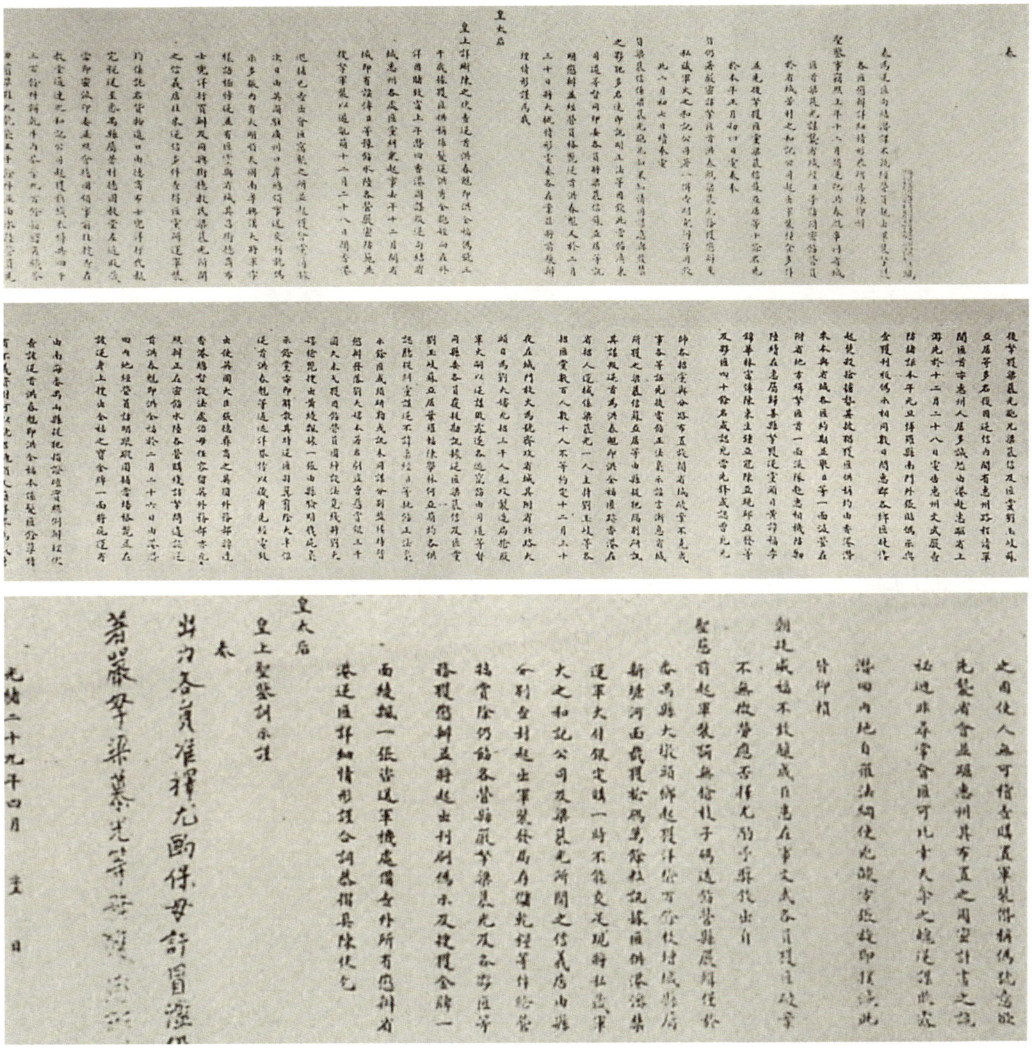

1903 年 5 月下旬，署理两广总督德寿向清政府报告镇压“大明顺天国”起义经过的奏折。

新思潮的传播

1902年，朱执信、汪兆铭和古应芬等在广州组织群智社，研讨新思潮和探究社会问题。图为1904年群智社同人合影。

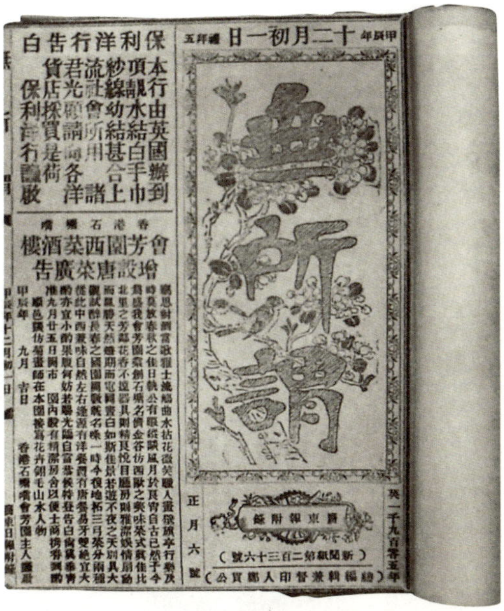

1904 年 3 月 31 日，由革命党人创办的《无所谓》报。总编辑为郑贯公。内容多采取文艺形式，以辛辣讽刺的笔调抨击黑暗的社会现实，目的是“激发人群，提革命精神，倡民族主义，热心救世”。

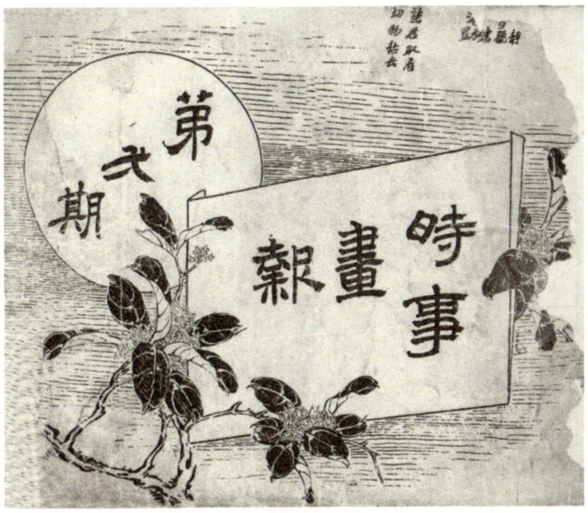

1905 年 9 月，高剑父、潘达微等在广州创办《时事画报》，宣传反侵略反封建思想。该报是广东最早出版的石印画报。

《广东白话报》，1907 年 5 月在广州创刊的粤语方言刊物，由黄世仲等创办，对开启民智起到积极作用。

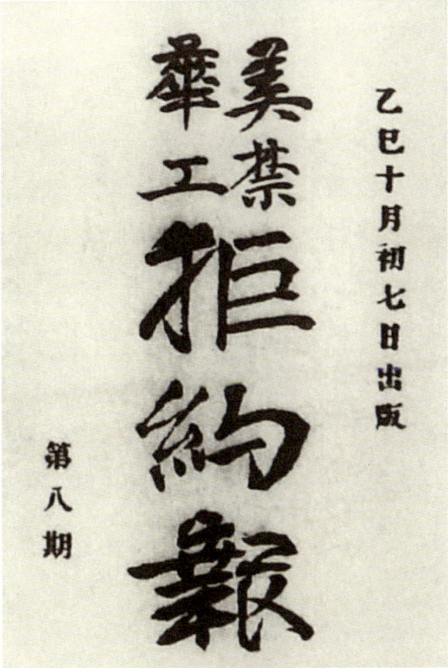

1905 年创刊的《美禁华工拒约报》，又名《广州旬报》。黄晦闻主笔，谢英伯、王君衍、黎起卓等编撰。“专以发挥拒约为宗旨”，反对美国政府排斥和虐待华工，声援抵制美货运动，刊登商学各界及团体拒约新闻。

中国同盟会的建立

1905 年 8 月 20 日，孙中山和他的战友在日本东京组建了全国性的、统一的民主革命政党——中国同盟会。随后，委派冯自由等到广东各地筹建同盟会分会。图为 1905 年的孙中山。

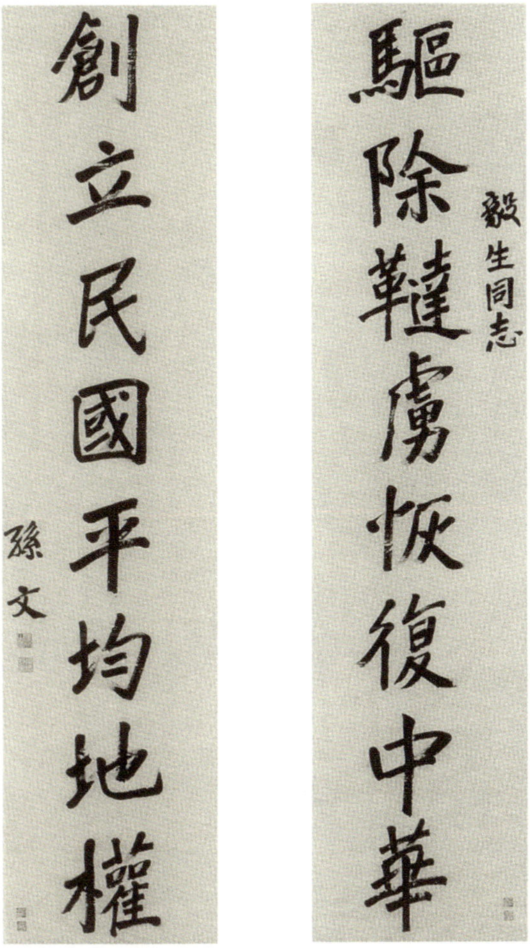

中国同盟会在日本东京成立，孙中山被推举为总理。图为孙中山手书的同盟会纲领。

同盟会评议部评议员兼书记朱执信（1885—1920），广东番禺人。

同盟会会计廖仲恺（1877—1925），广东惠州人。

同盟会早期女会员何香凝（1878—1972），广东南海人。

同盟会香港分会首任会长陈少白。

同盟会香港分会，位于德辅道“致发号”（四楼）原址。

同盟会香港分会书记、会长冯自由，广东南海人。

早期同盟会会员、香港爱国富商李煜堂，广东台山人。曾出资承办《中国日报》，多次捐献巨资支持革命。

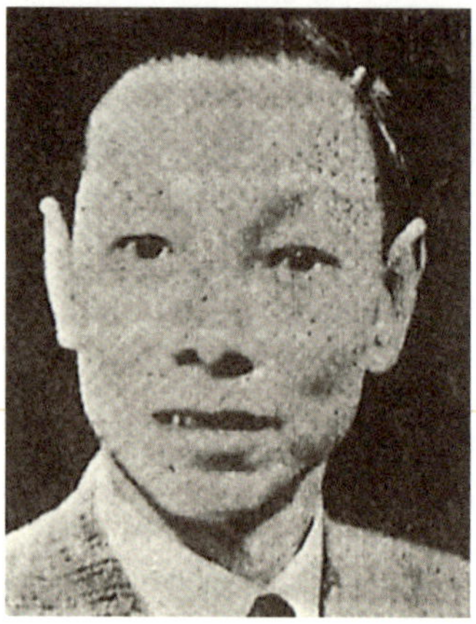

同盟会香港分会主要组织者之一李自重（李煜堂之子）。

1909 年底，同盟会广州分会成立。图为同盟会广州分会主要负责人高剑父，广东番禺人。

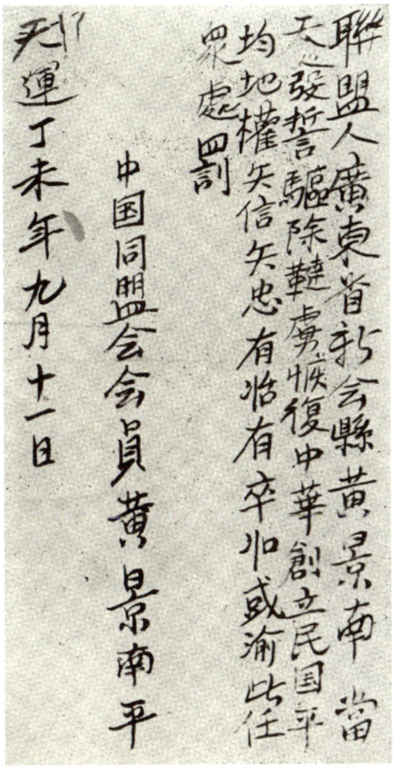

聯盟人廣東省新会縣黃景南 當
天發誓驅除韃虜恢復中華創立民国平
均地權矢信矢忠有始有卒如或渝此任
衆處罰
中国同盟会会員黃景南平
天運丁未年九月十一日

同盟会会员黄景南（广东新会人）的加盟书。

1905 年 11 月，中国同盟会创办《民报》作为机关报。孙中山在发刊词中把同盟会纲领概括为三民主义——民族、民权、民生。

反美拒约运动

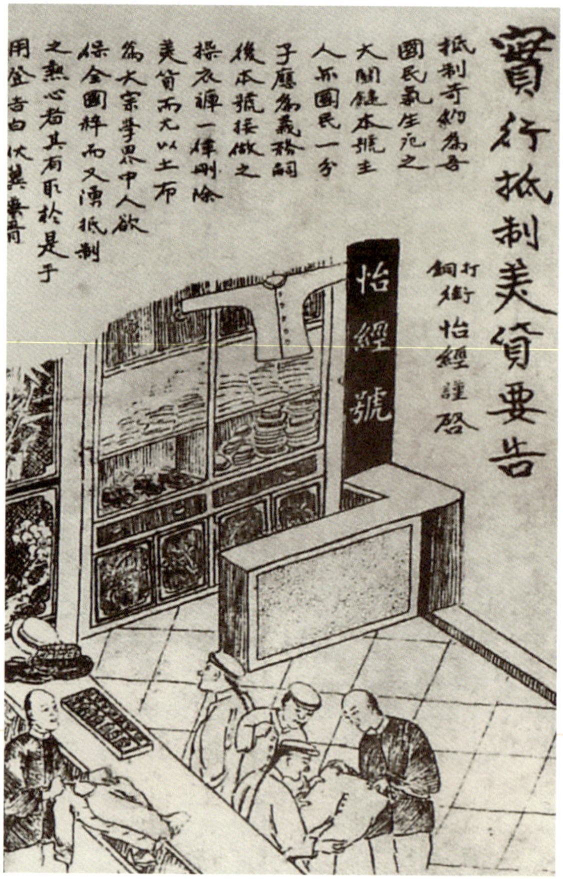

1894 年，美国与清政府签订新的华工条约，使美国的排华恶行合法化。10 多万居美华侨联名请求清政府废约，遭到美方拒绝，激起广大侨胞及全国人民的强烈抗议。1905 年 5 月始，一场声势浩大的抵制美货运动迅速展开。图为当年广州报刊登载打铜街“怡经”号的《实行抵制美货要告》。

1905 年，为反对美国胁迫清政府续订驱逐、限制华工赴美的《中美会订华工条约》，上海、广东等地掀起拒约反美运动。《时事画报》记录下广州抵制美货的场景。图为广州商号门前挂的写有“结成团体，抵制美货”的纸鸢。

1905 年 7 月，广州成立拒约会，开展抵制美货运动。马达臣（左）、夏仲文（中）、潘信明（右）均为拒约会骨干。9 月，两广总督岑春煊在美国驻广州总领事要挟下将他们逮捕，一年后才在舆论压力下予以释放。

1905 年 8 月，《美禁华工拒约报》宣传反美爱国运动的漫画。该报共出版 9 期，后因美国领事馆干涉被迫停办。

立宪团体和广东咨议局

1906 年 9 月，清政府迫于严峻形势，宣布预备立宪。1907 年底，广州同时成立两大立宪团体——粤商自治会和广东地方自治研究社。图为粤商自治会会长陈惠普。

1908 年，为推进预备立宪，清政府批准了《各省咨议局章程及议员选举章程》。1909 年 2 月，两广总督张人骏建立广东咨议局筹备处。图为 1909 年 10 月广东咨议局开幕纪念照。

1909 年，广东咨议局（位于今中山三路广州起义烈士陵园内）。1911 年，武昌起义后，广东各界代表在咨议局集会，宣布广东脱离清政府独立，成立都督府。1921 年 5 月，孙中山在此宣誓就任中华民国非常大总统。1925 年 10 月至 1927 年 1 月，此处则是国民党中央党部所在地。

丘逢甲（1864—1912），祖籍广东蕉岭县，后迁台湾彰化。杰出的爱国主义者，抗日保台英雄、进步教育家和诗人。支持维新运动，后倾向孙中山领导的民主革命。图为任职广东咨议局副议长期间的丘逢甲。

庚戌新军起义

1909年10月，同盟会南方支部在香港成立。在策划庚戌新军起义（又称广州新军起义）和广州黄花岗起义过程中发挥了重要作用。图为同盟会筹建人之一、同盟会南方支部部长胡汉民（1879—1936），广东番禺人。

1910年2月12日，同盟会南方支部策动广州新军起义。起义领导人倪映典（1885—1910），安徽合肥人。图为其（最前者）与战友们的合影。起义失败后，倪映典等百余人牺牲。

李湛（1871—1913），广东番禺人，1909 年加入同盟会。曾参与广州新军起义、广州辛亥三二九起义。1913 年 3 月 19 日，在清剿盗匪时殉职，中华民国政府追认其为陆军少将。

《时事画报》刊登反映广州新军起义的漫画。

图为为纪念倪映典领导的广州新军起义而制作的纪念章，上刻“广东陆军庚戌首义同志纪念会”字样。

广东陆军庚戌首义诸烈士墓，位于广州市先烈中路。为纪念起义中牺牲的将士而修建，墓前建成三级平台，上为一方高约 4 米的柱形纪念碑，正面刻有“广东陆军庚戌首义诸烈士墓”，背面刻有起义事迹。碑后为圆丘形墓葬，墓场简朴凝重。

广州辛亥三二九起义

1910年11月13日，孙中山召集同盟会骨干黄兴、赵声、胡汉民等在马来半岛的槟榔屿集会，决定在广州再度起义，并作出具体部署。图为槟榔屿会议旧址。

槟榔屿孙中山故居。

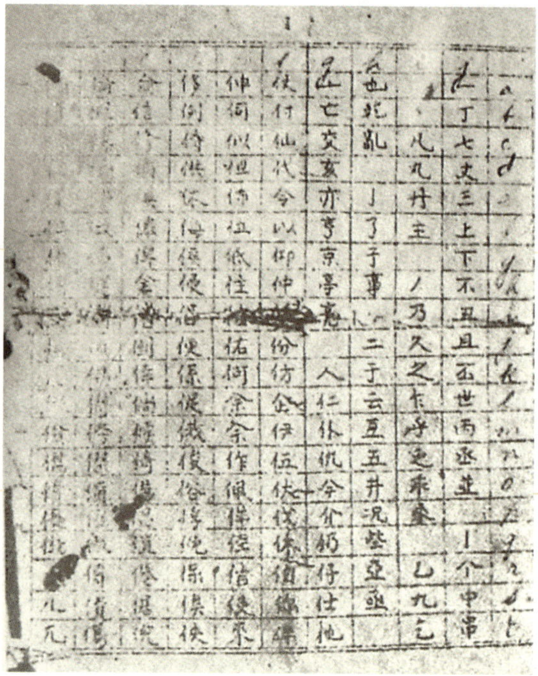

孙中山使用的密码表。

1911 年，孙中山为筹措经费，前往美国旧金山，得到洪门致公堂鼎力支持。6 月，中华革命军筹饷局成立，并以“中华民国”的名义印制募捐凭证——中华民国金币券。该券分 10 元、100 元、1000 元 3 种面值，是海外华侨支持辛亥革命的物证。图为 10 元面值的中华民国金币券。

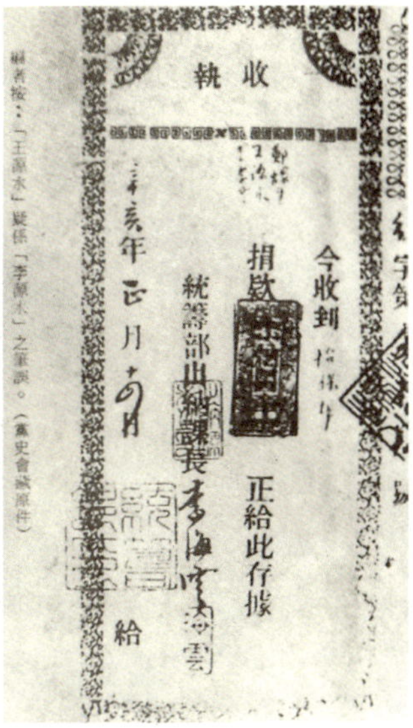

1911 年，同盟会统筹部发给郑螺生等人的捐款收据。

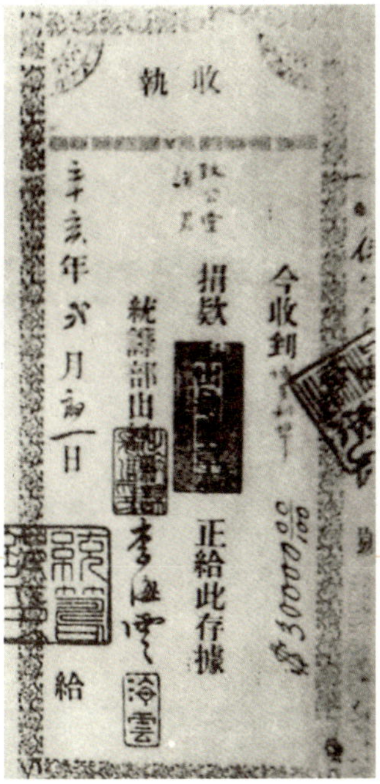

为支持广州辛亥三二九起义，加拿大域多利埠洪门致公堂向银行抵押房屋，所获 3 万元全部捐作起义经费。图为 1911 年同盟会发给域多利埠洪门致公堂的捐款收据。

黄花岗之役

各地华侨捐款统计

地名	计划募捐	实际收入(港币)
荷属南洋	五万	三万二千五百五十元
英属南洋	五万	四万七千六百六十三元
暹罗、安南	三万	三万零四百二十三元
域多利致公堂		三万三千元
温哥华致公堂		一万九千元
满德科埠		一万一千元
金山		一万元
檀香山		二千元
纽约		二千元
合计		一十八万七千六百三十六元

说明，据黄兴、胡汉民报告书列支出表，支出总数为一十八万七千六百三十六元，除一十五万七千二百一十三元有数可查外，其余出自暹罗、安南。

黄花岗之役各地华侨捐款统计表。

黄兴（1874—1916），湖南长沙人，中国近代民主革命家，孙中山的亲密战友。筹划广州辛亥三二九起义期间，他担任同盟会设在香港的统筹部部长。

同盟会统筹部副部长、广州三二九起义总指挥赵声。

广州辛亥三二九起义指挥部所在地——现广州越华路小东营15号。

1911 年，同盟会会员常借办喜事之名，将武器弹药藏入花轿、礼品盒中运入城内各秘密机关。图为反映革命党人运送武器的漫画。

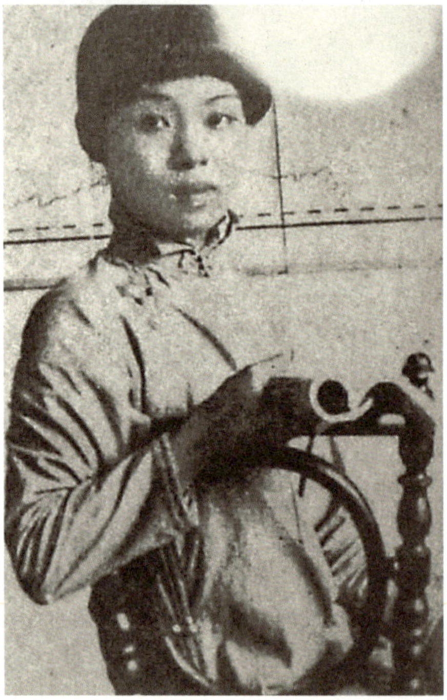

曾假扮新娘运送枪械的同盟会会员卓国华。

同盟会番花分会负责人徐维扬率领花县的“选锋队”参加广州辛亥三二九起义，与黄兴所率队伍合力攻入两广总督署。

镇压广州辛亥三二九起义的两广总督张鸣岐。

两广总督署被攻破后，张鸣岐仓皇逃跑。图为两广总督署（今广州市越华路广东省民政厅）。

镇压广州三二九起义的广东水师提督李准（摄于民国时期）。

辛亥年三月二十九日，同盟会在广州发动起义，义军英勇奋战，激烈悲壮。但因敌我力量悬殊，起义最终失败。革命党人喻培伦、方声洞、林觉民等牺牲。日后查明姓名的烈士有 87 人，实际牺牲者约 200 余人。图为广州辛亥三二九起义失败后被捕就义的革命党人。

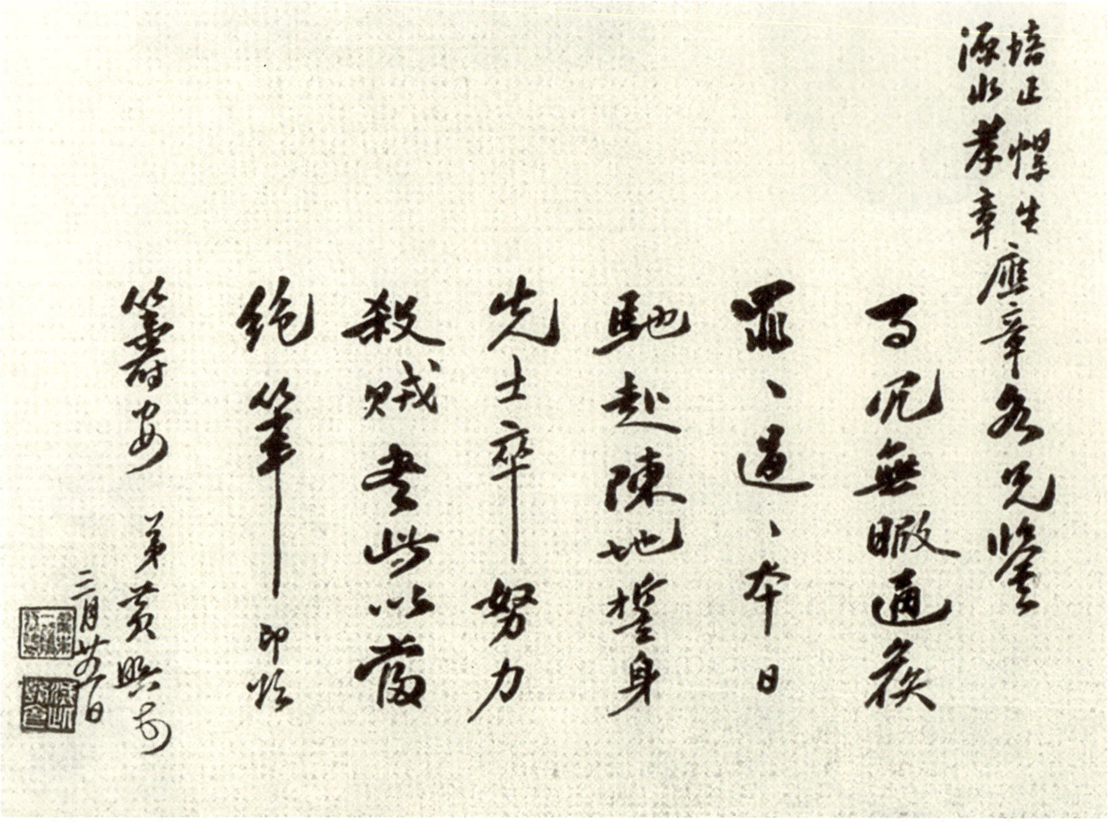
[illegible]悍生[illegible]务先[illegible]
[illegible]孝章
[illegible]无暇通候
[illegible]本日
驰赴阵地誓身
先士卒努力
杀贼书此以当
绝笔 叩启
筹安 弟黄兴
三月廿九日

广州辛亥三二九起义前夕，黄兴写给南洋同志的绝笔书。

同盟会会员林觉民（右二）与家人合影。

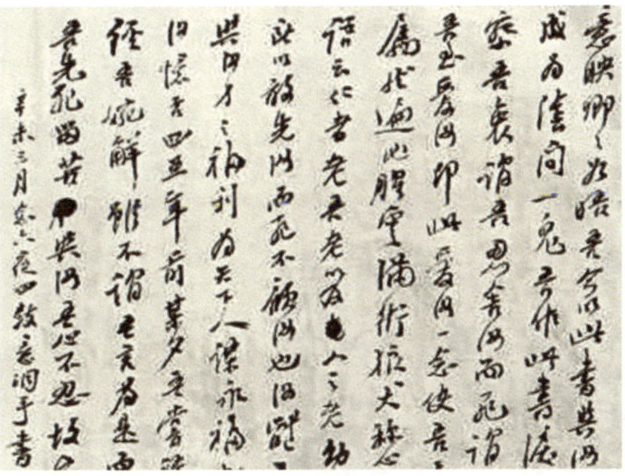

林觉民在广州三二九起义三天前写给妻子的诀别信。先烈的献身精神与崇高理想青史长存。

在广州辛亥三二九起义中牺牲的南海籍南洋华侨余东雄（左）和增城籍南洋华侨郭继枚（右）。

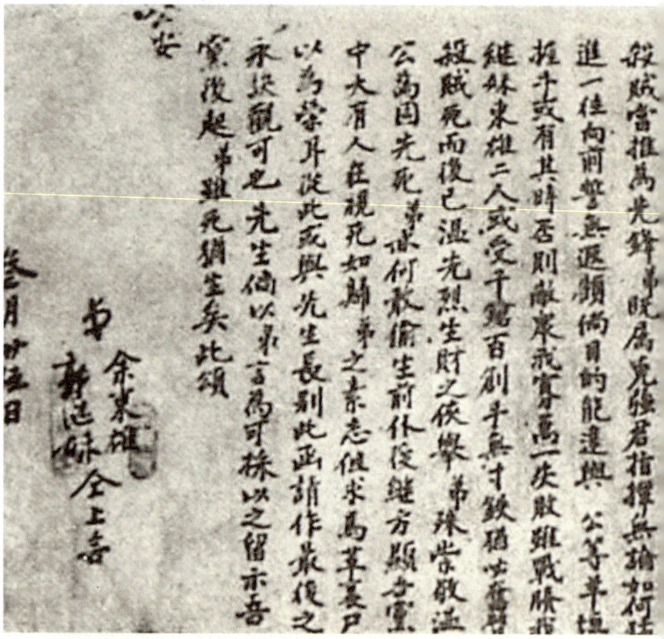

殺賊當推爲先鋒弟既屬克強君指揮無論如何務
進一往向前誓無退縮倘目的能達與 公等畢世
握手敢有其時否則敵衆我寡萬一失敗雖戰勝者
繼妹東雄二人或受千萬百創手無寸鐵猶必奮身
殺賊死而後已溫先烈生財之俠舉弟殊嘗欽羨
公爲國先死弟欲何敢偷生前仆後繼方顯吾黨
中大有人在視死如歸弟之素志但求爲革命黨
以爲榮耳從此永與先生長別此函請作最後之
永訣觀可也先生倘以弟言爲可採以之留示吾
黨後起弟雖死猶生矣此頌
……安
弟 余東雄 郭繼枚 仝上言
叁月廿五日

1911 年 3 月 25 日，余东雄、郭继枚参加起义前所写的绝命书。

在广州三二九起义中牺牲的南海籍南洋华侨机器工人杜凤书。

在广州三二九起义中被捕的革命党人惨遭杀害，弃尸荒野。

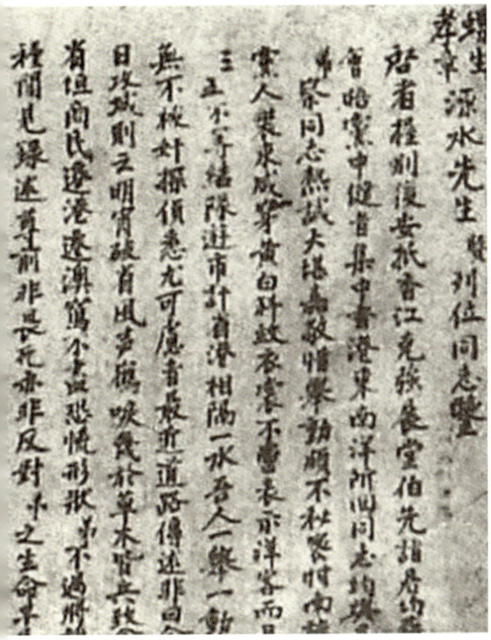

耀生
孝章 源水先生暨列位同志鑒
啓者桂則復安抵香江免孫養堂伯先諸君[illegible]
曾略黨中從首[illegible]中書港東南洋所[illegible]同志均[illegible]
弟[illegible]同志熱試大搖[illegible]情舉動頗不[illegible]時[illegible]
黨人裝束咸穿黃白[illegible]衣囊不[illegible]表示洋客而[illegible]
三五不等結隊遊市計自港相隔一水吾人一舉一動
無不被奸探偵悉尤可慮者最近道路傳述非[illegible]
日後城則云明宵破首風聲鶴唳[illegible]於草木皆兵[illegible]
省垣商民遷避港澳[illegible]恐慌形狀[illegible]不過[illegible]
種聞見錄述尊前非[illegible]亦非反對[illegible]之生命[illegible]

广州辛亥三二九起义失败后惨遭杀害的南海籍安南华侨机器工人罗遇坤（左）、嘉应籍教员辅廷（中）和南海籍安南华侨罗联（右）。

革命党人潘达微、陈伟庄夫妇多方搜寻，收殓烈士遗骸 72 具，安葬于广州黄花岗。图为潘达微、陈伟庄夫妇。

华侨和革命党人捐资筹建黄花岗七十二烈士墓园。墓园正门门额镌刻着孙中山手书的“浩气长存”4 个大字。

黄花岗七十二烈士墓园门口。

黄花岗七十二烈士之墓。

1912 年 5 月 15 日，孙中山与广州各界 10 余万民众至黄花岗，公祭起义烈士。

1912 年 5 月 15 日，广东海军致祭广州辛亥三二九起义烈士的场面。

在广州辛亥三二九起义前后，革命党人还对清朝统治者进行了狙击。1911 年 4 月 8 日，同盟会会员温生才（广东梅州人）在广州东门外开枪击毙副都统兼署理广州将军孚琦。图为就义前的温生才。

林冠慈（广东惠阳人）烈士。

1911 年 10 月 25 日，暗杀团成员李沛基（广东汕尾人）在广州南门炸死新任广州将军凤山，事后脱险到香港。图为李沛基。

1911 年 8 月 13 日，陈敬岳（广东梅州人）与林冠慈在广州双门底炸伤广东水师提督李准，林冠慈当场牺牲，陈敬岳在逃离途中被捕英勇就义。图为陈敬岳烈士。

1918 年建的安葬温生才、林冠慈、陈敬岳与钟明光的四烈士墓。

广东光复和军政府建立

1911年10月10日晚，新军工程第八营的革命党人首先发难，占领了武昌楚望台军需库。各营响应，迅即控制了凤凰山、蛇山等要地。翌日黎明，攻克了湖广总督署和藩司衙门。清吏逃散，武昌为义军占领。星火燎原，引发了全国性的革命高潮。

武昌起义军占领武昌中和门后，迎接郊区部分起义军进城。后来，此门改称“起义门”。

1911 年 10 月 10 日，武昌起义爆发，同盟会香港分会组织在外轮工作的粤籍海员、机器工人 70 余人，自购武器、自备盘缠至上海。后又有数十名广州革命党人加入队伍共赴汉阳。黄兴将这支队伍定名为“广东华侨敢死队”。图为身穿海员服的“广东华侨敢死队”在汉阳集合接受检阅。

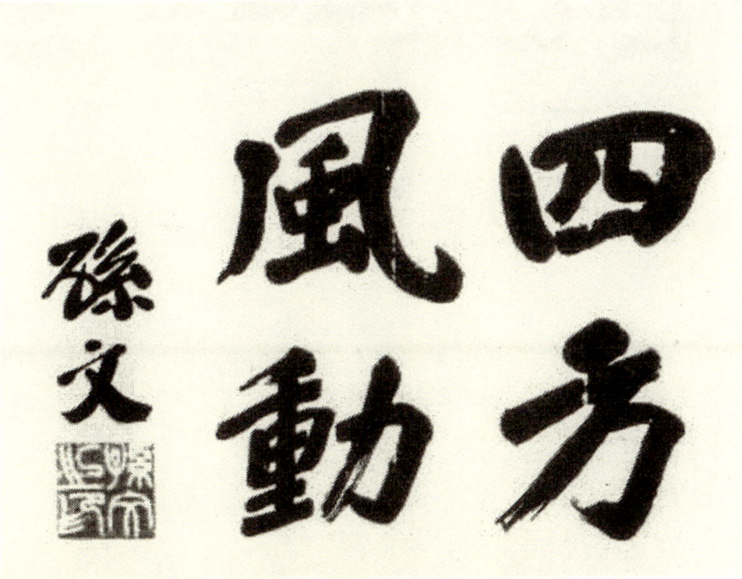

武昌首义的革命烽火迅速燃遍全国，孙中山有感而书“四方风动”。

武昌起义胜利后，革命军在武汉成立中华民国军政府，史称“湖北军政府”。

广东军政府建立后，主要领导人与民军在东园的合影。

1911 年 11 月 7 日，广州工人和民众趁广东绅商各界团体在文澜书院举行会议之际，要求实行广东独立，随后举行示威游行。

廣東獨立後張鳴岐逃至香港 胞濟光無下落

張鳴岐避位逃至香港省城秩序極整肅軍警均驟白巾爲號徹夜開城 商店一律懸三色旗 街市歡呼聲不絕

省城鄰近各處皆電知反正 十九日夜已積電三十餘通

十九日正午省城改懸白旗 時全城鳴大小花炮 歡呼萬歲 現在四境盜風亦靖

此次廣東獨立 全以和平解決 並無戰事先時已派軍隊赴四鄉 係一日盜風已戢

1911 年 11 月 9 日，广东和平光复。民众欢声雷动，广州城门大启，爆竹声不绝于耳。图为光复前夕的相关报道。

1911 年 11 月 12 日，广东军政府在原两广总督府成立。图为广东军政府旧址。

五色旗高挂在广东军政府大门前。

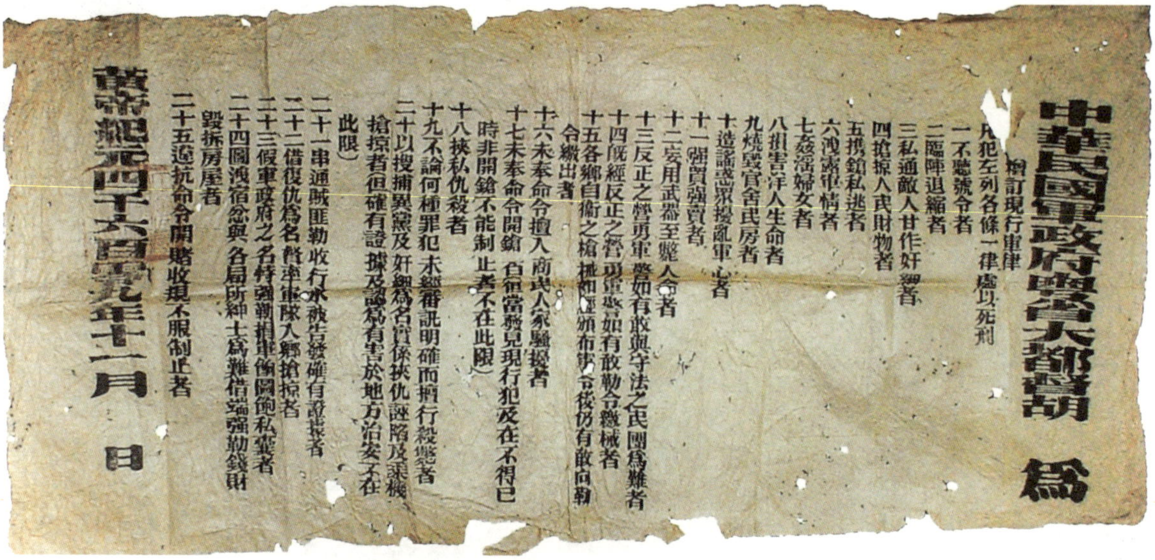
中華民國軍政府粵省大都督胡　爲
增訂現行軍律
凡犯左列各條一律處以死刑
一不聽號令者
二臨陣退縮者
三私通敵人甘作奸細者
四搶掠人民財物者
五携鎗私逃者
六洩露軍情者
七姦淫婦女者
八損害洋人生命者
九燒毀官舍民房者
十造謠惑眾擾亂軍心者
十一強買強賣者
十二妄用武器至斃人命者
十三反正之營勇軍警如有敢與守法之民團爲難者
十四既經反正之營勇軍警如有敢勒令繳械者
十五各鄉自衛之槍械如經頒布軍令後仍有敢向勒令繳出者
十六未奉命令擅入商民人家騷擾者
十七未奉命令開鎗（但當發見現行犯及在不得已時非開鎗不能制止者不在此限）
十八挾私仇殺者
十九不論何種罪犯未經審訊明確而擅行殺戮者
二十以搜捕異黨及奸細爲名實係挾仇誣陷及乘機搶掠者（但確有證據及認爲有害於地方治安者不在此限）
二十一串通賊匪勒收行水被告發確有證據者
二十二借復仇爲名擅率軍隊入鄉搶掠者
二十三假軍政府之名恃強霸捐肥飽私囊者
二十四圖洩宿忿與各局所紳士爲難借端強勒錢財毀拆房屋者
二十五違抗命令開賭收規不服制止者
黃帝紀元四千六百零九年十一月　日

胡汉民被推举为广东军政府都督。图为胡汉民发布的布告。

广东军政府都督胡汉民。

蒋尊簋（1882—1931），浙江诸暨人。时任广东新军协统，宣布广东独立，迎胡汉民为都督。广东军政府成立后任军务部部长。

广东军政府副都督陈炯明（1878—1933），广东海丰人。

广东军政府财政部副部长、财政司司长廖仲恺。

广东军政府总参议朱执信。

广东军政府警察厅厅长陈景华（？—1913），广东香山人。

刘永福（1837—1917），广东钦州（今属广西）人。曾应邀协助越南抗法，又参与抗日保台战斗。所部称黑旗军，颇为人知。后一度任广东石碣镇总兵，1907年回乡养病。广东军政府成立后，为统管民军事宜，组建民团总局，任广东民团总长。

广东光复后，商民捐款和购买公债，支持广东军政府渡过财政难关。岭南学堂师生组织协助军政府筹饷队，图为该队队员合影。

1929 年，军政府在越秀山上修建起广东光复纪念碑，表彰香港同胞捐资支持的功绩。1938 年，纪念碑遭日军炸毁。

1912 年，广东军政府颁发“革命军功牌”，表彰在广东光复中作出贡献的人员。图为铜质革命军功牌。

出师北伐

1911年12月8日，广东军政府组织的北伐军从广州北上沪宁，抗击清军对南京的包围。图为广东北伐军决死队官兵。

广东北伐军决死队部分队员合影。

广东北伐军总司令姚雨平（1882—1974），广东平远人。在广州辛亥三二九起义中曾任调度课课长。

广东北伐军炸弹队。中坐者为队长徐慕兰，后立者右起依次为李应生、卓国华、李沛基。

广东北伐军机关枪队在南京演习。

广东北伐军红十字会。

广东北伐学生军由两广方言学堂、广东农林讲习所、南武公学、育才书社等校学生参加。原定1912年2月出发，后因南北和议达成而解散。图为学生军接受检阅。

广东北伐学生军在野外训练后休息的情形。

1912 年，南京举行追悼广东北伐军殉难诸烈士的场面。

经济发展与市政建设

1897 年，广州成立大清邮局广州总局，所在地原为美国华侨设计的衙署式楼房，1912 年遭烧毁。后该地址被划给粤海关扩建新邮局，粤海关税务司兼任邮政司，在粤海关内办公。1918 年，业务由广东邮务管理局接管。图为广东邮务管理局大楼。

1897 年的大清邮差。

1898 年，中国第一所精神病院在广州设立。

1899 年，广州商人集资兴建城西方便所，为贫困产妇免费接生。

20 世纪初期，广州民族资本颇为发达。1905 年，粤商简照南、简玉阶兄弟在广东开设广东南洋烟草公司，与英美公司抗衡，不到 20 年便发展成为最大的民营烟草公司。图为简照南。

1905 年，顺德县有蒸汽缫丝厂 200 多家，已成为中国民族资本的机器缫丝中心。

1905 年，两广总督岑春煊发起筹建广州最早的自来水厂——增埗自来水厂，1908 年 6 月竣工。

1905 年，美商旗昌洋行在广州长堤五仙门创办华南最早的由外商所办电厂——粤垣电灯公司。1909 年，清政府收回自办。

1906 年，两广总督岑春煊引进德国克虏伯厂制造的机器装备，在广州筹办广东士敏土厂，1909 年竣工投产。图为该厂正面全景。

铁路修筑的潮涌

詹天佑（1861—1919），原籍徽州婺源（今属江西），“寄居广东省城”。12 岁时，在广州入选首批官费赴美留学幼童。毕业于美国耶鲁大学，研习工程专业，成为我国最优秀的铁路工程师。1905—1909 年，主持修建了我国首条自筑的铁路——京张铁路（今京包线北京至张家口段），培育了众多的铁路工程师。他被誉为“中国铁路之父”。

1901 年 12 月，粤汉铁路广三段（广州至三水）由美国华美合兴公司动工兴建，1903 年 10 月竣工，全长 48.86 公里。图为铁路通车典礼合影。

粤汉铁路广三段是广东省最早建成的铁路。

1903 年，粤汉铁路广三段石围塘车站。

1904 年，华美合兴公司违反借款续约，私售 2/3 股票予比利时公司，激起广东民众争办铁路权利的运动。翌年，清政府借英款赎回粤汉铁路，并允许铁路商办。1906 年 5 月，商办广东粤汉铁路总公司成立。

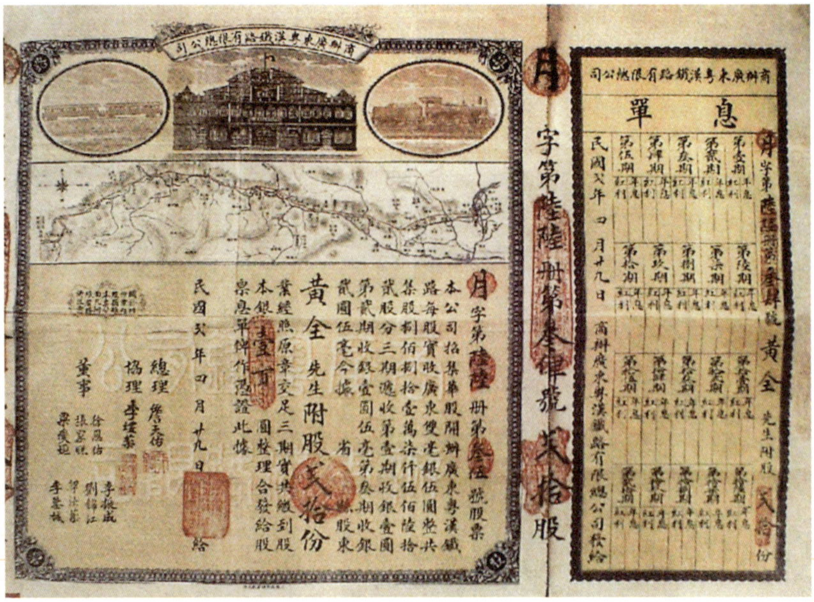

图为粤汉铁路总公司股票。

图为 1910 年 10 月 1 日在香港尖沙咀举行的中英合办的广九铁路英段通车仪式。

1911 年，广九铁路全线竣工。图为广州大沙头总站。

新式教育、文化的逐步兴起

1904 年，清政府颁布《奏定学堂章程》，统一全国学制。广州知府龚心湛按新的学堂章程将越华书院更名为广州府中学堂。图为第一期甲、乙班毕业生合影。

广州府中学堂第二期丙、丁班毕业纪念合影。

1904年，两广速成师范馆开办。1906年，建新校舍，改名两广优级师范学堂，后又改称为广东高等师范学校。图为新建的两广优级师范学堂。

1904年，广东将弁学堂在广州北横街成立，聘日本人为教官，训练多仿日本军制。图为该学堂军乐队。

1905 年，广东陆军小学堂在广州黄埔开办，实行新式军事教育。

1906 年，清政府为编练新军和培养初级军官，成立了广东陆军速成学校。图为该校步兵科第一区队学生毕业留影。

格致书院于1900年更名为岭南学堂，图为该校的马丁堂。由美国纽约斯托顿事务所设计，1905年底竣工，是我国第一座砖石钢筋混凝土结构建筑。

岭南学堂的算术课。

1906年，广东法政学堂成立，后更名为广东公立法政专门学校、广东公立法科大学。图为曾在该学堂执教的朱执信与同事的合影。

岭南学堂的学生与河南小学堂的学生进行足球比赛。

1908年1月，高剑父和潘达微等在广州举办广东图画展览会。图为展览会期间同人合影。

广州赞育产科传习所学生合影。

梁培基（1875—1947），广东顺德人，著名企业家、教育家、慈善家、医生。早年毕业于博济医科学校，曾任教于广州夏葛女子医科学校。自设诊所，行医济世，他所研制的“发冷丸”开广州制药业中西药结合之先河。还发起创办光华医社、光华医学堂，又投资开发从化温泉疗养院和风景区，并开办汽水厂、烟草公司等企业。

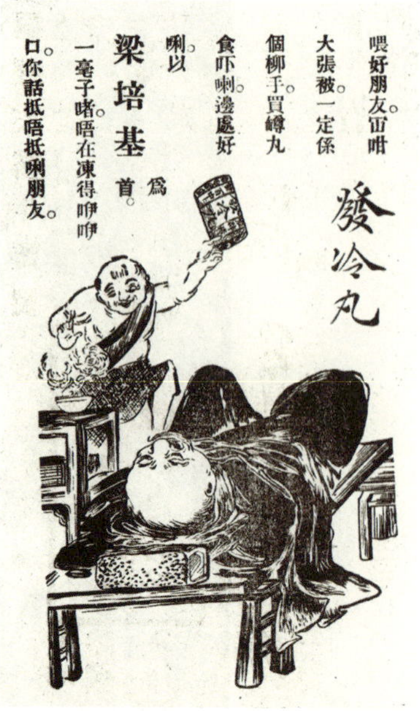

梁培基研制的“发冷丸”广告。

1908年，梁培基、陈衍芬等创办光华医社。不久，梁培基又创办光华医学堂和光华赠医院，这是广州首家由中国人自办的西医学校和医院。图为光华医社。

1907 年，广东省立广州女子师范学校在广州小北路大石街成立，这是广东第一所女子师范学校。图为 1915 年该校女教师合影。

城市风貌和社会风习的变易

广州南海神庙始建于隋朝，图为南海神庙大碑亭。

广州光孝寺是岭南历史最悠久的寺院。寺址初为公元前2世纪南越王故宅，佛殿始建于东晋，后屡次扩建和重修。光孝寺存有很多文物古迹，对于研究中国建筑史、佛教史、文化史乃至中外文化交流史，都具有很高的价值。

广州怀圣寺，始建于唐朝，是伊斯兰教传入中国后最早兴建的清真寺。

怀圣寺礼拜堂内的大圣龛。

清末广州镇海楼（图中圈内建筑）。始建于明朝，是广州标志性建筑之一。

广州越秀山。

20 世纪初的沙基河涌及街景。

20世纪初珠江南岸风光。

清末广州珠江上的航标塔和小渡船。

20 世纪初珠江边的码头。

20 世纪初珠江边的码头。

19 世纪末 20 世纪初的客船。

19 世纪末珠江上的英国军舰。

19 世纪末 20 世纪初的住家艇。

清末，广州的书坊。

刘氏家庙始建于 1900 年，位于广州大道北，是民族英雄刘永福的故居，具有典型的南方庭院特色。

近代广州独具岭南特色的民居建筑——西关大屋，主要分布于荔湾区西关角（多宝路、逢源路、宝华路）一带，为清末民初豪门富商兴建的家宅。西关大屋厅堂敞亮、装饰精美。

西关大屋内景。

广州伍园清晖池馆客厅内景。

清末，广州的娶亲队伍。

清末，岭南学堂附近的集市。

1899 年，饮早茶的广州人。

清末，粤东烟草公司门前的街头小贩。

1900 年，广州沙面维多利亚酒店门前的中国劳工。

1904 年，广州的船工。

三

捍卫共和斗争的主要基地

（1912—1923）

1911年12月下旬，长期流亡异域的孙中山返回祖国。他拒绝了“退就粤中，以修战备”的建议，决心前往沪宁一线主持军事和政治的重大事宜。17省代表推举孙中山为中华民国临时大总统，孙中山于1912年元旦在南京宣誓就职。然而，手握军政大权的袁世凯迅速攫取了辛亥革命的果实，力图把共和国扼杀在摇篮里。逆流在革命似乎仍在凯旋行进中袭来，孙中山被迫辞职和袁世凯在北京重建政府，标志着民主革命大潮开始了降弧。1913年3月，袁世凯以出卖国家权益为代价向五国银行团换取善后大借款，同时策划刺杀了由同盟会与几个党派联合推举的国民党代理理事长宋教仁。此举打破了革命党人对袁世凯的幻想，正在日本谋划中国铁路建设的孙中山返回上海。为了维护共和制度，孙中山发起反袁的“二次革命”和中华革命党讨袁斗争，广州成为捍卫共和斗争的中心之一。

在孙中山的敦促和形势逼迫下，广东都督陈炯明宣布独立和讨伐袁世凯。由于准备不足、军心涣散等因素，广东的“二次革命”仅持续半月余即告结束，其他几个省份的讨袁抗争也迅速告终，袁世凯的爪牙龙济光入踞广州。孙中山再次流亡日本。鉴于国民党缺失“团结自治”和“奉令承教”精神，孙中山于1914年在东京建立了中华革命党，任命朱执信、邓铿为中华革命军广东正、副司令长官，开展南粤反袁讨龙活动。1915年12月，袁世凯公然“帝制自为”，孙中山立即发表《讨袁檄文》。蔡锷、唐继尧等通电讨袁，护国战争于云南爆发，广东、贵州、浙江等省份先后响应，广西随即宣告独立，反袁斗争进入高潮阶段。1916年，朱执信乘龙济光被调往广西阻击护国军之机，策划民军于6月分三路围攻广州，并与驻军在广州郊区激战。旋又计划在黄埔劫夺肇和舰和袭击观音山军械局，但均未取得成功。

由于遭到民众的普遍反对和众叛亲离，袁世凯称帝的图谋失败，1916 年 6 月在北京病故。孙中山通告中华革命军停止军事行动，广东的反袁讨龙斗争结束。龙济光迫于形势，退离广州。北京政府旋即任命陆荣廷为广东都督，桂系军阀据粤时期由此开始。

国内政局动荡不已。1917 年夏，时任长江巡阅使的军阀张勋利用总统黎元洪和总理段祺瑞之间的矛盾，率军进入北京，迫使黎元洪解散国会，并拥废帝溥仪复辟。已被总统免职的皖系军阀段祺瑞在天津组织讨逆军驱逐张勋，控制了北京政府，拒绝恢复《中华民国临时约法》和民国初年国会，推行“武力统一”政策。7 月，孙中山率拥护共和的海军南下广州，联合桂、滇等系西南军阀发起护法运动，共同讨伐北洋军阀。8 月，国会非常会议在广州召开，宣布成立中华民国军政府，并推举孙中山为海陆军大元帅，唐继尧、陆荣廷分任元帅。9 月 10 日，孙中山在广东士敏土厂宣誓就职。

孙中山积极推进护法运动，在短期内取得了一定的军事成效。但是，坐拥重兵的西南军阀虽然标榜护法，实为割据自雄，因而极力限制乃至打压军政府的活动。1918 年 4 月，滇、桂军阀勾结反对孙中山的政学系议员，通过《中华民国军政府组织大纲修正案》，决定以七总裁合议制取代大元帅元首制以排挤孙中山。岑春煊出任政务会议主席总裁，桂系军阀进一步控制了军政府的领导权。孙中山被迫离穗赴沪，第一次护法运动失败。孙中山切身感受和认识到南北军阀“如一丘之貉”。

1919 年，五四运动爆发，广州人民积极响应，开展大规模拒签实为列强分赃协议的《巴黎和约》的活动，并要求废除袁世凯在 1915 年对日承诺的“二十一条”卖国条约，发起提倡国货与抵制日货运动。群众性的斗争迅速发展，学生罢课，工人罢工，商人罢市。5 月 11 日，广州青年学生、工人和商民数万人在东园广场召开国民大会，会场高悬“欲杜强邦，先歼国贼；不申义愤，曷号公民”对联。会后游行示威并选出代表向军政府请愿。5 月 30 日，广州再次举行 3 万余人参与的反帝大游行。7 月 14 日，数千群众向省议会请愿时竟遭军警开枪射击，拘捕学生 50 余人，之后更大肆逮捕坚持斗争的学生 300 多人。孙中山在上海通电支持广州民众的爱国正义行动，强烈谴责桂系军阀的残暴行径。6 月 28 日，在巴黎的中国代表迫于举国反对压力而拒签和约。爱国进步的青年们则在坚持斗争中成长，其中的代表阮啸仙、刘尔崧等后来都成为优秀的共产党员。

与五四运动相辅相成的新文化运动，实以 1915 年出版的《新青年》杂志为起点。这场思想启蒙运动有力地促进了广大人民的觉醒，让人民接受了民主与科学的洗礼，既是对辛亥革命——特别是在思想领域的未竟之业的“补课”，也是对拯救和发展中国的道路的新探索。1917 年爆发的俄国十月社会主义革命给人们带来重大的精神启示。《广东中华新报》及时报道了相关消息，又在时事述评中指出新生的苏维埃政权是“人民之希望”，“最得平民劳动者之欢心”。广州民众和青年学生在五四运动和新文化运动中得到了启迪和锻炼，激发了他们的爱国热忱和民主精神，引发了先进分子的新追求。在冲破禁锢和思潮汹涌的精神氛围中，马克思主义开始在广东广泛传播。

广州成为马克思主义在华南地区的宣传中心。朱执信早在 1906 年就在同盟会主办的刊物《民报》上介绍过马克思和恩格斯的生平，摘译了《共产党宣言》和《资本论》的部分内容。1912 年，广州《民生日报》连载了《共产党宣言》

第一部分的译文，这是国内最早出现的《共产党宣言》部分全译。五四运动期间，杨匏安在《广东中华新报》发表了系列文章介绍新思潮和马克思主义，该报成为宣传科学社会主义的一个重要舆论阵地，为中国共产党广州地方组织的建立准备了思想和理论基础。同时，孙中山也以南方国会的名义致电列宁及苏俄政府："对贵国革命党所进行的艰苦斗争表示十分钦佩，并愿中俄两党团结共同斗争。"

广州又是我国第一代产业工人的诞生地之一，且为无产阶级进行斗争、组织工会与团体的较早地区。这种状况是诸多社会因素形成的，其中包括颇具特色的地缘关系。发生在广州的鸦片战争，成为中国近代史的开端。列强从这个千年商都和对外港口打开中国的大门，把触角伸向了各领域。1845 年，苏格兰人柯拜在广州黄埔兴建船坞，非法经营船舶修造业务。1863 年，一些英商收购了柯拜船坞，转属香港黄埔船坞公司，雇佣中国工人约 1000 名。19 世纪 70 年代，黄埔地区已有中国工人 2000 余名，他们是中国第一代产业工人。此外，还有所谓"洋务工人"约 4000 人，缘于第二次鸦片战争后英、法侵略者占领广州沙面为租界后，设置了银行、仓库、酒店及公用事业，雇佣中国工人。另外，洋务派官员在广州开办了军械局、造币厂和士敏土厂等，雇用了一批劳工，至 20 世纪 20 年代初，工人总数已达 4000 余人。民族资本企业的先驱——继昌隆缫丝厂则拥有工人 600 余名。1910 年前后，广州地区有机器缫丝厂百余家，"妇女之佣是业者十数万人"。公用事业在世纪之交亦有所发展，电灯公司、电话公司、自来水公司陆续兴办起来，多为官商合办企业。火柴、造纸、印刷、机器碾压行业均有扩展。在第一次世界大战中，广州的民族资本企业与全国情况类似，乘列强减缓东顾而有较大发展：橡胶工厂于 1920 年有 20 余家，工人约 5000 人；火柴和印刷业发展较为迅速，仅排字工人就有3000多人。机器厂应运而生，先后成立20多家，工人约4000人。航运工人约8000人，全省铁路工人共4000多人。城市本身不断发展，20世纪20年代初的广州人口已逾百万，市政工人约2万人，主要是运输和清洁行业。总括而言，中国共产党成立前夕，广州已有近代产业工人10万余人，其中半数为民族资本企业所雇佣，手工业工人和店员约有10万人。佛山、潮汕等地，亦有相应发展。至于始终与广东尤其是广州关系密切的香港，1925年的工人数量已有25万人，近代产业工人不下10万人，大多聚集在外资企业。

广东的无产阶级深受外国侵略者及其对华资本输出、本国封建皇权与军阀、官僚、政客以及资本家的多重压榨，他们的各种抗争不断开展。搬运工人在1905年投入反美爱国运动，“集众矢誓，实行不扛美货”。在广州白鹤洞承建美孚洋行工程的部分建筑工人表示“如美国不废苛约，即行停工，以示抵制”。他们积极参与了孙中山领导的民主革命，甚至投身于武装反清斗争。当然，无产阶级反对资产阶级的斗争“是和它的存在同时开始的”。无产阶级是社会主义的社会基础，马克思主义与无产阶级及其斗争相结合，促使无产阶级成为自觉的社会变革的中心力量，政党的组建就成为时代的需求。广州成为无产阶级先锋队组织最早的诞生地区之一，也是各地共产党组织初建阶段的一方重镇。

1920年底，陈独秀、谭平山等着手组建广州共产主义小组，积极筹备建党事宜。中国共产党于1921年7月成立后，小组改称中共广东支部，翌年扩大为中共广东区执行委员会，还负责广西、香港地区的工作（亦称“中共两广区执行委员会”）。周恩来曾任中共两广区委委员长。陈延年于1925年春接任并改称区委书记，工作范围更扩大至福建南部、云南及南洋一带，是当时中共最大的地方党组织。1922年3月，社会主义青年团广东区委员会成立。5月，在广州召开了第一次全国代表大会。《新青年》杂志社也于1921年春迁至广州。1923年5月，中国共产党中央执行委员会的常务机构——中央局，为筹备中共三大，由上海迁到广州。9月，中央局复迁回上海，谭平山任驻粤委员。在中共三大后，为加强对广州党组织的领导，组建了中共广州地方委员会（简称“广委”），在中共两广区委领导下开展工作。中共党组织的蓬勃发展对国民革命起到了重大积极作用：实现了国共合作，巩固和优化了广州革命策源地。新民主主义革命的第一阶段由此开启了崭新局面。

在此期间，广州的形势发生了重要变化。1920年秋，孙中山指示在第一次护法运动时组建的援闽粤军回师广东，联合西南地区的反桂系力量驱逐了盘踞广州的莫荣新。孙中山于11月重返广州，发动第二次护法运动。1921年4月，在广州召开国会非常会议，通过《中华民国政府组织大纲》，孙中山当选为中华民国非常大总统，积极筹划统一两广和北伐事宜。岂料“祸患生于肘腋”，1922年6月16日凌晨，陈炯明部发动兵变，企图驱除、加害孙中山。孙中山在夜色中出走脱险后，率舰队在珠江水面坚持战斗近两月。局势难以扭转，他被迫经港赴沪。在极为困难的条件下，他与共产国际、苏俄和中国共产党的代表深切交流，寻求合作。此前，他已在桂林多次会见了共产国际代表马林。8月下旬，他即与李大钊商讨了“振兴国民党以便振兴中国”的大计。9月，孙中山指定陈独秀参与国民党的“改进”工作。12月，任命陈独秀为中国国民党参议。1923年1月，孙中山与苏俄代表越飞发表共同宣言。国共合作原则与联俄方针至此形成。2月，孙中山借助滇军和桂军力量将陈炯明驱离广州后再次返穗，正式建立陆海军大元帅大本营，并任大元帅职，巩固了广州民主革命根据地。1923年6月，中国共产党在广州召开了第三次全国代表大会，确定国共合作的原则、方针和形式，加快实现两党合作的步伐。10月，中国国民党在广州举行党务讨论会，商议国民党改组的有关事宜，成立中国国民党改组委员会，为国共合作提供必要的准备。

尽管这个阶段局势十分动荡，民国初期的广州城市建设还是与社会经济增长同步，有所发展。侨商功不可没，他们投资的项目首先是房地产开发和道路建设。1915年，美洲归侨在龟岗购买一片荒丘，规划出4条马路以便分段出售地皮和兴建房屋，引发华侨投资东山地区的热潮。他们兴办学校、医院、商店、工厂等，使当地成为繁华市区。此举带动侨资在全市创办百货商店、酒店、戏院以及建设市政公用事业等，为广州带来活力和生机。工业多有发展，商业规模扩大，广州依然是中国南方的商贸中心。同时，广州在20世纪20年代先后兴办了不少公立、私立的中、高等学校，现代教育体系初步形成。正是在这种形势下，广州市政公所于1918年10月设立，实施拆城墙、筑马路，开始较有计划的、成规模的市政建设。1921年，广州正式设市，明确城乡分治、市县并立原则，这是中国首次实施适应现代化的市政组织制度，启动了中国市政改革。其他城市纷纷效仿，形成建市热潮。

中华民国建立与『二次革命』

1911年12月21日，孙中山（前排左四）从欧洲回国，途经香港时在船上与胡汉民（前排左三）、廖仲恺（前排右一）等合影。

1911年12月26日，孙中山（左二）在上海与黄兴（左四）等同盟会会员商讨组织临时政府的方案。

1912 年 1 月 1 日，中华民国临时大总统孙中山就职典礼在原两江总督署（今南京总统府旧址）举行，正式宣告中华民国成立。图为中华民国临时大总统孙中山。

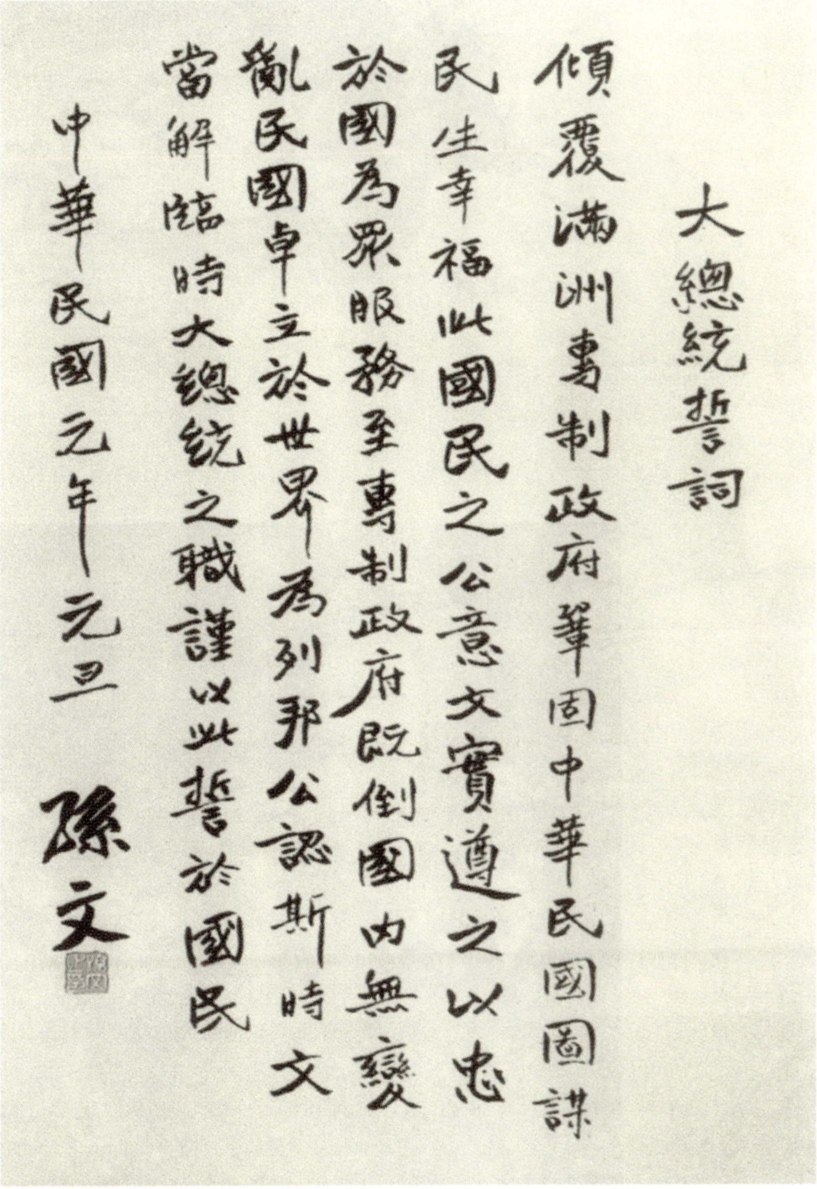
大總統誓詞

傾覆滿洲專制政府鞏固中華民國圖謀民生幸福此國民之公意文實遵之以忠於國為眾服務至專制政府既倒國內無變亂民國卓立於世界為列邦公認斯時文當解臨時大總統之職謹以此誓於國民

中華民國元年元旦

孫文

孙中山手书的《大总统誓词》。

1912 年 1 月，孙中山在南京主持召开临时政府工作会议。

1912 年 1 月，孙中山（一排左五）出席临时参议院成立典礼后留影。

1912 年，旅美华侨在当地举行游行，庆祝辛亥革命取得胜利，欢庆共和国的建立。

1912 年 2 月 12 日，清帝溥仪“逊位”，清帝国正式终结。孙中山被形势所迫辞去临时大总统职务，并“荐袁以自代”。2 月 15 日，南京参议院选出袁世凯为第二届临时大总统。1912 年 3 月，孙中山与总统府职员合照。

1912 年 2 月，孙中山出任中华民国铁路督办。4 月 25 日，孙中山返抵广州，受到各界隆重欢迎。图为孙中山于 5 月出席商办广东粤汉铁路有限总公司欢迎会的合影，前排右一为詹天佑。

1912 年 4 月 26 日，孙中山在广州出席陆军司令部欢迎会时的合影。

1912 年 5 月，孙中山（前排右一）全家在广州合影。后排右二为秘书宋霭龄。

1912 年 10 月 10 日，广东军政府举办隆重的国庆活动。图为广东都督胡汉民、副都督陈炯明赴广州东郊检阅军队的情形。

1912 年 10 月 10 日，在中华民国国庆活动中接受检阅的军队。

1913年3月20日，国民党代理理事长宋教仁于上海被刺杀。

“宋案”发生后，孙中山（前中）从日本遄返国内。1913年3月，他与黄兴（前左二）等在上海横滨正金银行内商讨反对袁世凯的计划。

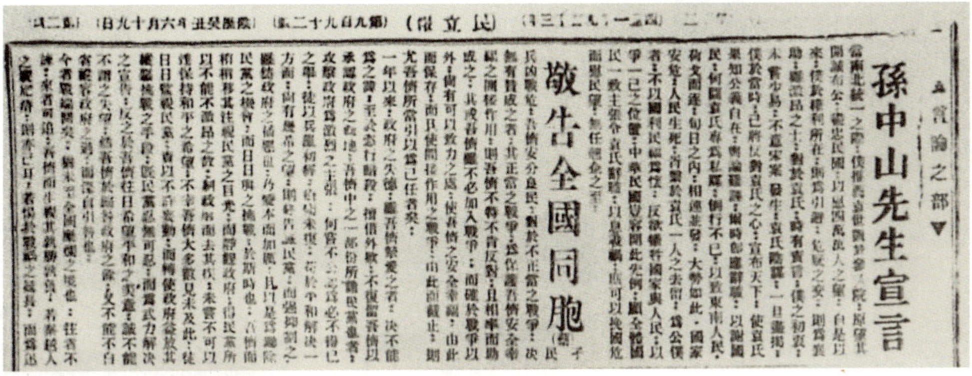

言論之部

孫中山先生宣言

敬告全國同胞

1913 年 7 月 22 日，为捍卫共和制度，孙中山坚决主张武力讨袁，发起“二次革命”。图为孙中山在上海《民立报》发表宣言，督促袁世凯辞职。

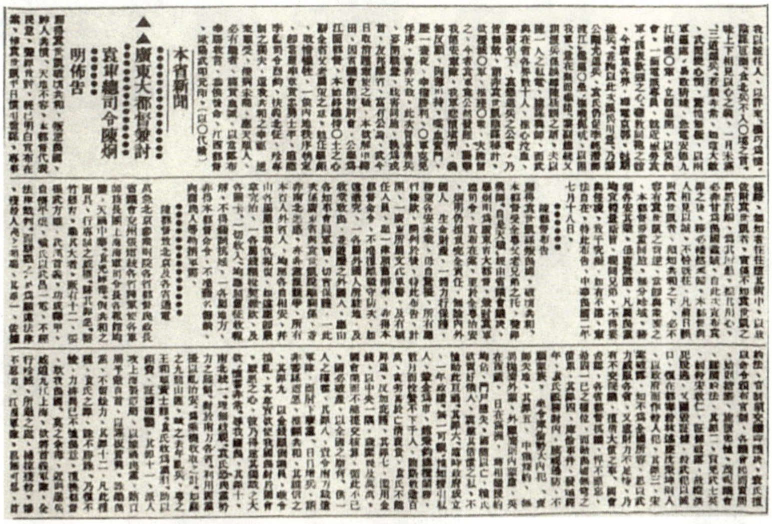

本省新聞

1913 年 7 月，广东都督陈炯明在孙中山的敦促下宣布广东独立。7 月 19 日，广州《民生日报》刊发了讨袁布告。

广东宣布独立后，袁世凯任命龙济光为广东宣抚使，率部攻占广州，后加任为广东都督兼民政长。1913 年 9 月，其他几个省区先后宣布取消独立，“二次革命”失败，孙中山、黄兴、胡汉民、陈炯明等流亡日本。图为龙济光。

反袁讨龙运动

1913年“二次革命”失败，孙中山认为此结局既“非战之罪”，亦“非袁氏兵力之强”，主要是“同党人心之涣散”，决定另行组党。1914年7月，中华革命党在日本东京成立，孙中山任总理。图为中华革命党部分党员合影。

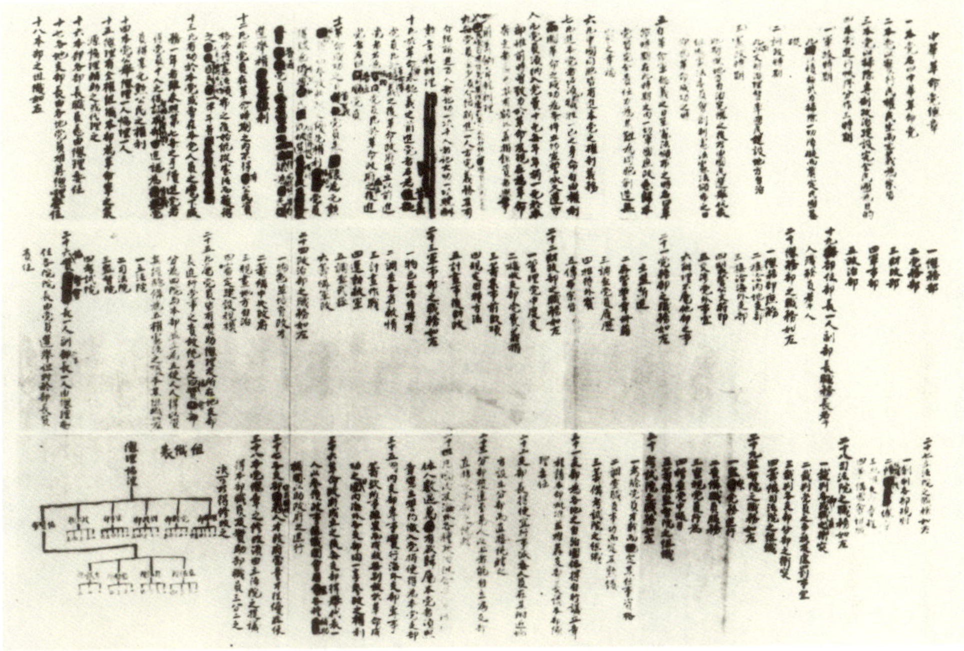

1914 年 7 月 8 日，《中华革命党总章》在中华革命党成立大会上公布。

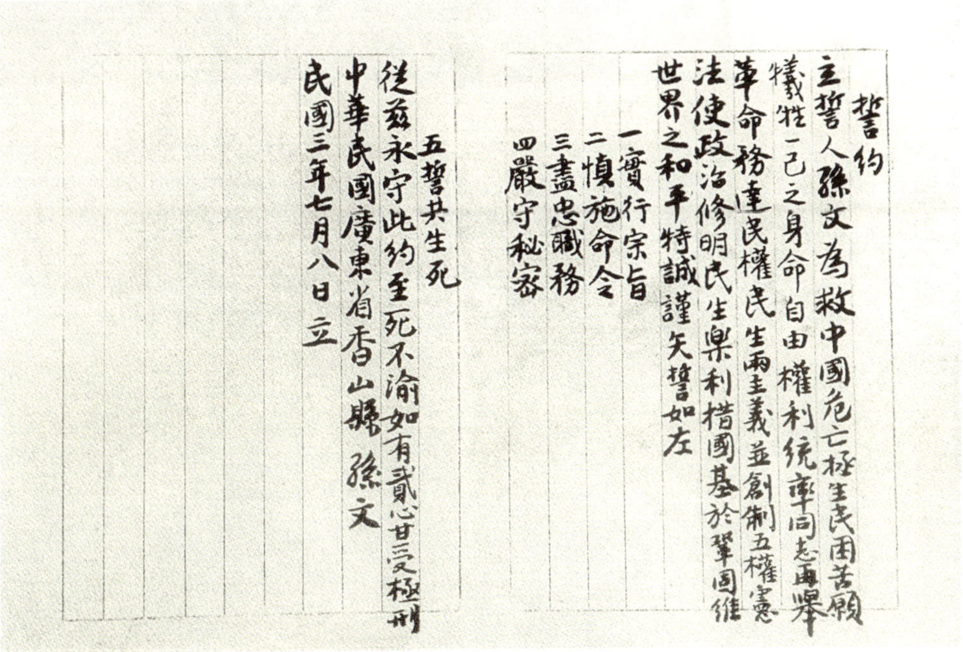

誓约

立誓人孫文為救中國危亡拯生民困苦願犧牲一己之身命自由權利統率同志再舉革命務達民權民生兩主義並創制五權憲法使政治修明民生樂利措國基於鞏固維世界之和平特誠謹矢誓如左

一實行宗旨

二慎施命令

三盡忠職務

四嚴守秘密

五誓共生死

從茲永守此约至死不渝如有貳心甘受極刑

中華民國廣東省香山縣 孫文

民國三年七月八日立

孙中山手书中华革命党《誓约》。

1914 年，孙中山主持制定了中华革命党《革命方略》，决定组建中华革命军，武力推翻袁世凯专制政府，建设完全民国。朱执信被任命为中华革命军广东司令长官，策动广东地区反对袁世凯、讨伐龙济光的斗争。图为朱执信当时留影。

邓铿（1886—1922），广东梅县（一说惠阳）人。广东将弁学堂毕业，曾参与广州辛亥三二九起义，广东军政府成立后任陆军司司长。“二次革命”失败后赴日，协助孙中山组建中华革命党。时任中华革命军广东副司令长官兼东江总司令。

陈炯明领导的共和军与徐勤领导的广东护国军也加入反袁讨龙斗争。图为广东护国军总司令徐勤。

1913 年，香港海员工人利用职业便利，冒着生命危险掩护革命党人、传递情报、运输军械、中转物资。图为当年香港的省港澳码头。

刘思复（1884—1915），又名师复，广东香山人，中国同盟会会员、早期中国无政府主义倡导者。1907 年，在广州策划暗杀广东水师提督李准。1911 年，响应武昌起义，在东江组织民军，并策划暗杀摄政王载沣。1912 年 5 月，在广州组织成立中国第一个无政府主义团体——晦鸣学舍。

1914 年，第一次世界大战爆发，欧洲各港口实行军事管制，物资及军火转运受阻，革命党人在旧金山、纽约、香港、广州及上海建立“联义社”，坚持反袁斗争。图为位于广州永汉南厂后街 60 号的联义社支社。

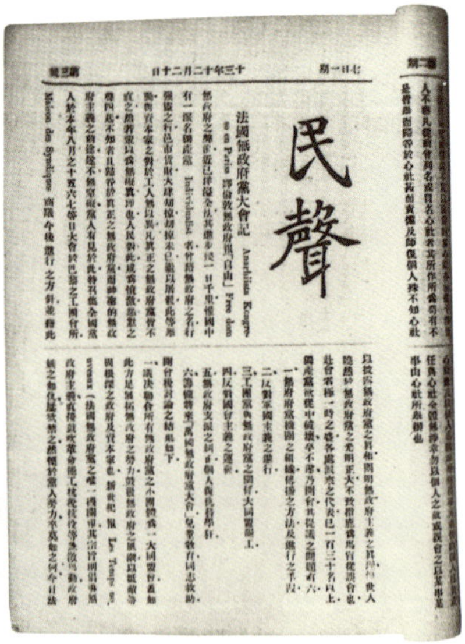

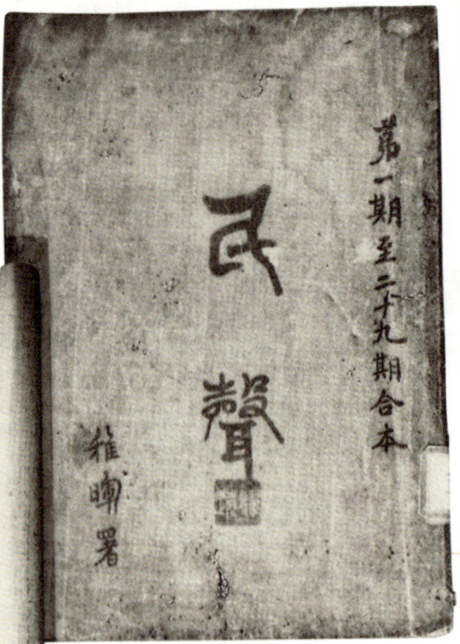

1913 年 8 月，刘思复在广州创办了晦鸣学舍的机关刊物《晦鸣录》，旋即遭龙济光查封，同年 12 月转澳门出版，更名为《民声》。

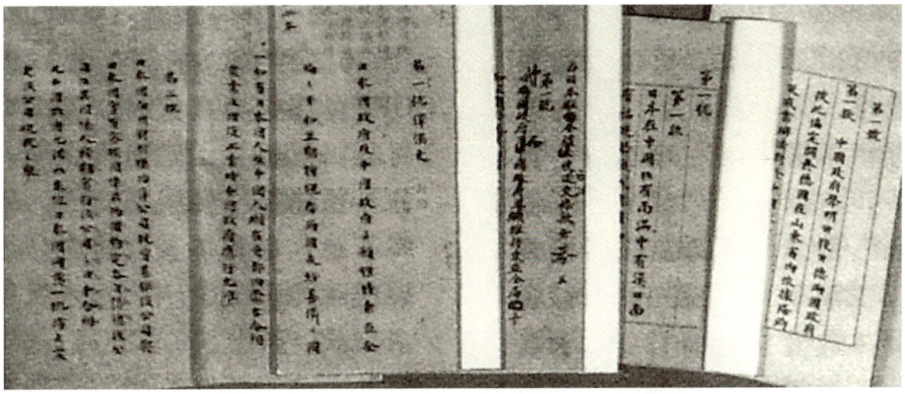

1915 年，为了换取日本对“帝制自为”的支持，袁世凯接受了日本政府提出严重侵华权益的“二十一条”。图为袁世凯手批的“二十一条”原稿。

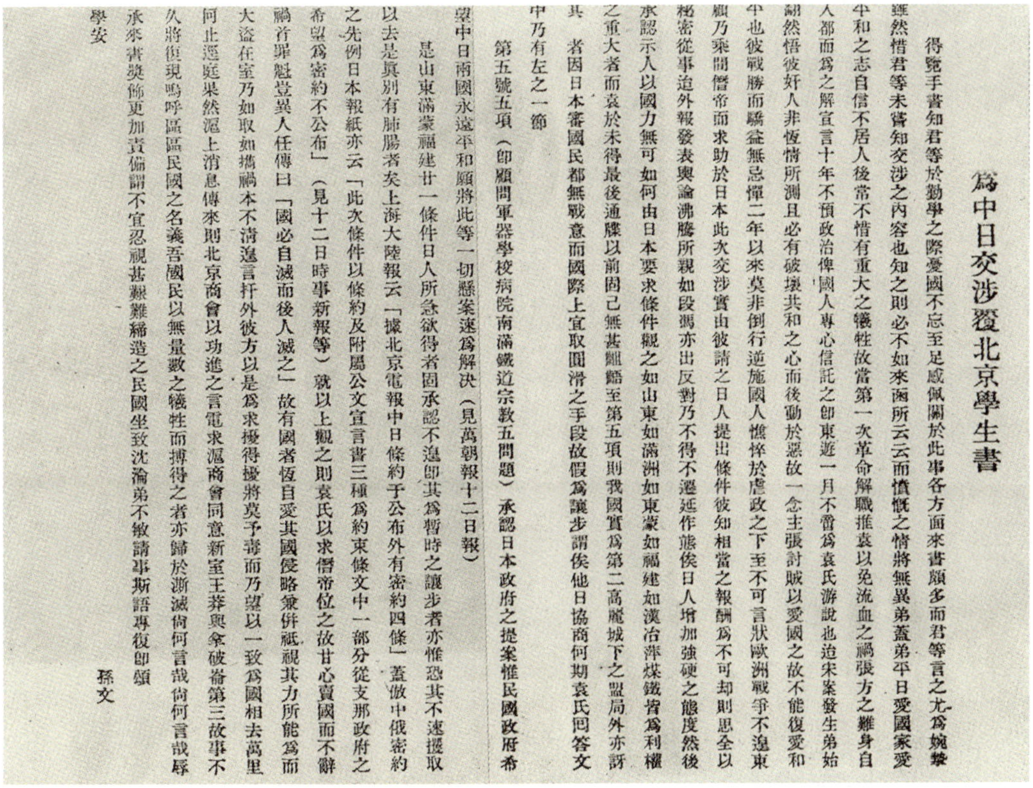

爲中日交涉覆北京學生書

得覽手書知君等於勤學之際愛國不忘至足感佩關於此事各方面來書頗多而君等言之尤爲婉摯鯁然惜君等未嘗知交涉之內容也知之則必不如來函所云云而憤慨之情將無異弟蓋弟平日愛國家愛平和之志自信不居人後常不惜有重大之犧牲故當第一次革命解職推袁以免流血之禍張方之難身自入都而爲之解宣言十年不預政治俾國人專心信託之卽東遊一月不嘗爲袁氏游說也迨宋案發生弟始翻然悟彼奸人非恆情所測且必有破壞共和之心而後勸於惡故一念主張討賊以愛國之故不能復愛和平也彼戰勝而驕益無忌憚二年以來莫非倒行逆施國人憔悴於虐政之下至不可言狀歐洲戰爭不遑東顧乃乘間僭帝而求助於日本此次交涉實由彼請之日人提出條件彼知相當之報酬爲不可卻則思全以秘密從事迨外報發表輿論沸騰所覩如段馮亦出反對乃不得不遷延作態俟日人增加強硬之態度然後承認示人以國力無可如何由日本要求條件觀之如山東如滿洲如東蒙如福建如漢冶萍煤鐵皆爲利權之重大者而袁於未得最後通牒以前固已無甚齟齬至第五項則我國實爲第二高麗城下之盟局外亦訝其 者因日本審國民都無戰意而國際上宜取圓滑之手段故假爲讓步謂俟他日協商何期袁氏回答文中乃有左之一節

第五號五項（卽顧問軍器學校病院南滿鐵道宗教五問題）承認日本政府之提案惟民國政府希望中日兩國永遠平和願將此等一切懸案速爲解決（見萬朝報十二日報）

是山東滿蒙福建廿一條件日人所急欲得者固承認不遑卽其爲暫時之讓步者亦惟恐其不速攫取以去是眞別有肺腸者矣上海大陸報云「據北京電報中日條約于公布外有密約四條」蓋倣中俄密約之先例日本報紙亦云「此次條件以條約及附屬公文宣言書三種爲約束條文中一部分從支那政府之希望爲密約不公布」（見十二日時事新報等）就以上觀之則袁氏以求僭帝位之故甘心賣國而不辭禍首罪魁豈異人任傳曰「國必自滅而後人滅之」故有國者恆自愛其國侵略兼併祗視其力所能爲而大盜在室乃如取如攜禍本不淸遑言扞外彼方以是爲求援得援將莫予毒而乃望以一致爲國相去萬里何止遷延果然滬上消息傳來則北京商會以功進之言電求滬商會同意新室王莽輿衾破斧第三故事不久將復現嗚呼區區民國之名義吾國民以無量數之犧牲而搏得之者亦歸於澌滅倘何言哉倘何言哉辱承來書獎飾更加責備謂不宜忍視甚艱難締造之民國坐致沈淪弟不敏請事斯語專復卽頌

學安

孫文

1915 年 5 月，孙中山回复北京学生来信，表明坚决反对袁世凯接受日本递交的“二十一条”的态度。

1915 年 12 月 12 日，袁世凯宣布复辟帝制，推翻共和，改中华民国为中华帝国，易民国五年（1916）为“洪宪元年”。12 月 25 日，唐继尧、蔡锷等在云南宣布独立，出兵讨袁，发起护国战争，其他各省亦相继宣布独立。袁世凯被迫宣布取消帝制，在全国民众声讨中于翌年 6 月病故。图为配合复辟逆流的“祭天祀孔”仪式。

1916 年 4 月 9 日，孙中山（前排左五）、宋庆龄（前排左四）、廖仲恺（后排左二）、何香凝（前排右三）等在日本庆祝帝制取消。

1916年5月8日，各省护国军在肇庆正式成立中华民国军务院。图为军务院主要成员在肇庆合影，左起：林虎、李根源、蒋方震、莫荣新、谭浩明、岑春煊、梁启超、李烈钧、李耀汉、高尔登。

1916 年 5 月 1 日，两广都司令部在肇庆成立，岑春煊为都司令，陆荣廷、唐继尧为副都司令，梁启超为都参谋。粤、桂、云、贵等省一致要求袁世凯下台。图为两广都司令部成立时合影。

1916 年 7 月 6 日，北京政府任命陆荣廷为广东都督，桂系军阀据粤时期开始。图为陆荣廷。

孙中山第一次南下护法

1917年7月1日，张勋在北京拥清废帝溥仪复辟。皖系军阀段祺瑞起兵驱逐张勋后，控制北京政府，拒绝恢复民国初年国会和《中华民国临时约法》。7月6日，孙中山等南下发动讨伐北洋军阀的护法运动。图为7月17日孙中山抵广州后留影。

支持孙中山护法的广东省省长朱庆澜（1874—1941），浙江绍兴人。曾把省长亲军 20 营编为护法军，直属于军政府，该护法军即援闽粤军前身。

1917 年 8 月 5 日，北京政府海军总长程璧光率军舰抵广州，支持孙中山的护法运动。图为 8 月 6 日，孙中山（二排右五）欢迎程璧光（二排右六）等海军将领时的合影。

1917年8月25日，国会非常会议在广州召开，决定成立中华民国军政府。图为孙中山（前排右五）与议员合影。

1917 年 8 月，中华民国军政府成立，孙中山被推举为海陆军大元帅。这是孙中山首次在广州建立政权。

1917 年 9 月 10 日，孙中山在广东士敏土厂宣誓就职。图为 20 世纪 20 年代初的大元帅府正门。

孙中山与大元帅府主要成员的合影。

革命舊同志在廣州大元
後列
劉紀文
胡毅生
孫科
馬湘
朱伯元
蕭萱
馬伯麟
黃惠龍
戴傳賢
古應芬
陳民鐘
前列
廖仲愷
胡漢民
邵元沖
黃偉
林森
孫總理
孫夫人
徐謙

1918 年 4 月，国会非常会议通过《中华民国军政府组织大纲修正案》，准备取消大元帅元首制，剥夺孙中山的职权。孙中山随后辞去大元帅职务，前往上海。孙中山辞职后，广东护法军政府改行七总裁合议制，由非常国会推举岑春煊、孙中山、唐继尧、陆荣廷、伍廷芳、唐绍仪、林葆怿 7 人为总裁，以岑春煊为主席总裁，孙中山派遣徐谦为个人代表。图为排斥孙中山护法的滇系军阀唐继尧。

桂系军阀控制了军政府的领导权，孙中山于 1918 年 5 月被迫辞去大元帅职务，离穗赴沪，第一次护法运动失败。孙中山作出政治论断：南北军阀“如一丘之貉”。

孙中山第二次南下护法

援桂聲中之見聞（六）

援桂大巡行紀事

香港工團之發憤

1920年8月，孙中山部署援闽粤军返粤驱逐桂系军阀。粤汉、广九铁路工人发起多次罢工，组织游击队伍，切断桂军交通运输线，积极支援粤军讨伐桂系军阀。图为当时的相关报道。

1920年，孙中山派人前往澳门，用当地商界捐款购买了两架水上飞机，以配合援闽粤军的逐桂战争。图为寇蒂斯型水上飞机。

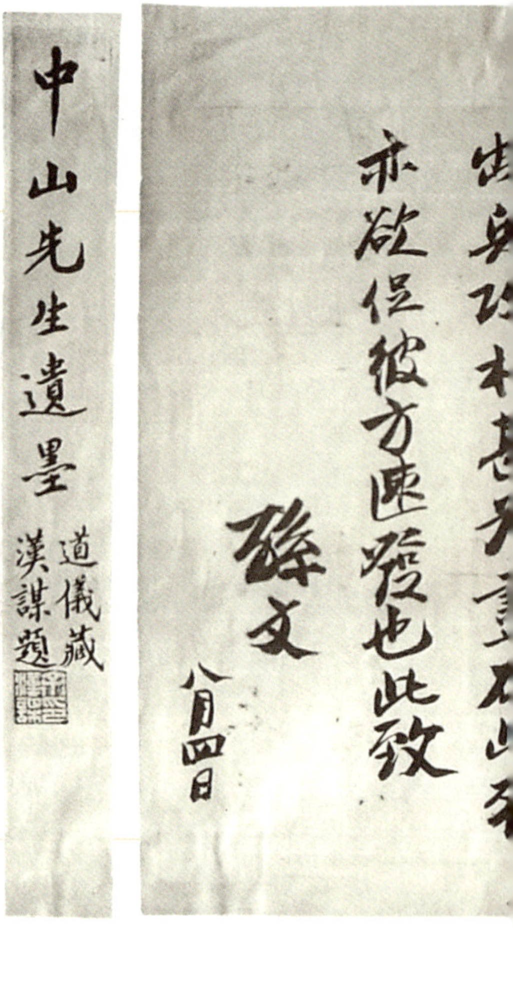

1920年8月，孙中山函嘱朱执信与王绍一接洽“湘中出兵”事宜，以讨伐盘踞两广的桂系军阀。9月，朱执信在粤策动民军驱逐桂系军阀，21日在调解虎门驻军与东莞民军的冲突时不幸中弹牺牲。

朱执信墓，原位于广州市先烈东路驷马岗。1936年，棺椁迁往执信中学校内。碑文、墓表分别由孙中山、汪精卫题书。

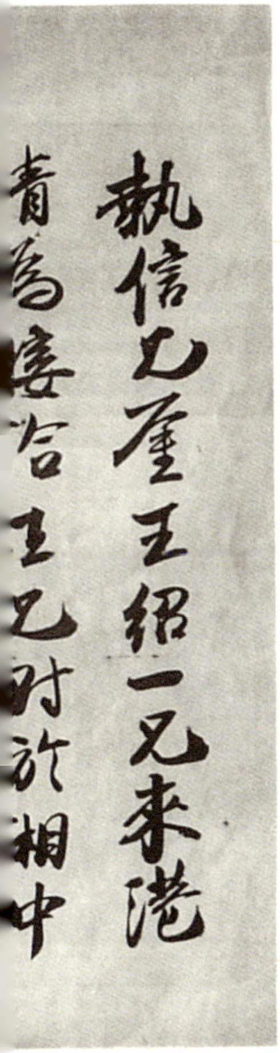

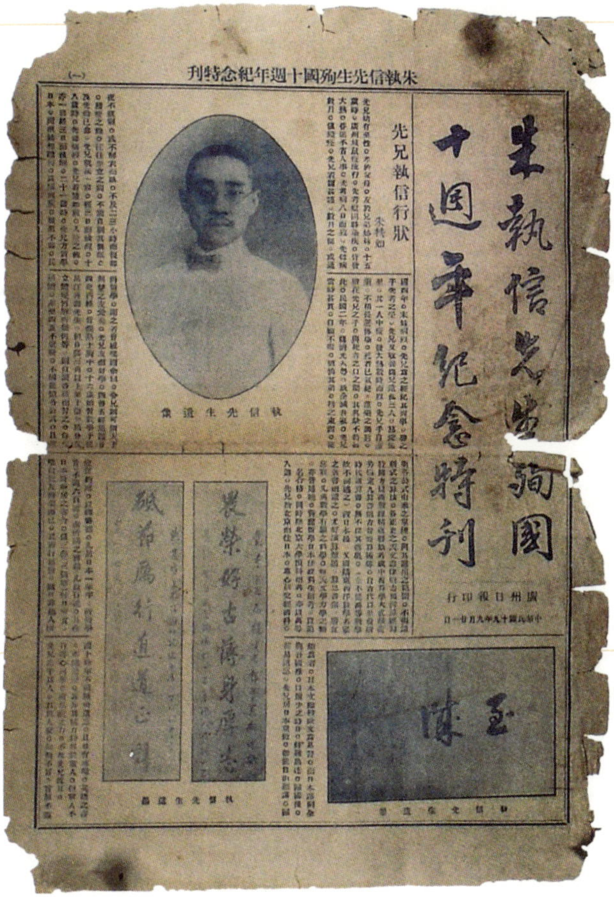

朱執信先生殉國十週年紀念特刊

朱執信先生殉國十週年紀念特刊

廣州日報印行

先兄執信行狀 朱秩如

執信先生遺像

1930年9月21日，朱执信殉国10周年纪念特刊。

援闽粤军回师广东驱逐桂系军阀，进展顺利。图为1920年10月下旬，粤军进入广州的情形。

1920年11月10日，陈炯明出任广东省省长兼粤军总司令。

1920 年 11 月，粤军攻克广州。孙中山离沪返穗，改组军政府并发起第二次护法运动。图为孙中山（左四）和唐绍仪（左三）在赴粤轮船上。

1921 年 4 月 7 日，孙中山被国会非常会议推选为中华民国非常大总统。图为 5 月 5 日，孙中山在广州就任时的合影。

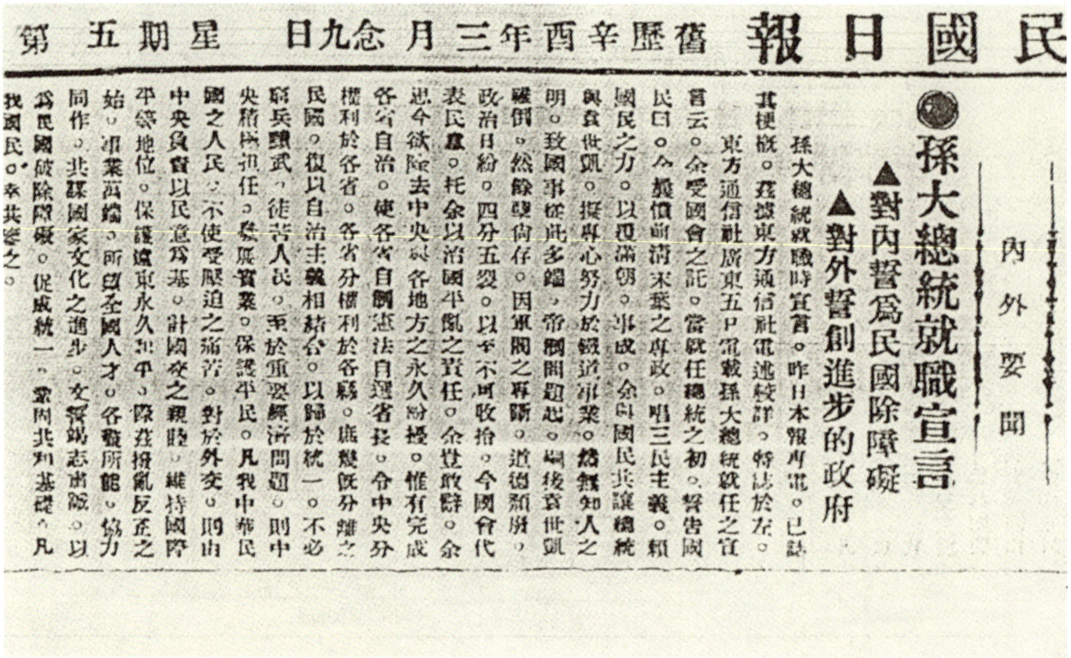

民國日報 舊曆辛酉年三月念九日 星期五 第

內外要聞

孫大總統就職宣言

▲對內誓爲民國除障礙

▲對外誓創進步的政府

孫大總統就職時宣言。昨日本報再電。已誌其梗概。茲據東方通信社電述較詳。特誌於左。

東方通信社廣東五日電載孫大總統就任之宣言云。余受國會之託。當就任總統之初。誓告國民曰。余擬憤前清末葉之專政。唱三民主義。賴國民之力。以覆滿朝。事成。余與國民共讓總統與袁世凱。擬專心努力於鐵道事業。然無知人之明。致國事從此多端。帝制問題起。厥後袁世凱雖倒。然餘孽尚存。因軍閥之專橫。道德頹廢。政治日紛。四分五裂。以至不可收拾。今國會代表民意。託余以治國平亂之責任。余豈敢辭。余思今欲除去中央與各地方之永久紛擾。惟有完成各省自治。使各省自制憲法自選省長。令中央分權利於各省。各省分權利於各縣。庶幾既分離之民國。復以自治主義相結合。以歸於統一。不必窮兵黷武。徒苦人民。至於重要經濟問題。則中央稍稍負責任。發展實業。保護平民。凡我中華民國之人民。決不使受壓迫之痛苦。對於外交。則由中央負責以民意爲基。計國交之親睦。維持國際平等地位。保護遠東永久和平。際茲撥亂反正之始。庶業萬端。所望全國人才。各竭所能。協力同作。共謀國家文化之進步。文實竭志盡誠。以爲民國破除障礙。促成統一。鞏固共和基礎。凡我國民。幸共鑒之。

1921 年 5 月，孙中山发表就职宣言。

1921 年 5 月，广州各界举行隆重集会和游行，庆祝孙中山就任非常大总统。

1921年7月24日，孙中山和宋庆龄出席在广州东园举行的北伐军出征慰劳会。

1922年6月16日凌晨，陈炯明部围攻孙中山所在的总统府。孙中山避往停泊在珠江的永丰舰指挥战斗，直至8月9日离开广州，第二次护法运动失败。图为永丰舰，孙中山逝世后改名为中山舰。

马克思主义的传播与共产党组织的建立

1919年5月4日，中国在巴黎和会上的屈辱遭际导致了反帝反封建的爱国运动——五四运动的爆发。这场划时代的运动迅速席卷全国。5月11日，广州国民外交后援会联合各界数万人在东园集会，声援北京。作为五四运动前导的新文化运动使民众受到民主与科学的洗礼，促进了国人的思想新探求，推动了马克思主义的广泛传播。

1919年7月10日，广州各界民众在东园召开国民大会，会后齐赴军政府请愿，要求军政府下令“声讨卖国贼，坚持废除一切中日密约，由伍廷芳兼任广东省省长”。请愿遭拒，引发广州商民罢市，电灯、机器、铁路等行业工人的罢工风潮。

1919 年 11 月 8 日，广州各校学生组织游行，抵制日货。队伍行至长堤先施、大新和真光三大售卖日货的公司，高呼“抵制亡国公司”等口号，焚烧劣货。大新公司的商团军鸣枪示威，数名游行学生被殴伤，而进入先施公司抢救伤者的 200 余名学生也被关押在店内。

1920 年 5 月 1 日，穗港工人、学生及市民逾万人在广州东园举行五一国际劳动节纪念大会，这是广州民众第一次公开举行庆祝劳动节活动。图为位于越秀南路的东园。

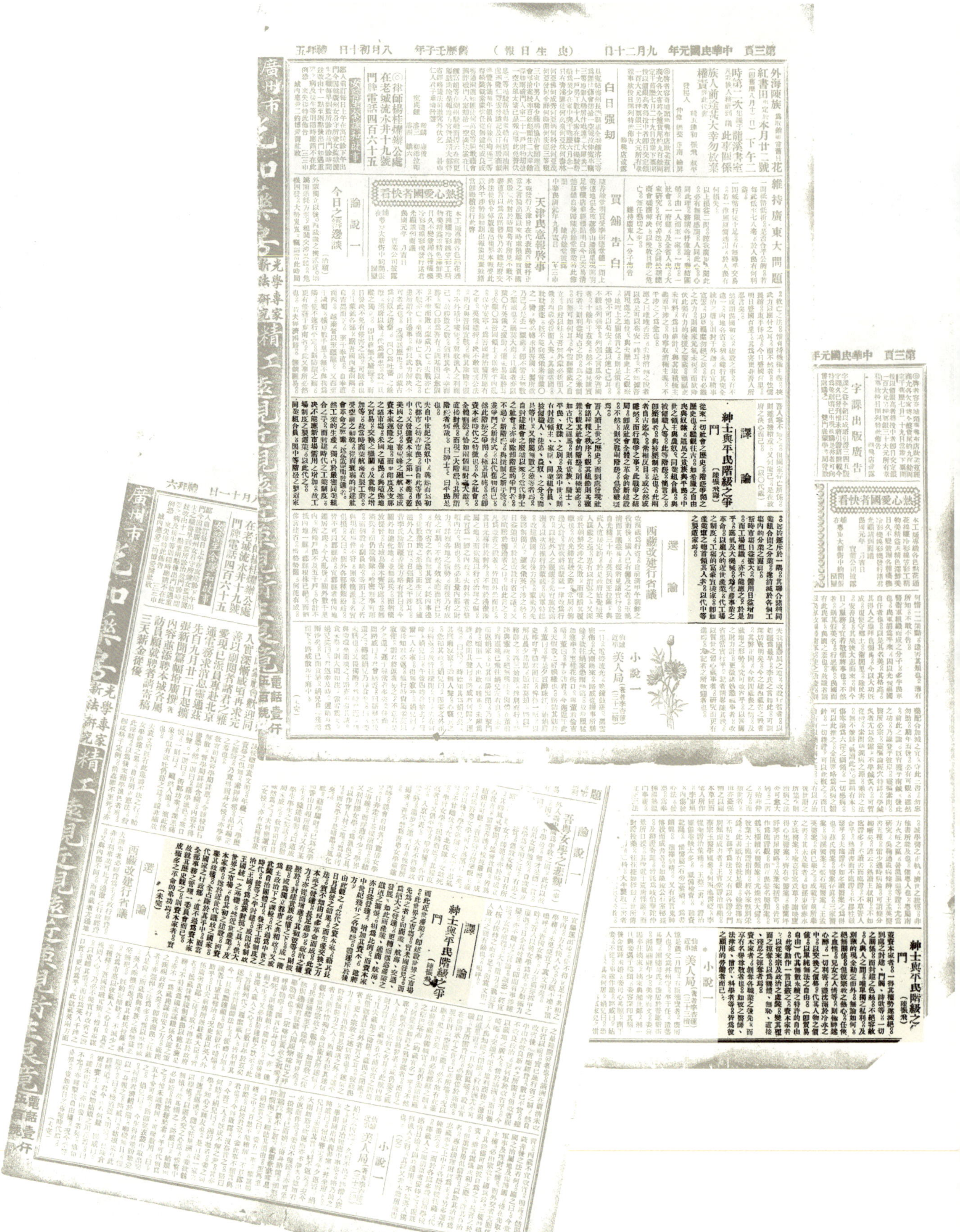
第三頁 中華民國元年九月二十日 （民生日報） 舊歷壬子年 八月初十日 禮拜五
紳士與平民階級之爭鬥
譯論
選論
西藏改建行省議
小說一
美人局
廣州市
熱心愛國者快看

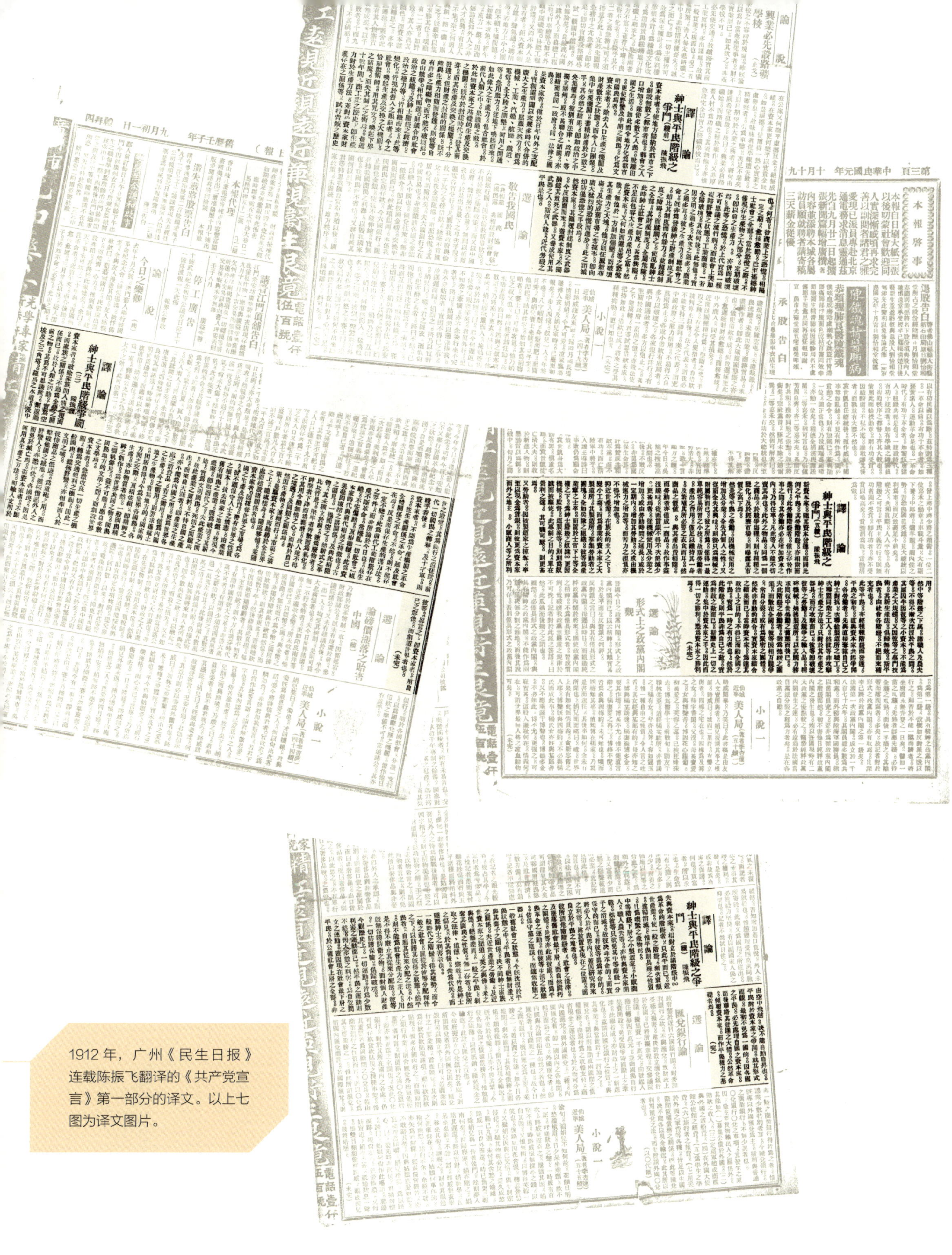

1912 年，广州《民生日报》连载陈振飞翻译的《共产党宣言》第一部分的译文。以上七图为译文图片。

杨匏安（1896—1931），广东香山县（今属珠海市）人，早年留学日本。1919 年在《广东中华新报》上发表了 40 余篇介绍马克思主义的文章。1921 年加入中国共产党，后历任国民党中央组织部代理部长、国民党中央执行委员会常委、中共第五届中央监察委员等职。1931 年 8 月在上海龙华被国民党当局秘密杀害。

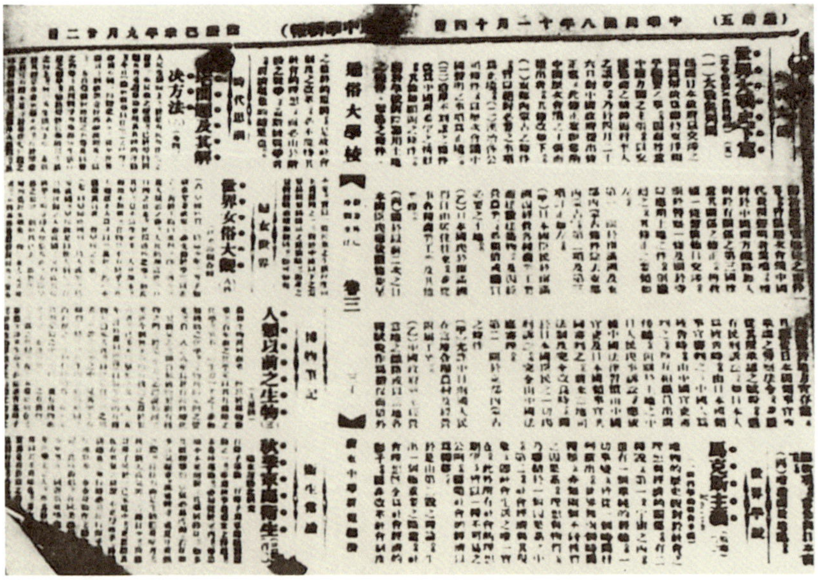

中華民國八年十一月十四日
通俗大學校
決方法
世界女俗大觀

杨匏安在《广东中华新报》发表了《马克思主义》《社会主义》《共产主义》《唯物论》等重要论著。

1920 年 10 月，《劳动者》周刊创办。社址位于广州永汉北路（今北京路）李白巷巷口。

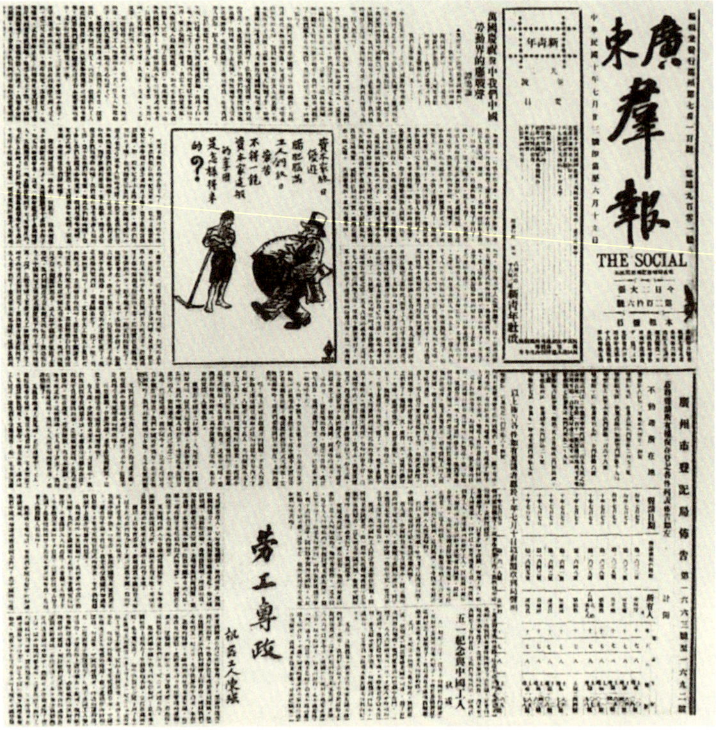
廣東羣報
THE SOCIAL
勞工專政

1920 年 10 月 20 日，《广东群报》在广州第七甫创办。总编辑陈公博，经理兼编辑谭植棠，编辑谭平山。《广东群报》报道劳工运动和宣传新思潮，曾被莫荣新查禁。1921 年春成为广州共产主义小组的机关报。1922 年 6 月停办。

勞動與婦女
第二期
目錄
我們為甚麼要提倡勞動運動與婦女運動
誰說中國不在資本主義支配下面
今日工人團體應有底責任
根本解決
基督教與婦女
女子剪髮與人格關係
小說 教孩子的謊
詩 題像

1921 年 2 月，《劳动与妇女》在广州创刊，主要编辑和撰稿人有沈玄庐、陈独秀、谭平山等，辟有短评、纪实、小说等栏目。《劳动与妇女》宣传劳动解放和妇女解放，对广大劳动群众尤其是被压迫的妇女进行通俗教育，批驳封建守旧势力攻击社会主义的谬论，是五四时期较具代表性的女性期刊。

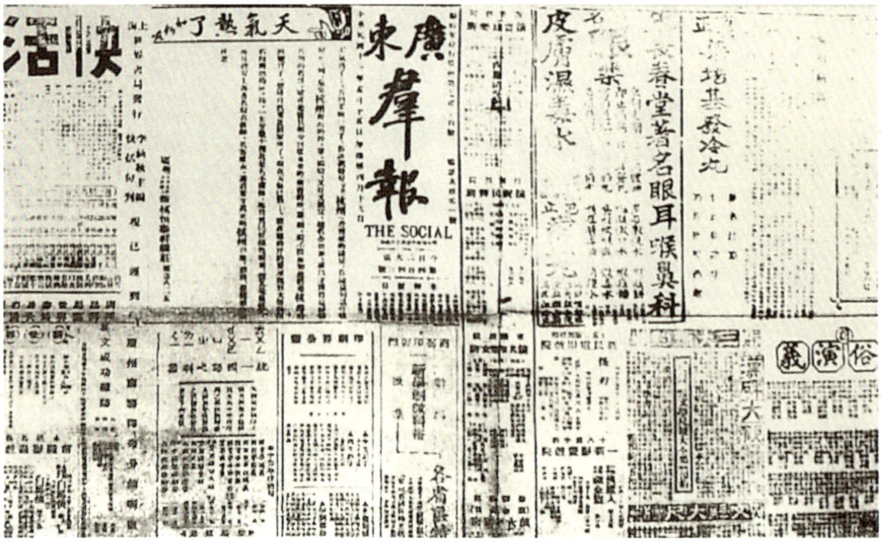
天氣熱了
廣東羣報
THE SOCIAL

1921 年，陈独秀与谭平山、谭植棠等着手组建广州共产主义小组，共 9 名成员，陈独秀任书记，并将《广东群报》作为党组织的机关报。7 月 23 日，中国共产党第一次全国代表大会在上海召开，陈公博作为广州共产主义小组代表出席。8 月，中国共产党广东支部在广州共产主义小组的基础上成立。

陈独秀（1879—1942），安徽省怀宁县（今属安庆市）人，《新青年》杂志创始人、新文化运动发起者、五四运动主要领导人、中国共产党主要创始人。1921 年 1 月，陈独秀受主政广东的陈炯明之邀出任广东教育委员会委员长，主持全省教育行政事宜。陈独秀在广东传播科学与民主思潮，宣传马克思主义，参与创建广东共产党组织。图为广州共产主义小组书记陈独秀。

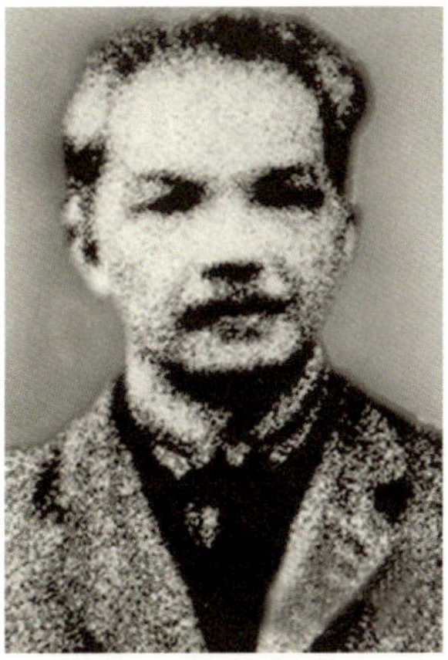

谭平山（1886—1956），广东高明人，中国同盟会会员。1917 年在北京大学学习期间加入李大钊等人组织发起的马克思主义研究会。创办新潮社并出版《新潮》杂志，积极投身五四运动，曾被军警逮捕关押。1921 年，谭平山等人在陈独秀的指导下建立了广州共产主义小组。

1921 年春，中共广州组织举办马克思主义研究会，主要成员有阮啸仙、周其鉴、杨匏安等。同时，还先后开办“注音字母教导团”“广东宣讲员养成所”“机器工人补习校”等，作为开展干部培训、宣传、组织的相关工作机构。图为位于高第街素波巷的广东省立宣讲员养成所。

工人运动的兴起

1921 年，在中国共产党组织的推动下，广州地区的罢工风起云涌。6 月起，逾万名机器工人罢工，要求增加工资，粤汉、广九、广三铁路工人举行声援罢工。两万余名土木建筑工人联合罢工，衣车、革履、纸业、排字印刷等行业的工人陆续罢工。

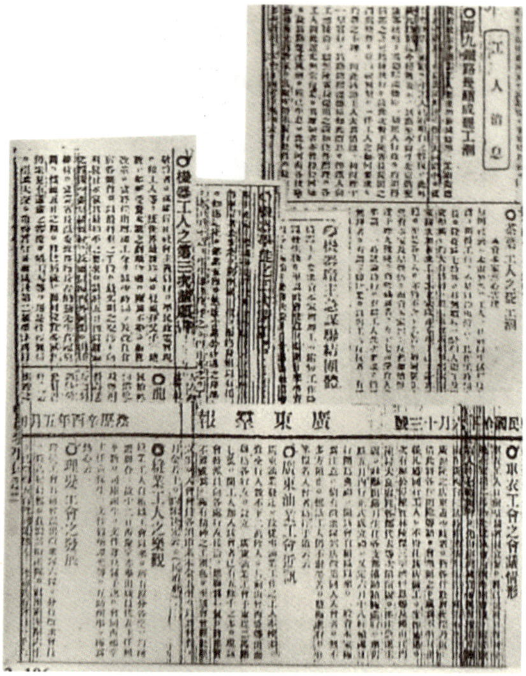

廣東羣報

工人消息

廣東油業工會近訊

理髮工會之發展

1921 年，《广东群报》有关广州工人运动的报道。

1921年9月，香港中华海员工业联合总会向英国资本家提出增加工资、反对包工制等要求，遭到拒绝。1922年1月12日，苏兆征、林伟民等人领导6000多名香港海员举行罢工。港英当局封闭海员工会，逮捕罢工领袖。3月初，斗争发展成为全港同盟总罢工，参与人数超过10万人。港英军警予以镇压，酿成沙田惨案。罢工海员在广州西濠口设立总办事处，中华民国政府和各界群众给予积极支持。图为当时的相关报道。

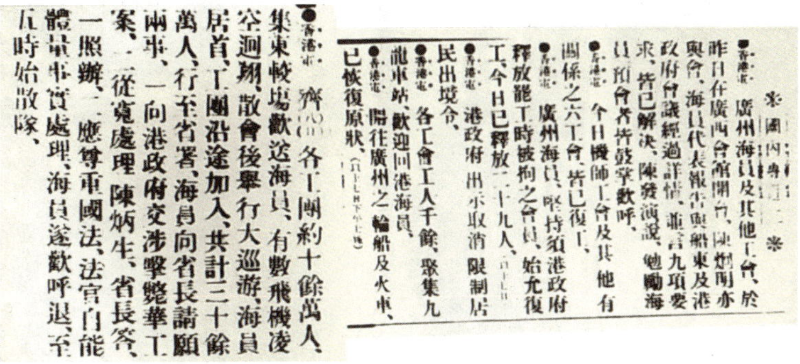

※國內專電二※

●香港電 廣州海員及其他工會，於昨日在廣西會館開會，陳炯明亦與會，海員代表報告與船東及港政府會議經過詳情，並言九項要求，皆已解決，陳發演說，勉勵海員，到會者皆鼓掌歡呼。

●香港電 今日機師工會及其他有關係之六工會，皆已復工。

●香港電 廣州海員，堅持須港政府釋放罷工時被拘之會員，始允復工，今日已釋放二十九人。（四十七日）

●香港電 港政府出示取消限制居民出境令。

●香港電 各工會工人千餘，聚集九龍車站，歡迎回港海員。

●香港電 開往廣州之輪船及火車，已恢復原狀。（[illegible]）

●香港電 齊（八日） 各工團約十餘萬人，集東較場歡送海員，有數飛機凌空迴翔，散會後舉行大巡遊，海員居首，工團沿途加入，共計二十餘萬人，行至省署，海員向省長請願兩事，一向港政府交涉擊斃華工案，一從寬處理陳炳生，省長答，一照辦，一應尊重國法，法官自能體量事實處理，海員遂歡呼退，至五時始散隊。

中国共产党在广州组成香港罢工后援会，领导广州各界多方援助香港海员罢工斗争。图为中国共产党广东支部发出的《敬告罢工海员》书。

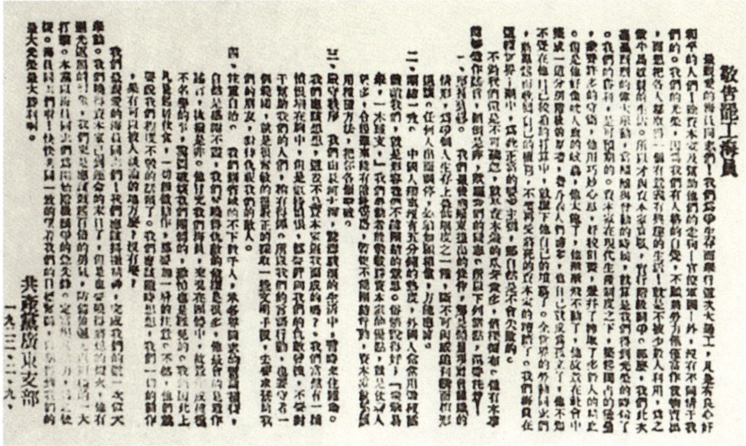

敬告罷工海員

共產黨廣東支部
一九二二、二、九

全港同盟总罢工后，香港完全瘫痪。港英当局最终接受复工条件。1922年3月6日，香港数万人聚集在中环德辅道庆祝罢工胜利。

1922年3月8日，广州各界10多万人举行隆重集会、游行，庆祝海员大罢工取得胜利，并欢送香港工人回港复工。图为香港海员大罢工总办事处全体工作人员的合影，前排右二为林伟民，前排右三为苏兆征。

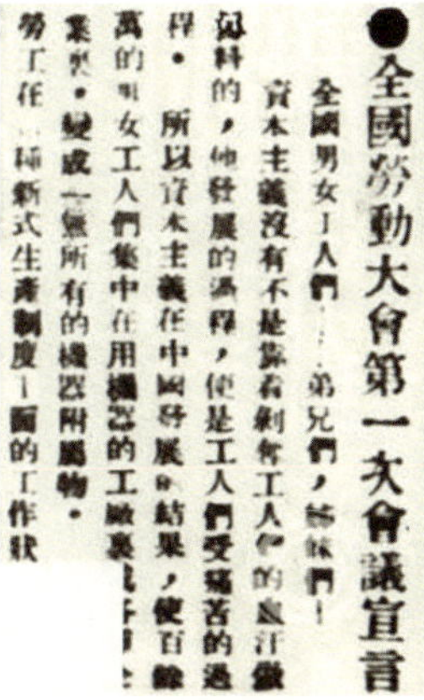
●全國勞動大會第一次會議宣言

全國男女工人們……弟兄們，姊妹們！

資本主義沒有不是靠着剝奪工人們的血汗做材料的，他發展的過程，便是工人們受痛苦的過程。所以資本主義在中國發展的結果，使百餘萬的男女工人們集中在用機器的工廠裏[illegible]業裏。變成一無所有的機器附屬物。勞工在[illegible]種新式生產制度下面的工作狀

1922 年 5 月 1—6 日，第一次全国劳动大会在广州河南国机会所礼堂召开。出席会议的代表 100 多人，代表 12 个城市、100 多个工会组织与 34 万多名会员。这次大会得到孙中山及广州工团的大力支持。

第一次全国劳动大会通过了《罢工援助案》《八小时工作制案》《全国总工会组织原则决议案》等 10 项决议案。大会还根据代表们的临时动议，决定在全国总工会成立前，各地工会以中国劳动组合书记部为总通讯机关。中国劳动组合书记部成为全国工会公认的领导机关和全国总工会的前身。

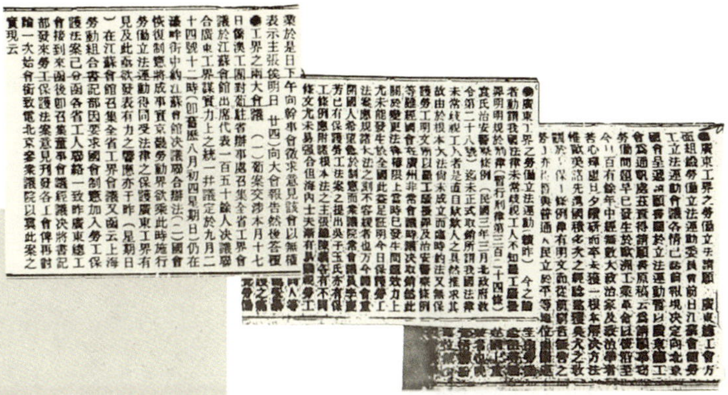
衆於是日下午向幹事會徵求意見該會以無權表示主張俟明日（廿四）向大會報告然後答覆

●工界之兩大會議（一）勸案交涉本月十七日係澳工團對衛駐省辦事處召集全省工界會議於江蘇會館出席代表一百五十餘人決議聯合廣東工界謀實力上之統一并議定於九月二十四號十二時（即舊歷八月初四星期日）仍在議畔街中約江蘇會館決議聯合辦法（二）國會恢復制憲將成事實京爨勞動界欲乘此時施行勞働立法運動得同受法律之保護廣東工界有見及此亦欲發表有力之響應亦于昨（星期日）在江蘇會館召集全省工界會議又函云上海勞動組合書記部因要求國會制憲加入勞工保護法案已分函各省工人聯絡一致昨廣東總工會接到來函後即召集董事會議經議決將書記部發來勞工保護法案意見列發各工會俾再討論一次始會銜致電北京參衆議院以冀此案之實現云

●廣東工界之勞働立法運動（續昨）今之論者動謂我國法律未常歧視工人不知[illegible]明明規於刑律（暫行刑律第三百二十四條）袁氏治安警察條例（民國三年三月北政府教令第二十八號）迄未正式取銷所謂我國法律未常歧視工人者是直自欺欺人之甚然推求其故由於根本大法尚未成立而臨時約法又無保護勞工明文[illegible]及治安警察條例等雖經國會在廣州非常會議時議決取銷然此[illegible]上當時已發生問題[illegible]尤未能發生於全國此蓋足証明今日保護勞工法案[illegible]不容緩者也[illegible]已有保護勞工法案之提出[illegible]工條例應附諸根本法之主張[illegible]條文尤未易强合但海內士夫[illegible]勞工[illegible]

●廣東工界之勞働立法[illegible] 廣東總工會方面組織勞働立法運動委員會[illegible]工立法運動會議各情已[illegible]現決定向北京[illegible]

1922 年 5 月，第一次全国劳动大会结束后，中国劳动组合书记部在各地掀起了劳动立法运动。图为《广东群报》对广东工人参加劳动立法运动的报道。

参加第一次全国劳动大会的部分代表合影。

中国社会主义青年团第一次全国代表大会在广州召开

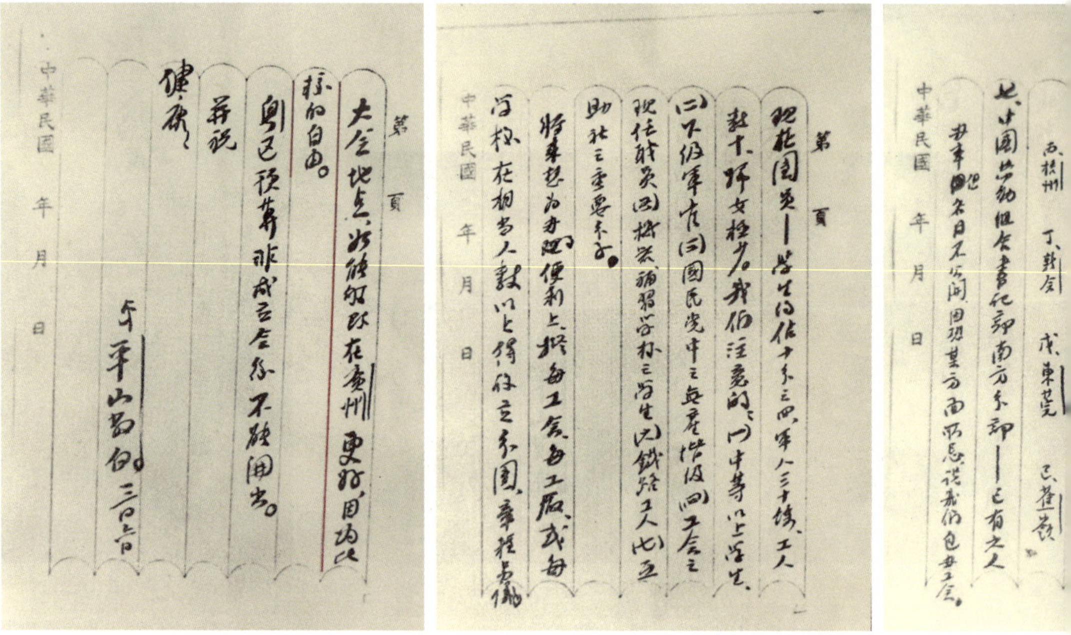
大会地点，如能够改在广州更好，因为比较的自由。否则已经筹办，或者会不能开出。并祝健康

平山 三月六日

1922 年 2 月，上海青年团临时中央局向各地发出通知，准备于 4 月在上海召开全国青年团代表大会。鉴于马克思主义在广州的广泛传播和广州青年运动的蓬勃发展，广州又是当时全国唯一的革命政权所在地，中共广东支部领导人、广东团组织书记谭平山于 3 月 6 日给临时团中央代理书记施存统写信，认为“团一大”会址“如能够改在广州更好，因为比较的自由”，建议获得采纳。以上图为谭平山致方国昌（即施存统）的信函。

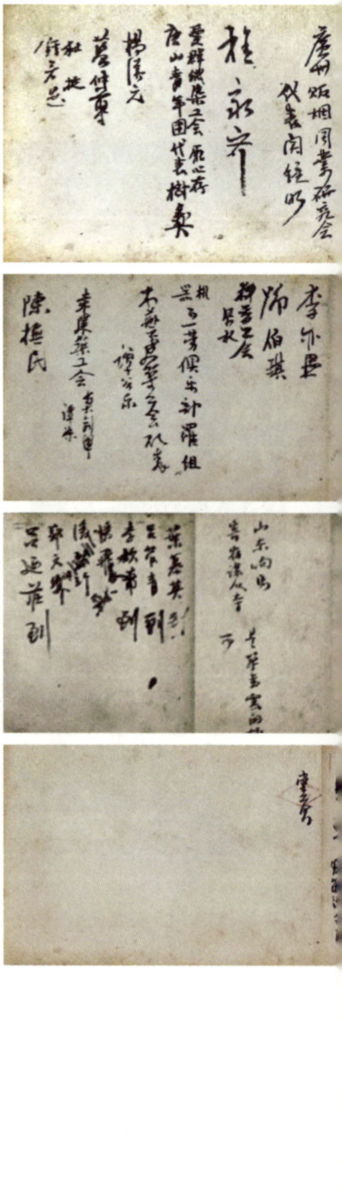

1922 年 5 月 5 日至 10 日，中国社会主义青年团第一次全国代表大会在广州召开。出席大会的代表 25 人，代表 15 个地方团组织、5000 多名团员。团的纲领确定中国社会主义青年团是“中国无产阶级的组织”，大会通过的纲领接受了中国共产党的主张，明确提出“铲除武人政治和国际资本帝国主义的压迫”，有力地推动了青年团的建设工作。右侧 4 图为中国社会主义青年团第一次全国代表大会来宾及代表签到簿。

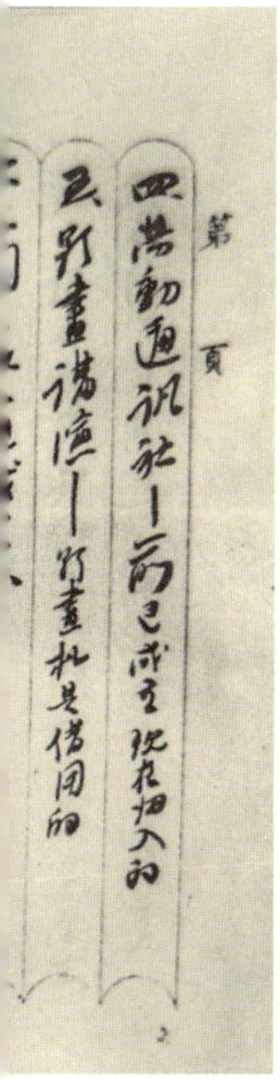

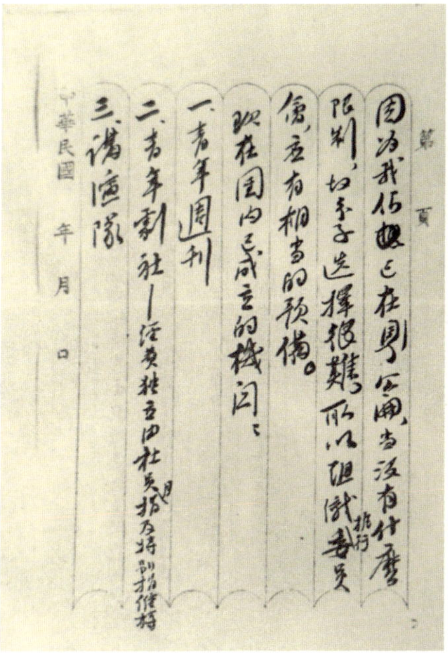

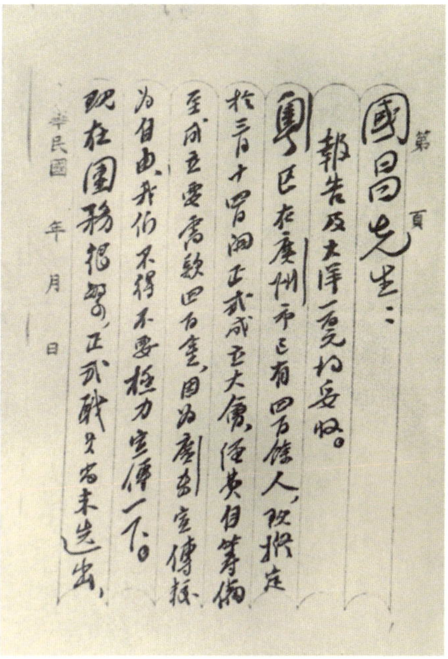
國昌先生

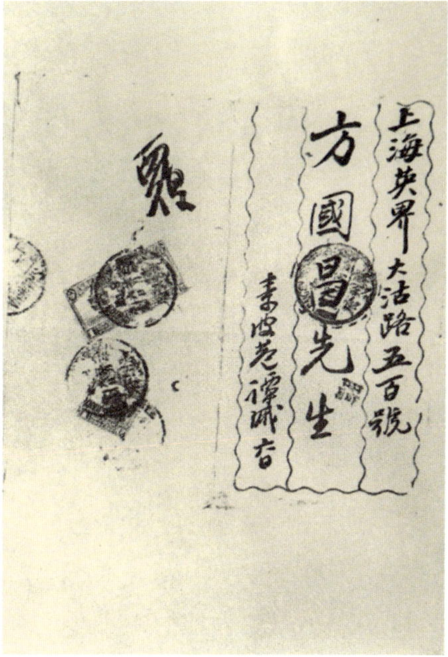
上海英界大沽路五百號
方國昌先生

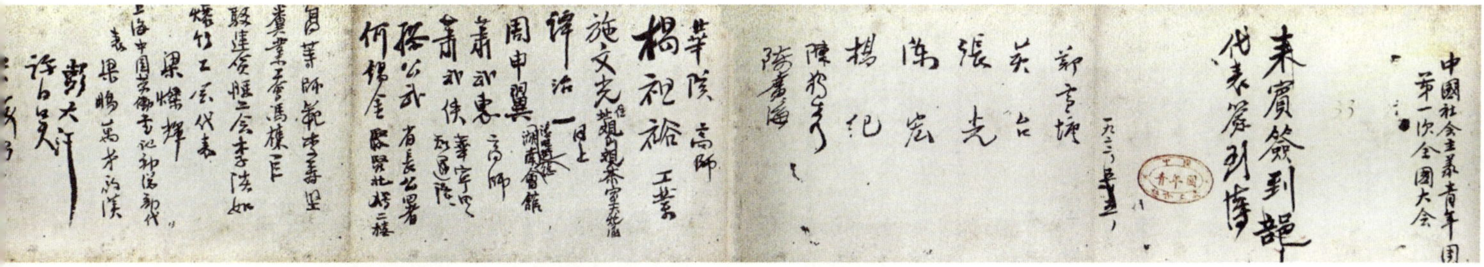
中國社會主義青年團第一次全國大会
來賓簽到部
代表簽到簿

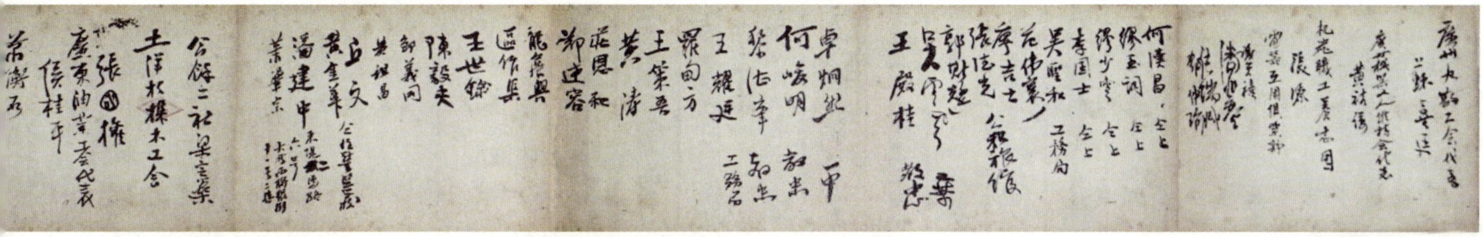

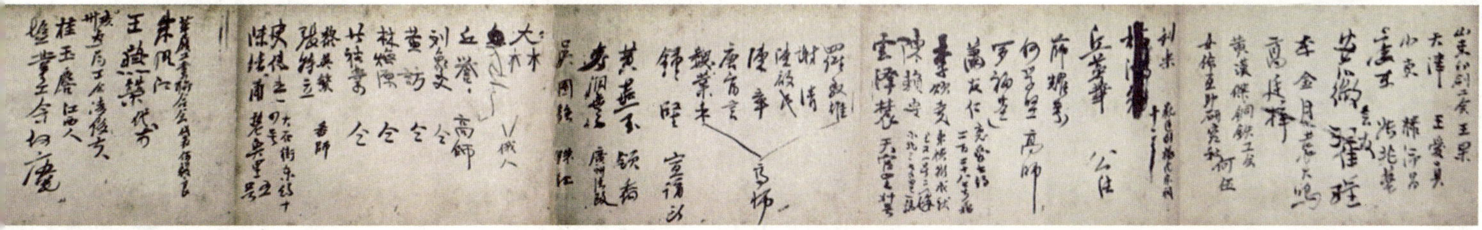

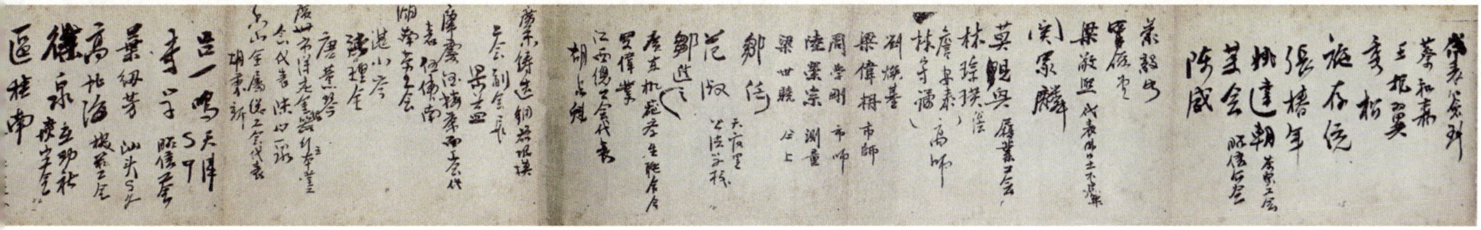

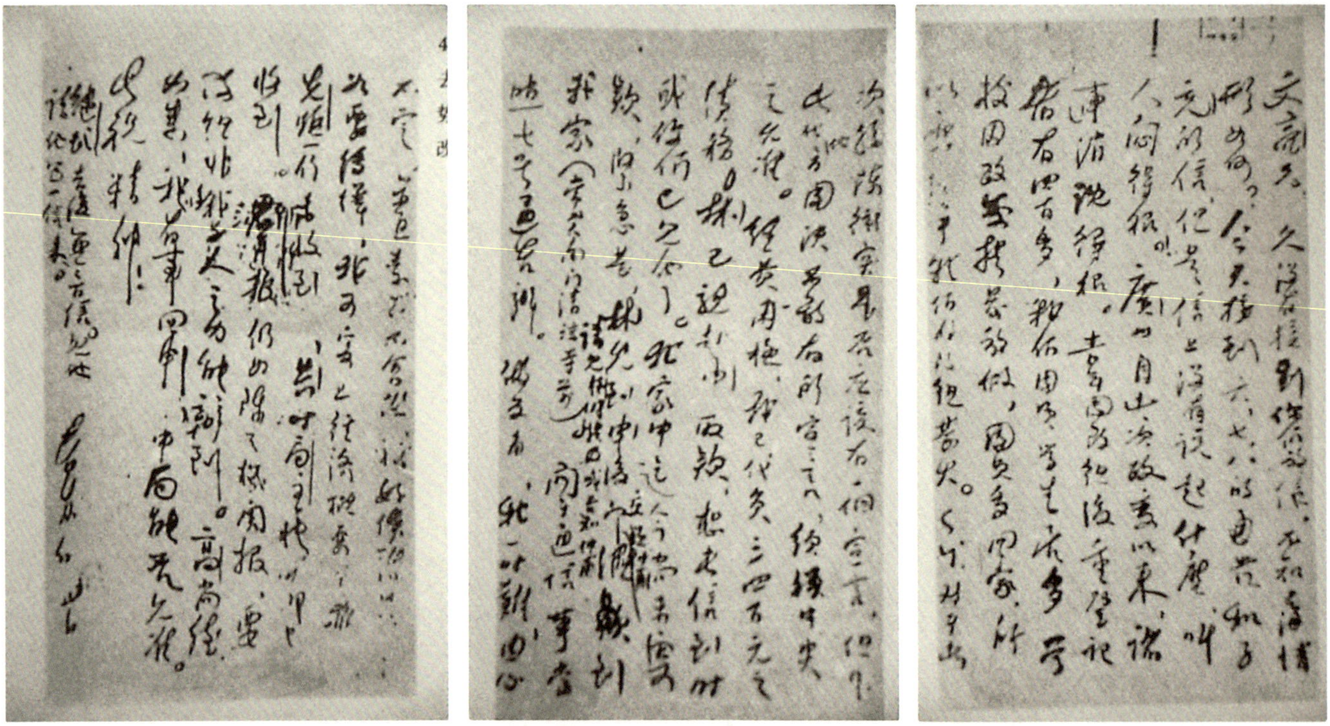

1922 年 5 月 28 日，广东社会主义青年团在素波巷举行会议，讨论和决定了广东团组织的改组事宜。1922 年 6 月 30 日，张太雷给施存统写信，报告广东团组织改组情况及广州的形势。

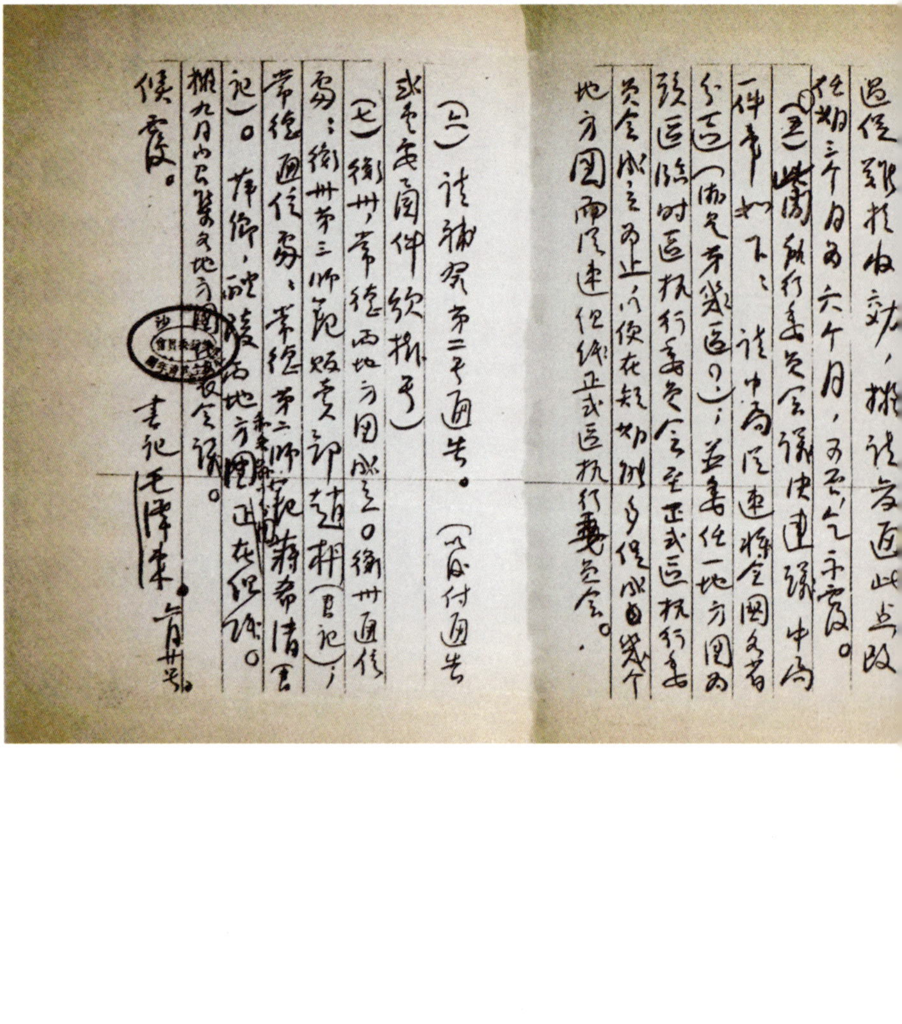

1922 年 6 月 17 日，中国社会主义青年团长沙执行委员会召开改组大会，毛泽东被选为执委会书记，李隆郅（即李立三）任组织部部长。会后，毛泽东给团中央写信汇报改组情况。

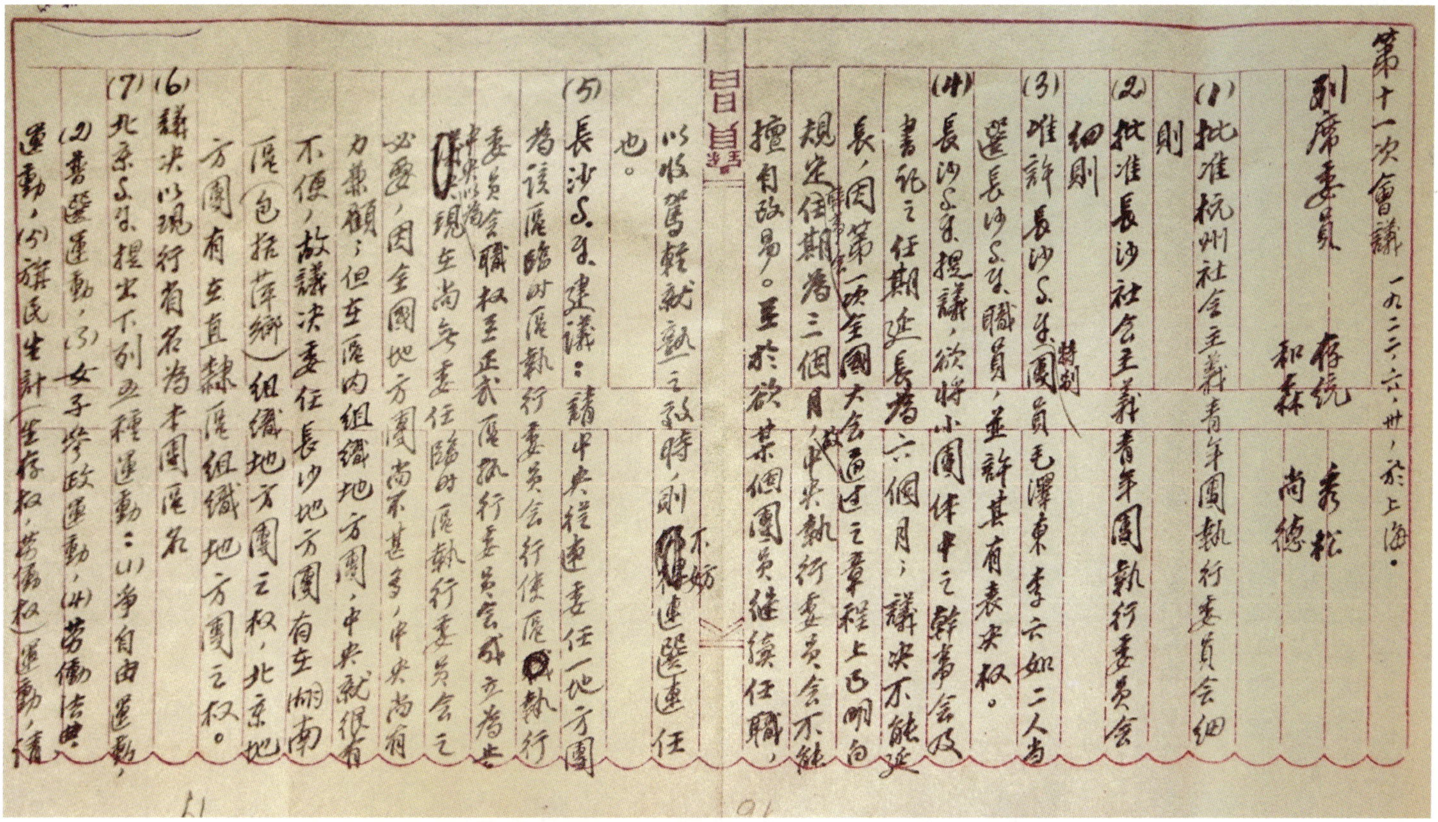

第十一次會議　一九二二、六、卅，於上海。

列席委員　存統　秀松　和森　尚德

(1)批准杭州社會主義青年團執行委員會細則

(2)批准長沙社會主義青年團執行委員會細則

(3)准許長沙S.Y.團員毛澤東李六如二人為選長沙S.Y.職員，並許其有表決權。

(4)長沙S.Y.提議，欲將小團體中之幹事會及書記之任期延長為六個月；議決不能延長，因第一次全國大會通過之章程上已明白規定任期為三個月，中央執行委員會不能擅自改易。至於欲某個團員繼續任職，以收駕輕就熟之效時，則不妨從速選任也。

(5)長沙S.Y.建議：請中央從速委任一地方團為該區臨時區執行委員會行使區執行委員會職權至正式區執行委員會成立為止。中央以為現在尚無委任臨時區執行委員會之必要，因全國地方團尚不甚多，中央尚有力兼顧；但在區內組織地方團，中央就很有不便，故議決委任長沙地方團有在湖南區(包括萍鄉)組織地方團之權，北京地方團有在直隸區組織地方團之權。

(6)議決以現行省名為本團區名

(7)北京S.Y.提出下列五種運動：(1)爭自由運動，(2)普選運動，(3)女子參政運動，(4)勞働法典運動，(5)旗民生計(生存權，勞働權)運動，請

1922 年 6 月 30 日，团中央执委会第十一次会议对毛泽东来信的批复。

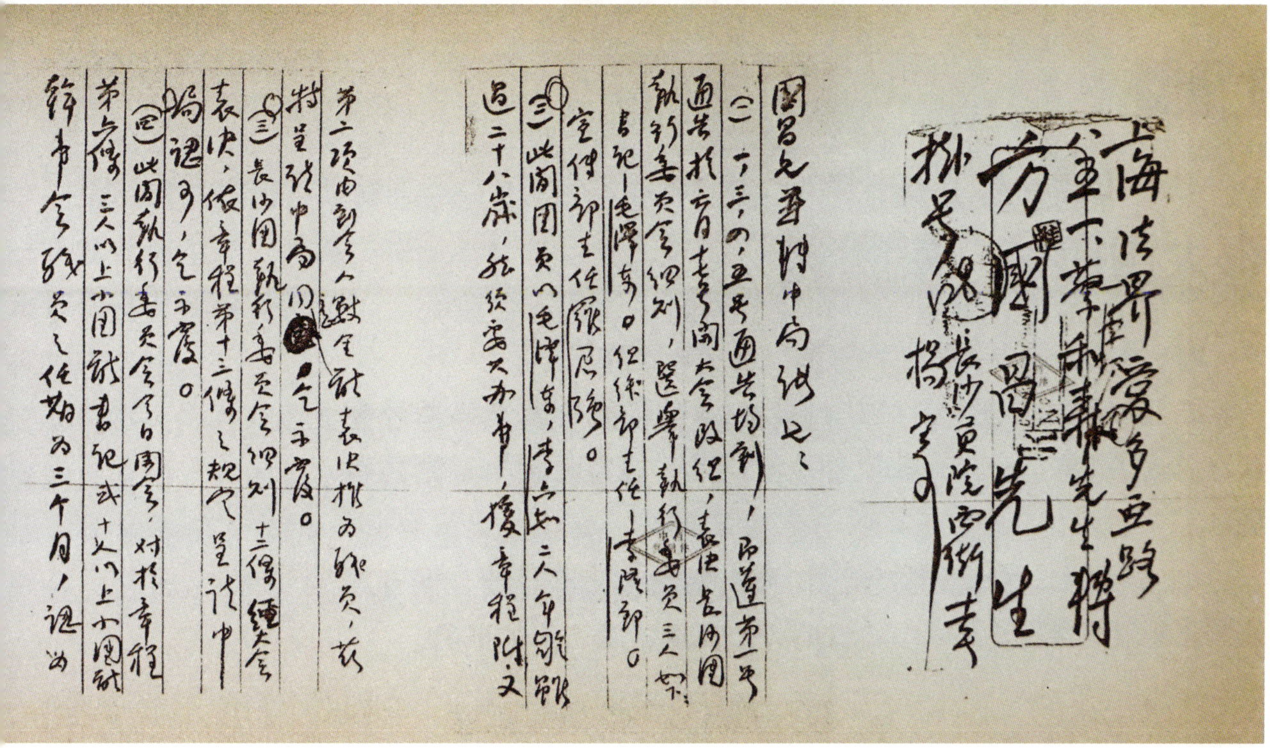

孙中山重建大元帅府

1923 年 1 月，孙中山策动援闽粤军联合滇、桂军队将陈炯明逐出广州。2 月 15 日，孙中山返回广州。图为 20 日孙中山途经香港时在香港大学演讲后与师生合影。

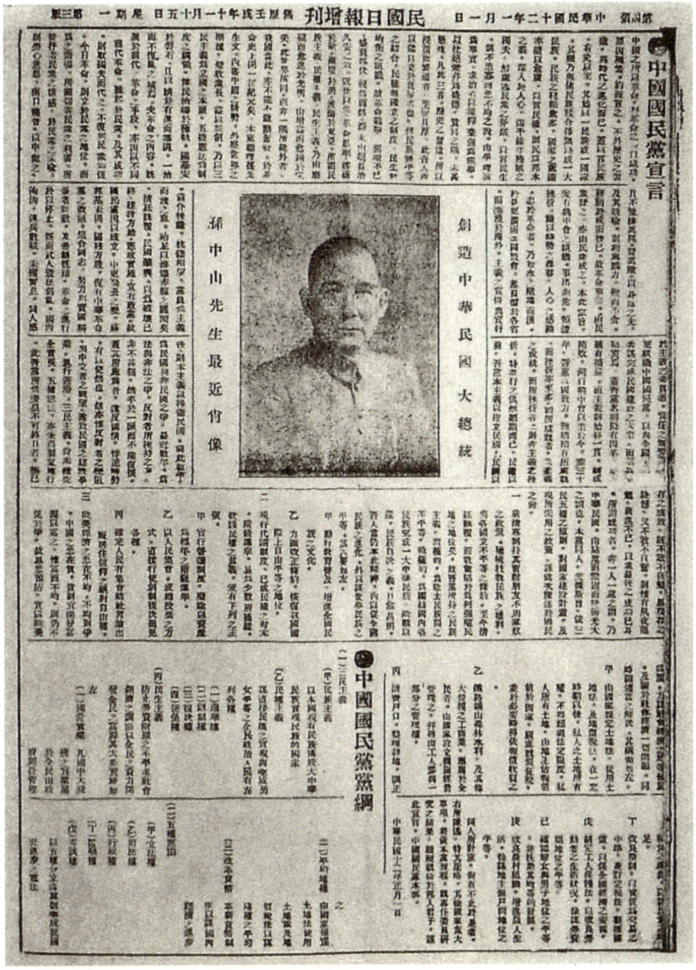

民國日報增刊

中國國民黨宣言

創造中華民國大總統

孫中山先生最近肖像

中國國民黨黨綱

1923年1月1日，《民国日报》（增刊）刊登了《中国国民党宣言》和《中国国民党党纲》。中国国民党改组的步伐启动，开始进入实践阶段。

孙中山在政务极其繁忙中于大元帅府撰写《建国大纲》。

1923 年初，大元帅府航空局局长兼广东飞机制造厂厂长杨仙逸在大沙头机场与空军合影。6 月，中国第一架飞机“洛士文”号在广州装配成功。

1923 年 8 月 9 日，孙中山和宋庆龄在广州大沙头机场“洛士文”号飞机前合影。

1923 年 6 月，孙中山在讨伐陈炯明部队驻在东莞石龙的行营内与欢迎者合影。

1923 年 8 月 14 日，孙中山欢迎永丰舰官兵从厦门返回广州，编入大元帅大本营建制。

1923年9月23日，孙中山在飞鹅岭阵地亲自发炮轰击驻踞惠州的陈炯明部队。

孙中山在共产国际和中国共产党的影响和帮助下，着手改组国民党。1923年10月16日，孙中山在大元帅府召开国民党党务讨论会，发表了《过去党务失败之原因》演讲。图为当天他和与会代表在大元帅府后花园合影。

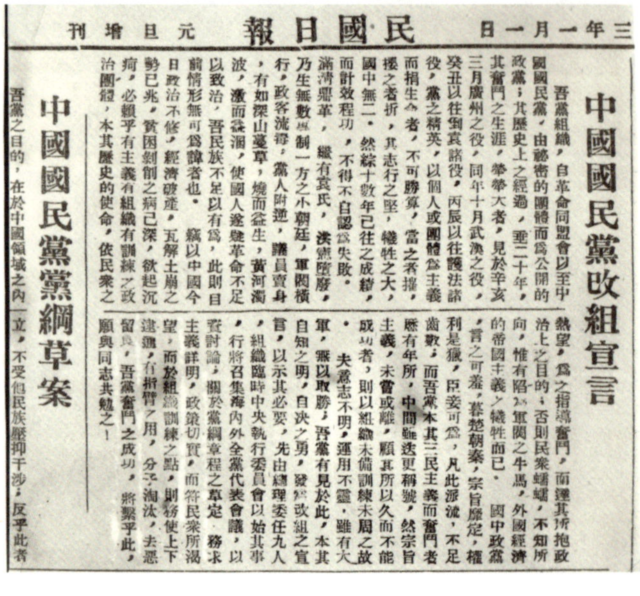

三年一月一日 民國日報 元旦增刊

中國國民黨改組宣言

吾黨組織，自革命同盟會以至中國國民黨，由祕密的團體而爲公開的政黨；其歷史上之經過，垂二十年，其奮鬥之生涯，犖犖大者，見於辛亥三月廣州之役，同年十月武漢之役，癸丑以往倒袁諸役，丙辰以往護法諸役，黨之精英，以個人或團體爲主義而捐生命者，不可勝算，當之者摧，攖之者折，其志行之堅，犧牲之大，國中無二。然綜十數年已往之成績，而計效程功，不得不自認爲失敗。滿清鼎革，繼有袁氏，洪憲墮廢，乃生無數專制一方之小朝廷，軍閥橫行，政客流毒，黨人附逆，議員賣身，有如深山蔓草，燒而益生，黃河濁波，濬而益涸，使國人遂疑革命不足以致治，吾民族不足以有爲，此則目前情形無可爲諱者也。竊以中國今日政治不修，經濟破產，瓦解土崩之勢已兆，貧困剝削之病已深，欲起沉痾，必賴乎有主義有組織有訓練之政治團體，本其歷史的使命，依民衆之熱望，爲之指導奮鬥，而達其所抱政治上之目的；否則民衆蠕蠕，不知所向，惟有陷爲軍閥之牛馬，外國經濟的帝國主義之犧牲而已。國中政黨，言之可羞，暮楚朝秦，宗旨靡定，權利是猴，臣妾可爲，凡此派流，不足齒數；而吾黨本其三民主義而奮鬥者歷有年所，中間雖迭更稱號，然宗旨主義，未嘗或離，顧其所以久而不能成功者，則以組織未備訓練未周之故。夫黨志不明，運用不靈，雖有大軍，無以取勝；吾黨有見於此，本其自知之明，自決之勇，發爲改組之宣言，以示其必要，先由總理委任九人，組織臨時中央執行委員會以始其事，行將召集海內外全黨代表會議，以資討論；關於黨綱章程之草定，務求主義詳明，政策切實，而符民衆所渴望，而於組織訓練之點，則務使上下建邇，有指臂之用，分子淘汰，去惡留良，吾黨奮鬥之成功，將繫乎此，願與同志共勉之！

中國國民黨黨綱草案

吾黨之目的，在於中國領域之內，立，不受他民族壓抑干涉；反乎此者

1923年11月，中国国民党临时中央委员会制定《中国国民党改组宣言》及相关文件。

“关余”是帝国主义把持的中国海关收入扣除赔款、贷款等后的剩余金额，北京外交使团将“关余”交给北京政府，认为广州政府无权过问。1923 年 12 月，孙中山要求北京外交使团将粤海关的关余交给广州政府。驻粤英国总领事表示拒绝。英、美、法、日、葡等国军舰进泊省河。孙中山坚持正当合理的主张。广州群众团体游行，支持孙中山截留粤海关关余的决定。

1924 年元旦，孙中山为在观音山保卫战中有功的卫士颁发奖牌。图为卫士们在大元帅府内合影留念。

中共三大与革命统一战线的形成

1923 年 6 月上旬，中国共产党第三次全国代表大会预备会议在春园（广州市新河浦路 24 号）召开，会议由陈独秀主持。共产国际代表马林传达了共产国际关于国共合作问题的意见，并就国际形势作了报告。6 月 21 日，按照中共三大通过的《中国共产党中央执行委员会组织法》，第三届中央执行委员会讨论中央局成员组成及分工。会议决定由陈独秀、蔡和森、毛泽东、罗章龙、谭平山组成中央局，陈独秀为中央执行委员会委员长，毛泽东为中央局秘书，罗章龙为中央局会计，中央局机关驻广州。图为机关旧址。

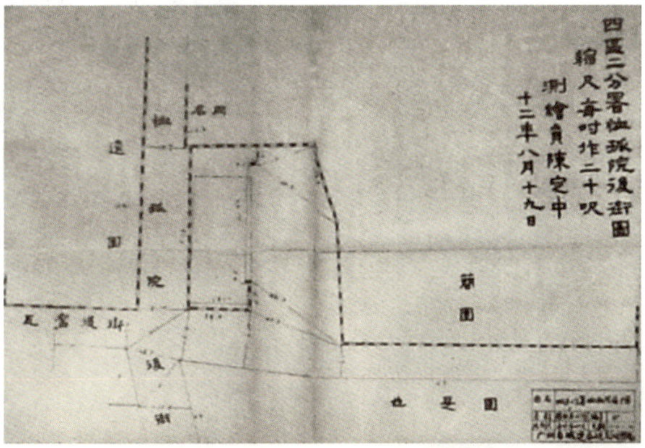

1923 年，由于中共党组织的经费有限，以及出于安全、安静等方面的考虑，中共广东区委在中共中央驻地春园的后面租了一栋两层楼的小房子作为会场。这是 1923 年 8 月绘制的会场附近平面测量图。

1923 年 6 月 12 日至 20 日，中国共产党第三次全国代表大会在广州召开。陈独秀、李大钊、毛泽东、蔡和森、陈潭秋、瞿秋白、张太雷、张国焘、谭平山、向警予、项英等及莫斯科的代表近 40 人出席，代表了全国 420 名党员。图为中共三大会场旧址，位于东山恤孤院路后街 31 号（现恤孤院路 3 号）。原会址于 1938 年被日军炸毁。

1923 年，中共广东区委（对外代号“管东渠”）负责中共三大的会场选址、会场布置、接引代表、安排食宿等筹备工作。图为中共广东区委活动场所杨家祠（今越华路广东省民政厅旁）。

根据 1923 年会议代表的回忆，已发掘出当年中共三大会址的墙基。图为发掘现场照片。

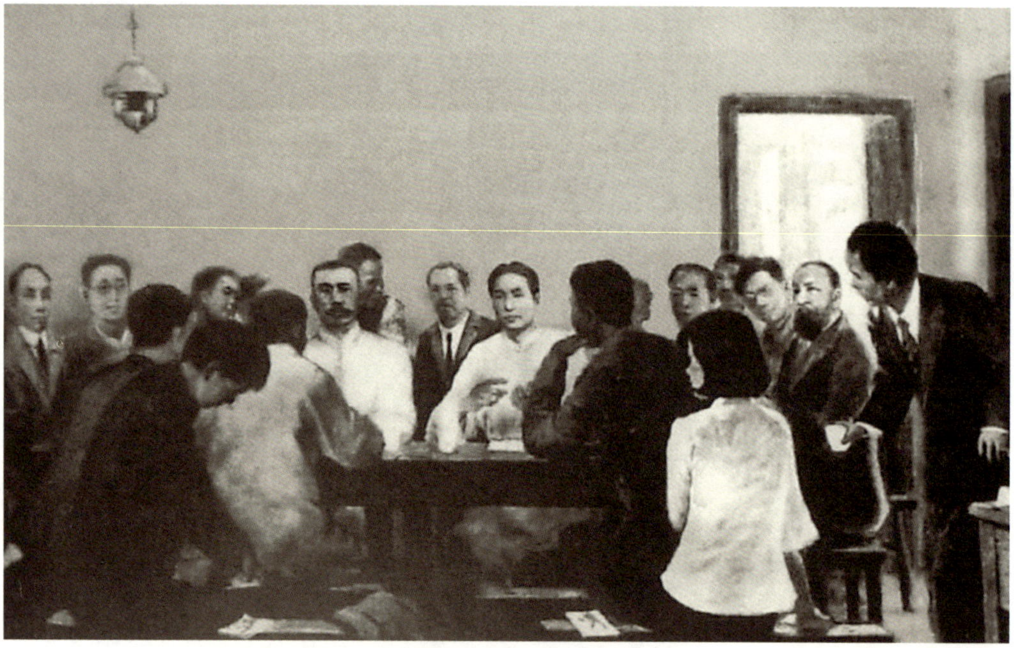

中共三大的中心议题是讨论通过党内合作方式实现国共合作，建立革命统一战线的问题，推进国民革命运动。图为中共三大会议场景（油画）。

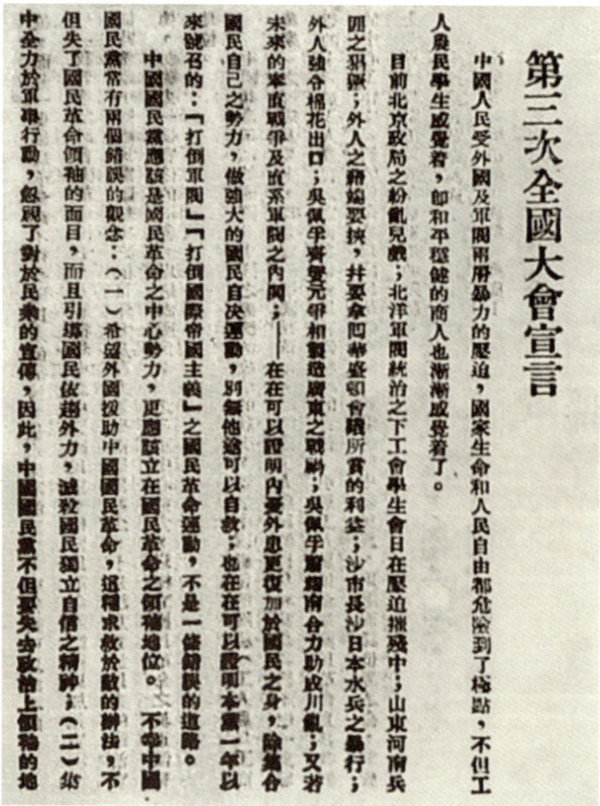

第三次全國大會宣言

中國人民受外國及軍閥兩層暴力的壓迫，國家生命和人民自由都危險到了極點，不但工人農民學生感覺着，即和平穩健的商人也漸漸感覺着了。

目前北京政局之紛亂兒戲；北洋軍閥統治之下工會學生會日在壓迫摧殘中；山東河南兵匪之猖獗；外人之藉端要挾，並要拿回華盛頓會議所貢的利益；沙市長沙日本水兵之暴行；外人強令棉花出口；吳佩孚齊燮元爭和製造廣東之戰禍；吳佩孚蕭耀南合力助成川亂；又若未來的奉直戰爭及直系軍閥之內鬨；——在在可以證明內憂外患更復加於國民之身，除集合國民自己之勢力，做強大的國民自決運動，別無他途可以自救；也在在可以證明本黨一年以來號召的：「打倒軍閥」「打倒國際帝國主義」之國民革命運動，不是一條錯誤的道路。

中國國民黨應該是國民革命之中心勢力，更應該立在國民革命之領袖地位。不幸中國國民黨常有兩個錯誤的觀念：（一）希望外國援助中國國民革命，這種求救於敵的辦法，不但失了國民革命領袖的面目，而且引導國民依賴外力，減殺國民獨立自信之精神；（二）集中全力於軍事行動，忽視了對於民衆的宣傳，因此，中國國民黨不但要失去政治上領袖的地

中共三大接受共产国际执行委员会于1923年1月12日通过的《关于中国共产党与国民党的关系问题的决议》，通过了《关于国民运动及国民党问题的议决案》，决定采取共产党员以个人身份加入国民党的形式实现国共合作，同时保持共产党在政治上、思想上和组织上的独立性。大会还通过了《中国共产党第三次全国代表大会宣言》等文件。图为《第三次全国大会宣言》（节选）。

1923 年，中共三大代表。

1923 年 6 月，中共三大会议休息期间，代表们到附近的东山公园散步。图为 20 世纪 80 年代拍摄的东山公园。

1923 年，陈独秀、李大钊、毛泽东、徐梅坤等先后两次去大元帅大本营财政部部长廖仲恺家，恳谈国共合作事宜。图为当年廖仲恺和家人在广州东山百子路双清楼寓所门口合影。

1923 年 6 月 20 日，中共三大全体代表集中前往黄花岗烈士陵园，由瞿秋白、张太雷教唱《国际歌》。在中国共产党代表大会闭幕式上唱《国际歌》的传统由此开始。图为瞿秋白翻译的《国际歌》中文歌词，发表于 1923 年 6 月出版的《新青年》季刊第 1 期。

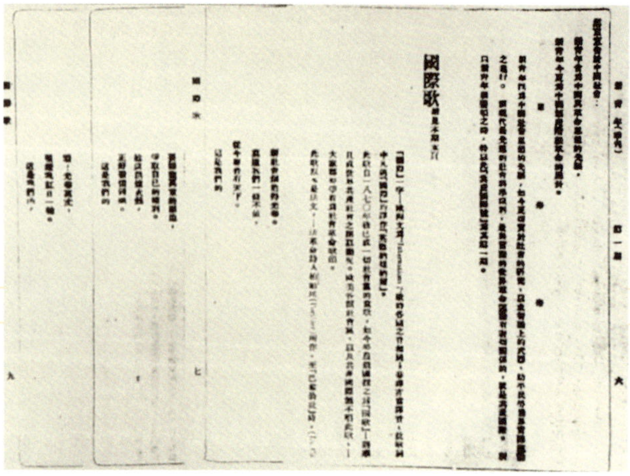
國際歌

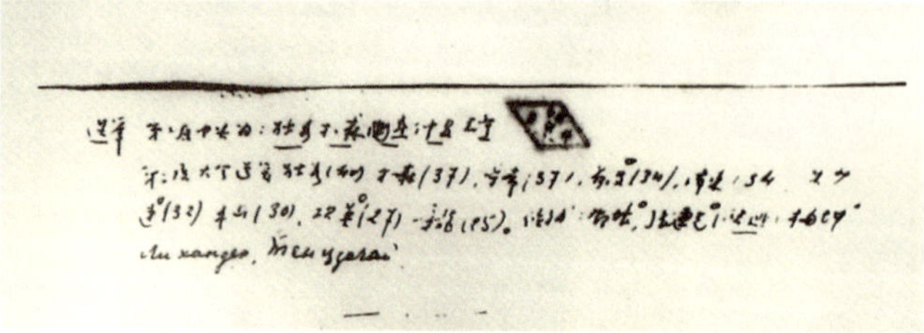

1923 年，中共三大选出 9 名中央执行委员和 5 名候补执行委员，组成中国共产党第三届中央执行委员会。陈独秀当选为中央执行委员会委员长。图为瞿秋白记录的大会选举结果。

1923 年，中共中央机关报《向导》周报总发行部迁至广州昌兴街 28 号 3 楼，蔡和森继续任主编。图为昌兴街 28 号和《向导》周报。

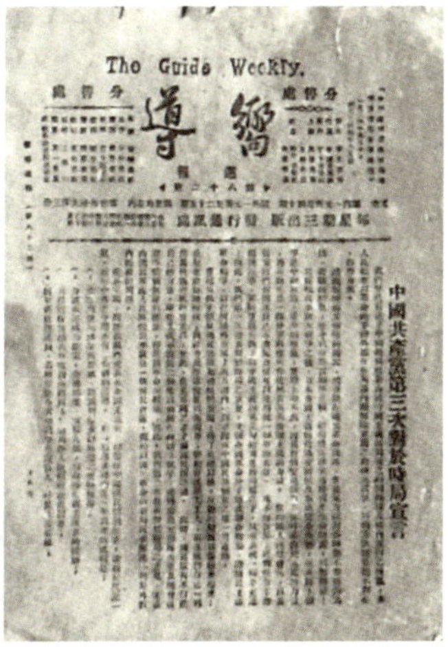
The Guide Weekly.
嚮導

1923 年 6—7 月，中共中央机关刊物《新青年》季刊、理论刊物《前锋》月刊相继在广州出版。图为《新青年》季刊以及《前锋》月刊的创刊号。

新青年
新青年社

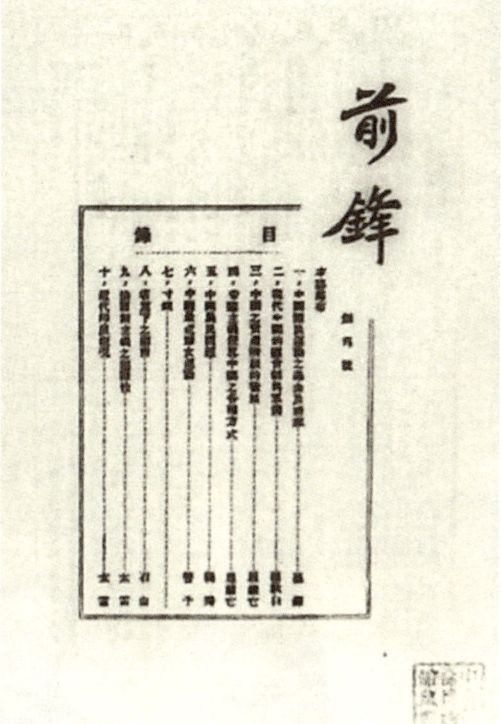
前鋒
目錄

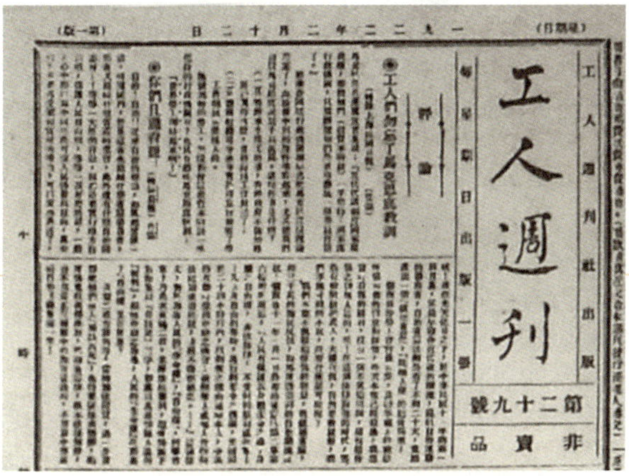
工人週刊
第二十九號
非賣品

1923 年中共中央铁路委员会出版的机关报《工人周刊》。

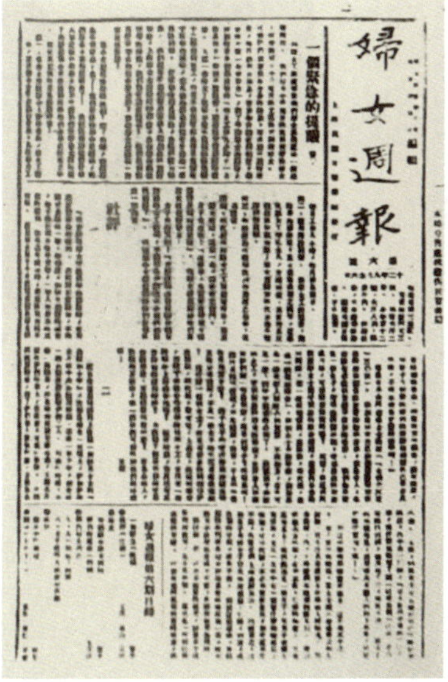
婦女週報

1923 年 8 月，上海《民国日报》副刊之一《妇女周报》创办，中共中央妇女委员会以该报为机关报，由向警予任主编。

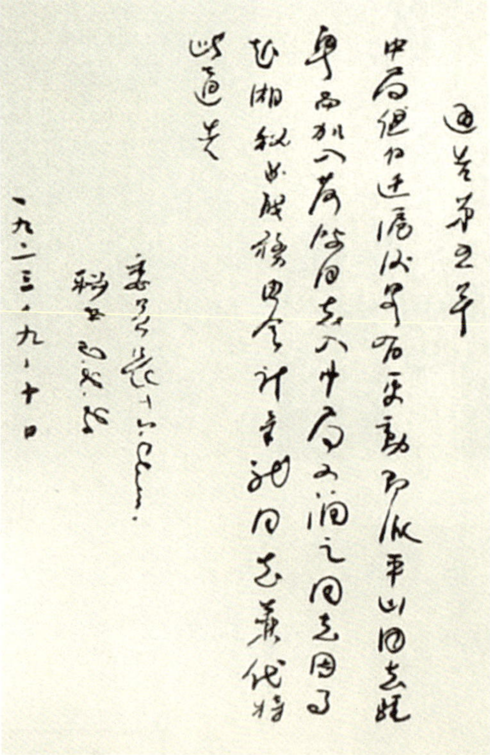
通告第五号
中局组织自迁沪后略有更动即派平山同志驻粤而加入荷波同志入中局又润之同志因事赴湘秘书职务由会计章龙同志兼代特此通告
一九二三、九、十日

1923 年 9 月上旬，中共中央机关从广州迁回上海。10 日，中共中央发出第五号通告，宣布中央局自迁回上海后的人事变动：“中局组（织）自迁沪后略有更动，即派平山同志驻粤，而加入荷波同志入中局。又润之同志因事赴湘，秘书职务由会计章龙同志兼代。”

马林（1883—1942），生于荷兰鹿特丹。原姓斯内夫利特，马林为其在中国的化名。青年时代曾在荷兰及荷属东印度（今印尼）从事革命活动，后当选为共产国际执行委员会委员和民族殖民地委员会书记。1921 年 6 月，受列宁委派来到上海，参加并指导中国共产党的成立大会，并在桂林会见了孙中山。1922 年再次携带共产国际的 8 月指示来华，会见了孙中山，参加了中共中央举行的西湖特别会议，传达了共产国际关于国共合作的意图。1923 年 6 月，马林出席了中共三大，8 月离开中国。1942 年，他被德国法西斯占领者杀害。

1923 年 8 月至 12 月，孙中山接受共产国际代表马林的建议，派出以蒋介石为团长的孙逸仙博士代表团赴苏联考察。代表团共 4 人，其中包括共产党员张太雷和沈定一。代表团访苏加快了国共合作的步伐。图为张太雷（中）与友人胡志明（左）等在苏联合影。

鲍罗廷（1884—1951），1903 年加入俄国社会民主工党。十月革命后，在苏俄外交人民委员会工作，1919 年 3 月出席共产国际第一次代表大会。1923 年 10 月 6 日，鲍罗廷奉派到广州任共产国际驻华代表及苏联驻广州革命政府代表，被孙中山任命为国民党组织教练员，提出改组国民党的建议。之后任国民党中央执行委员会、政治委员会顾问，成为孙中山的主要外籍助手。

1923年10月22日，在中共广东区委和共青团广东区委的组织下，广州地区80多个团体共万余人在第一公园举行声讨为曹锟贿选的国民大会，会后举行示威游行，并派代表赴大元帅府请愿，要求出兵北伐。图为国民大会会场。

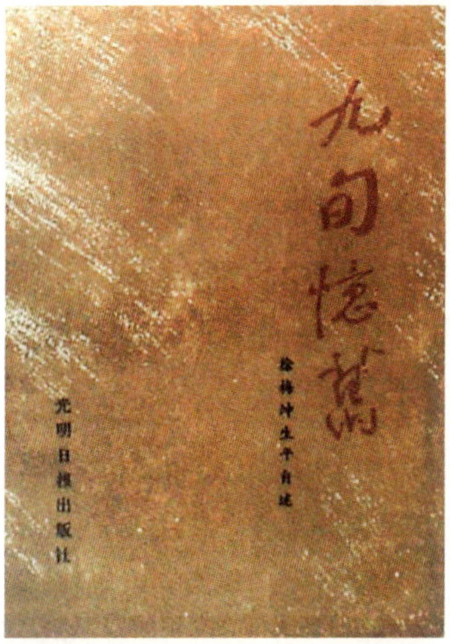

中共三大代表徐梅坤于90岁高龄之际忆述生平，整理成《九旬忆旧》一书，其中记载了他参加中共三大的经历。

国民大会会场。

1924年5月1日，广州工人代表大会在广州西瓜园太平戏院召开。孙中山到会发表《中国工人所受不平等条约之害》演说。大会讨论并通过统一工会组织的决议案，选举产生广州工人代表会执行委员会。中共广东区委委员刘尔崧当选为执行委员会主席。

城市近代化的推进

辛亥革命后，广州城市近代化有比较明显的发展。

1913 年，广州比较宽阔的马路。

1913 年，珠江边的广州街道。电灯、电报、新式楼房和行道树——这些都是新时期的城市特征。

1916 年建成的粤海关大楼，是广州市区内近代西方新古典主义建筑的代表作。

1918 年 10 月，广东军政府在禺山关帝庙设广州市政公所，结束了广州城由番禺、南海两县分治的历史。市政公所承担起拆城墙、筑马路等市政建设事宜，堪称城区现代化的起步。图为禺山关帝庙旧址。

1919 年建成的广东省财政厅大楼。

广州拆城墙时搭建的临时木桥。

1919 年，拆广州鸡翼城并填平西濠筑成的太平南路。

1921年2月15日，广州市政厅成立，标志广州正式建市。图为广州市首任市长孙科。

孙中山在《建国方略》中提出要把广州建设成“花园都市”并拓展城区。在市政厅成立的两年多前，广州曾设立市政公所，是中国历史上首个专门管理城市建设的机构。广州市政厅成立后，《广州市暂行条例》公布实施，标志着广州成为近代中国第一个城市型的政区。图为位于广州南堤的广州市政厅。

广州建市后，市政当局致力于拓宽和新建市区马路，城市建设初见成效。图为 1927 年扩建后的小北路。

20 世纪 20 年代的靖海路及长堤大马路的骑楼。

AH FONG
PHOTOGRAPHER
CANTON
像照華阿

AH FONG,
CANTON

1923 年的珠江南北两岸全景。

1923 年的东山风貌。

1921年10月12日，广州市第一公园在清代巡抚官署故址上建成，它是广州最早建立的综合性公园。

20世纪20年代初的广州海幢寺，曾辟为河南公园，后更名为海幢公园。

广州市卫生局成立于 1921 年，是中国最早建立的市级独立卫生行政机构。图为 1937 年 7 月，广州市卫生局发出的家犬登记凭照。

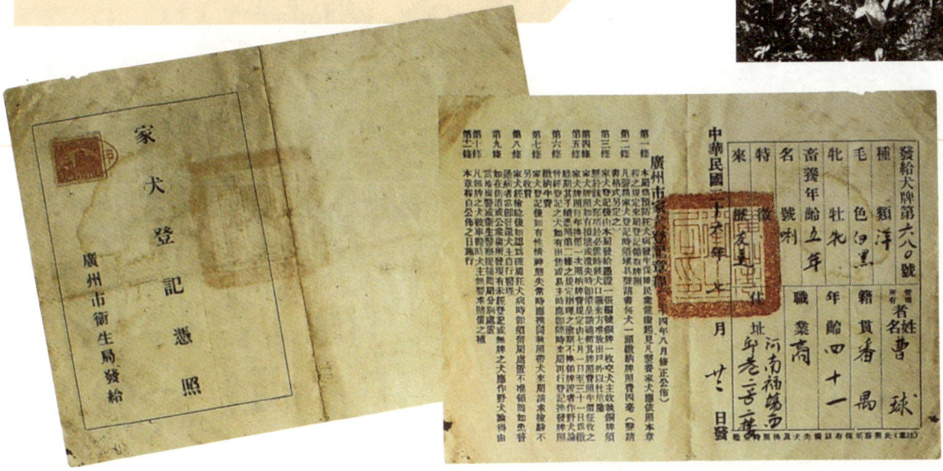

1921 年成立的广州市立传染病院。

1922 年 11 月 16 日，广州市参事会开幕时的参事合影。

1922 年 8 月 24 日，广州下九甫救火机筹办处成立。图为该处义务救火队和职员合影。

广州市公安局消防警察教练合影。

民国时期使用的救火水柜。

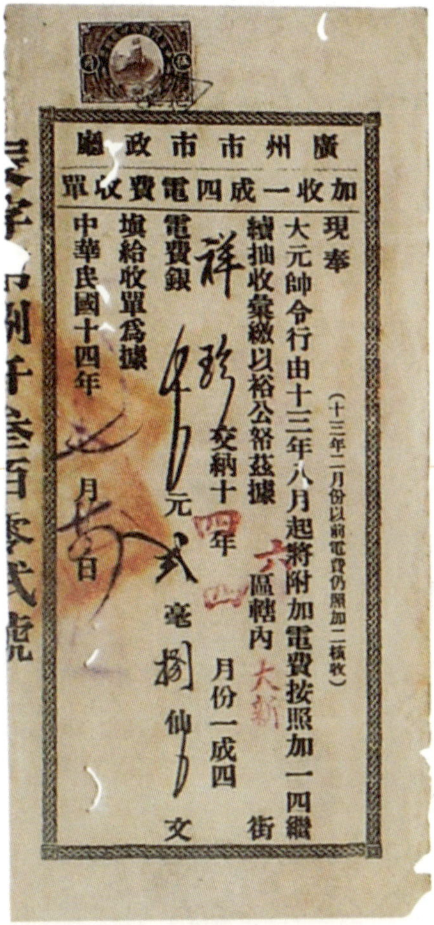

廣州市市政廳
加收一成四電費收單
現奉
大元帥令行由十三年八月起將附加電費按照加一四繳（十三年二月份以前電費仍照加二核收）
續抽收彙繳以裕公帑茲據　　　　　街
　　　區轄內
　　　交納十四年　　月份一成四
電費銀　　元　　毫　　仙　　文
塡給收單爲據
中華民國十四年　　月　　日

1925 年广州市市政厅的电费收据。

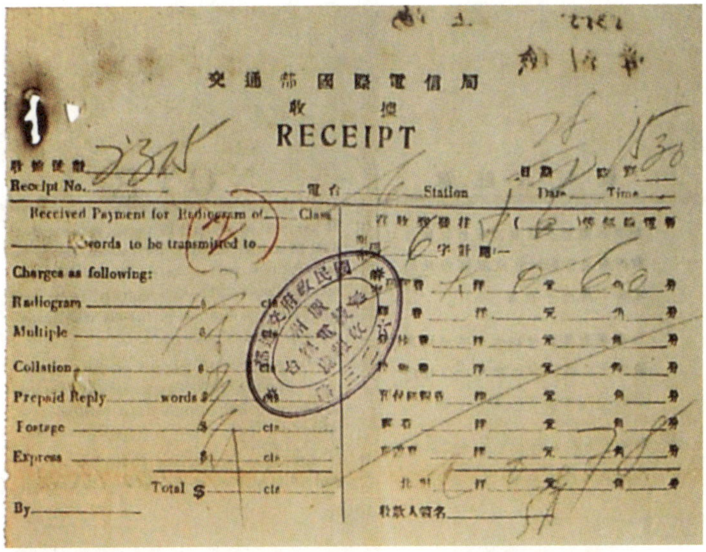

交通部國際電信局
收據
RECEIPT
Receipt No.
Station
Date
Time
Received Payment for Radiogram of　　Class
words to be transmitted to
Charges as following:
Radiogram　　cts
Multiple
Collation
Prepaid Reply　　words
Postage　　cts
Express　　cts
Total $　　cts
By

20 世纪 20 年代，广州国民政府交通部国际电信局的收据。

工商业的逐步发展

1912 年，陈沛林、陈拔廷和何渭文在广州创办协同和机器厂，该厂是华南最早生产柴油机的民营企业。

协同和机器厂工场。

陈李济创建于 1600 年，是广州最早设立的中成药店号。图为民国初年位于永汉路的陈李济药厂。

1914 年 9 月，广州最早的酒厂——永利威酒庄在一德西路开业。图为当年永利威的注册商标。

1914 年，澳大利亚华侨马应彪在广州长堤创办经营环球百货的先施有限公司广州分行，它是民国时期广州四大百货公司之一。

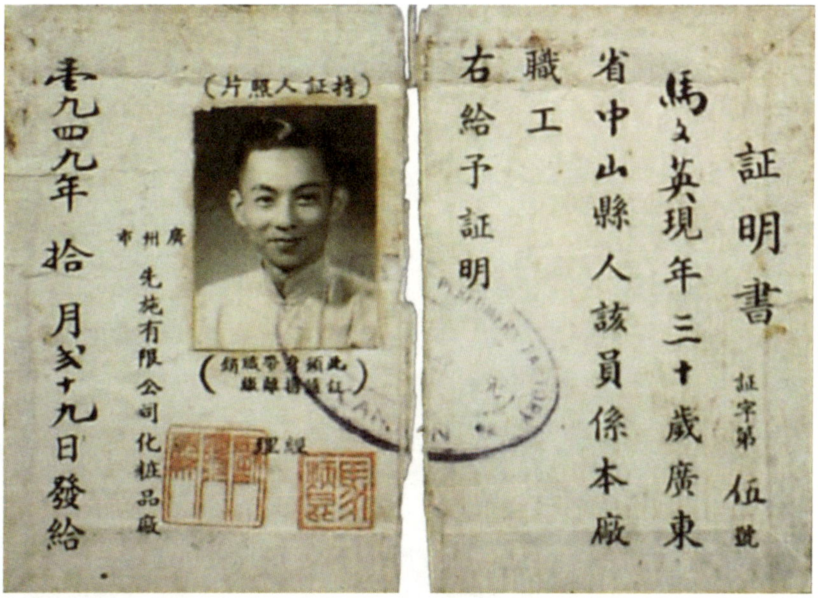

先施公司兼营其他业务，开设化妆品厂、服装厂、人寿保险公司、酒店、银行等。图为20世纪40年代先施有限公司化妆品厂职工工作证。

1918年，澳大利亚华侨蔡兴、蔡昌兄弟投资兴建广州西堤大新公司。该公司于1922年落成，是广州著名的百货公司，也是中国第一座钢筋混凝土结构高层建筑。

1917 年，广东士敏土厂办公楼鸟瞰图。

1919 年秋，罗节若、陈达初、利耀峰创办了广东东山火柴厂。

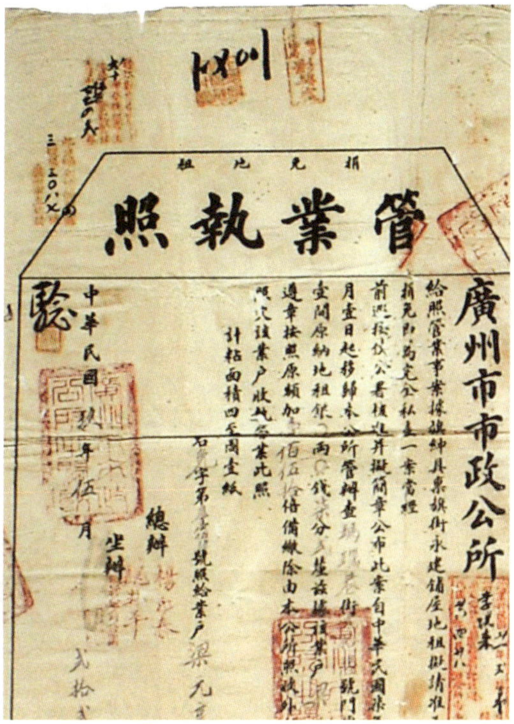

1920 年，广州市市政公所核发的管业执照。

1921 年创办的广州冯强胶鞋厂，主要生产“大象牌”胶鞋。图为冯强胶鞋厂大门。

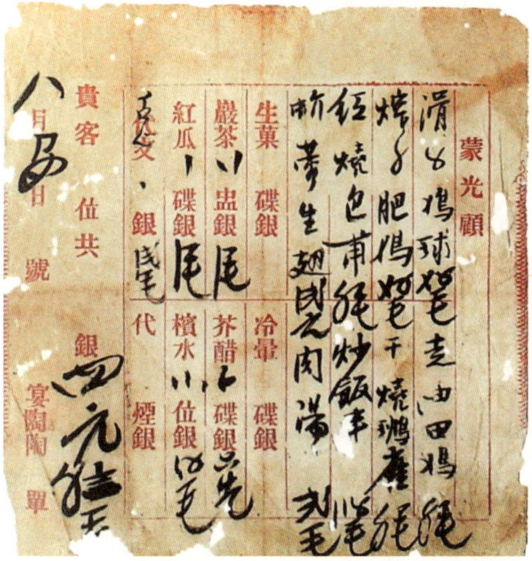

广州茶楼酒家林立，有“食在广州”的美誉。20 世纪 20 年代，随着城市近代化步伐的推进，餐饮业发展迅速。图为当时广州酒楼的宴席明细单。

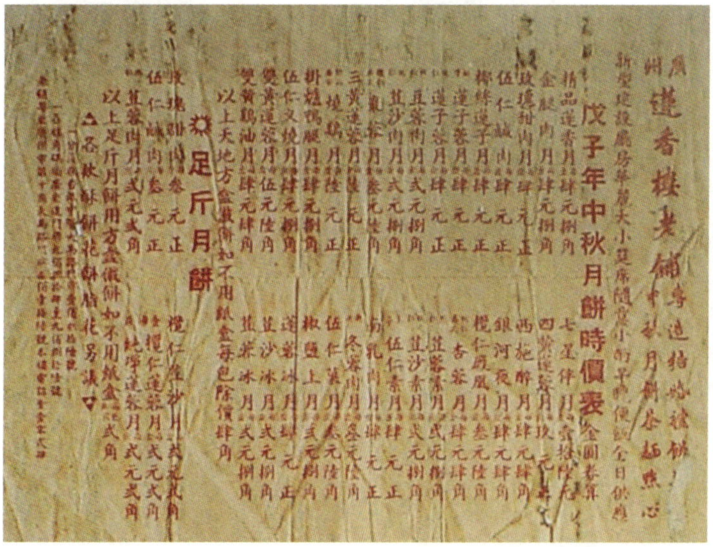

广州老字号莲香楼位于上下九甫、第十甫一带，以制作中秋月饼而闻名。图为 20 世纪 20 年代莲香楼月饼时价表。

社会教育与文化的演进

1913 年，广州南武中学学生陈彦参加马尼拉第一届远东运动会，获跳远金牌，这是中国在国际比赛中获得金牌之第一人。

女生的二人三足竞走。

1912 年 10 月，广东教育司组织广东男女学生大运动会。图为女学生撑伞竞走。

广州洁芳女子师范学校学生在打排球。

1916 年 4 月 4 日，在广州白云山植树的学生。

1919 年 9 月，欧美和澳大利亚留学生自发成立西洋留学生联合会。

20 世纪 20 年代，剪去辫子、服式趋新的广州青年学生。

广州市巡回文库职员在街头为市民办理图书借阅手续。1920 年，广州第一通俗图书馆成立，仿照西方做法设立巡回文库，以培养市民读书风气，普及文化知识。

1922 年 11 月 19 日，广东省教育会图书馆开办。

1916 年落成的广州岭南学堂的格兰堂（大钟楼）。

20 世纪 20 年代初，广州已有各类新式学校 270 所和教会所办学校 18 所。图为岭南大学学生在野外地理绘图的场景。

广州市立美术学校西画课室。

广州市立美术学校国画教室。

塔影楼位于沿江西路，为陈少白于1919年兴建，顶层为四檐滴水中式塔楼，因临珠江，故名“塔影楼”。孙中山曾在此居住。陈少白撰诗《忆塔影楼》：“日日凝妆珠海岸，经年憔悴深闭门。风光如许人何处，厌记江潮涨落痕。”

1921 年，为纪念民主革命家朱执信，孙中山指派廖仲恺、孙科、胡汉民 3 人在广州筹建执信学校，选址清泉路（今应元路）应元书院旧址，1925 年迁入东沙路（今执信路）新校址。图为执信中学新址。

1923 年两广浸信会培正学校证书。

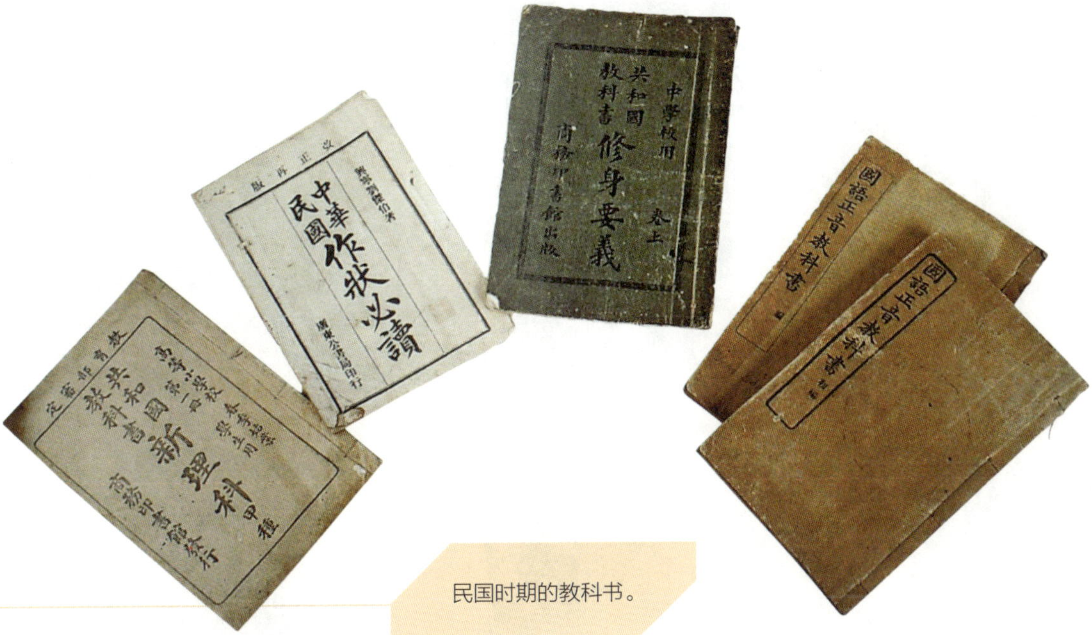

民国时期的教科书。

1921 年 4 月 14 日，在广东省第八次运动大会中获全场冠军的岭南大学代表队合影。

1922 年，广州南园诗社同人合影。

1924 年 2 月，中华工学会广州会员举行恳亲会。

冯如（1884—1912），中国最早的飞行家和飞机设计师。1910年获美国旧金山国际飞行协会飞行竞赛冠军。次年，携自制飞机回国，在广州创办广东飞行器公司。1912年8月25日，在广州燕塘进行飞行表演时失事遇难。

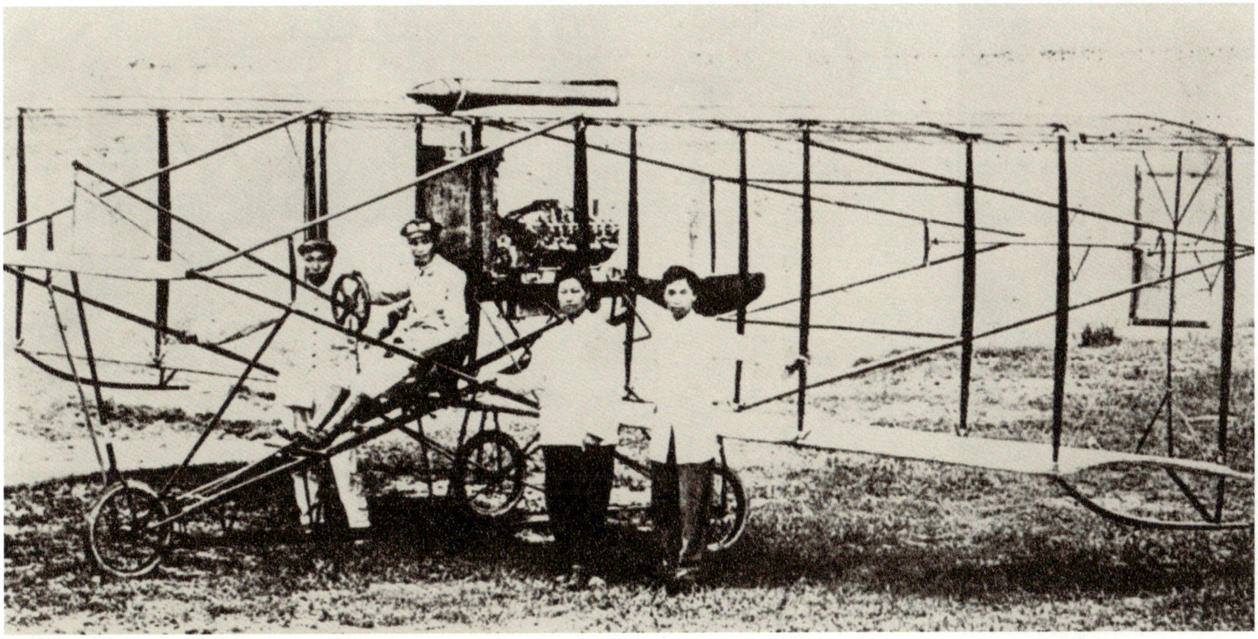

冯如（驾驶者）与他研制的飞机在广州燕塘机场。

社会风貌

民国初年，广州的迎亲队伍。

民国初期，在现代文明的洗礼下，广州传统婚嫁习俗开始出现新气象，如自由恋爱、文明结婚等。到 20 世纪 20 年代，已有西式婚礼。图为伍汉持之子伍伯胜举办的西式婚礼。

民国初年的女性仍保持着上衣下裙形制，最大的改变是旗袍的流行。女性裤装同样很受青睐，短上衣配裤的着装，被称为“modern dress”（摩登服装）。图为穿休闲装的女郎。

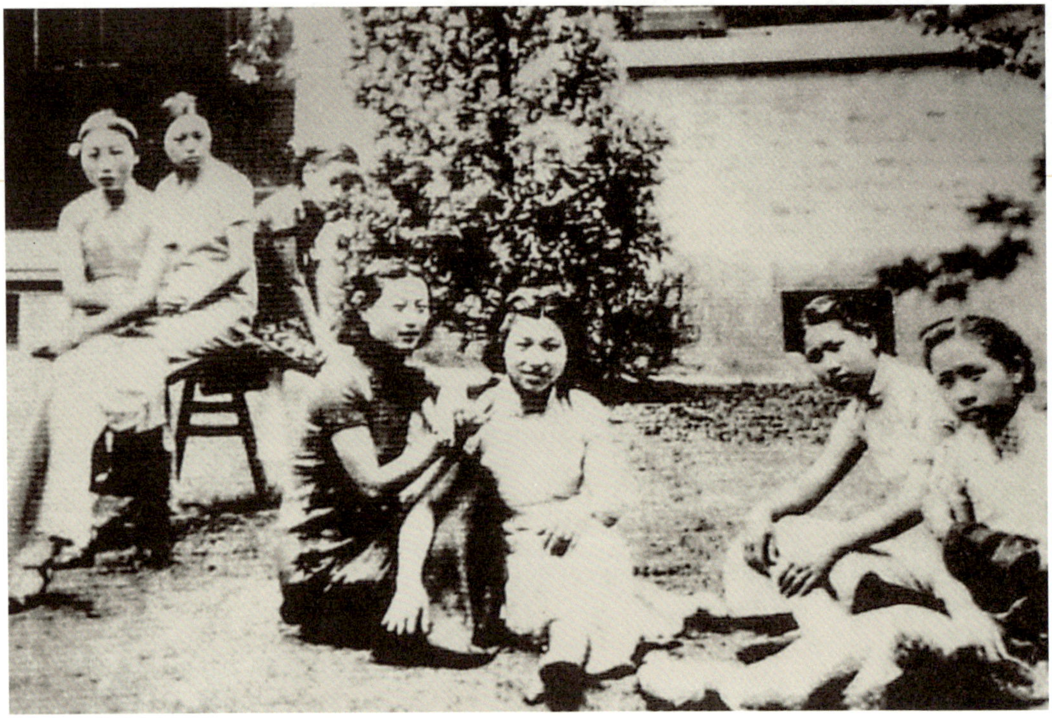

民国初年，穿旗袍的时尚女性。

民国初年，广州的岭南卖物场，在这里人们可以买到多种洋货。

民国初年，疍民的孩子身上背着一个木制的救生浮子。

1913 年端午节，珠江上的龙舟竞赛。

停靠在荔枝湾的游艇。

1915 年 7 月，珠江三角洲地区发生特大水灾。图为广州长堤一带受灾情形。

1920年11月23日，广东拒赌会召集3万余人请愿游行，促使陈炯明宣布自12月1日起实行禁赌。

1922 年 4 月 1 日，广州各界举行废娼请愿游行。

四

国民革命运动的策源地

（1924—1927）

1924 年 1 月，在中国共产党、共产国际与苏俄的支持帮助下，中国国民党第一次全国代表大会在广州召开，孙中山以总理身份担任主席。与会代表包括共产党人李大钊、毛泽东、谭平山、瞿秋白、林祖涵（林伯渠）等。李大钊被指定为大会主席团成员，多人参与了宣言、党务、章程审查委员会的工作。大会通过了《中国国民党第一次全国代表大会宣言》和《中国国民党章程》等议案，重新阐释了三民主义，提出了明确的反帝反封建纲领，确立了联俄、联共、扶助农工的三大政策。选举了国民党中央执行委员会，共产党员李大钊、谭平山、于树德为中央执行委员，毛泽东、林祖涵、瞿秋白等 7 人为候补中央执行委员。至此，实现了国共合作，形成了革命统一战线。以广州为中心，汇集起全国的革命力量。新民主主义革命时期的第一次国内革命战争——国民革命，由此进入高潮。国共两党的志士和广大民众投身于大革命洪流，奉献了自己的精力、智慧乃至生命。孙中山、廖仲恺、宋庆龄、何香凝等和李大钊、毛泽东、周恩来、陈延年等共产党人的功绩青史长存。青年毛泽东在暴风骤雨般的岁月中承担了时代的重任。他在 1923—1926 年曾三次来到广州，参加了中国共产党第三次全国代表大会、中国国民党第一次和第二次全国代表大会，当选为中共中央执行委员会委员、中国国民党中央执行委员会候补委员，担任了中国国民党中央宣传部代部长、第六届农民运动讲习所所长和《政治周报》主编，促进了民族民主革命统一战线的形成和发展。他发表在国民革命军第二军司令部主办刊物《革命》上的《中国社会各阶级的分析》，阐明了新民主主义革命时期各个社会阶级的属性和政治分野的基本观念。

1924 年夏，在中国共产党和国际无产阶级的支持与帮助下，孙中山在广州创办了陆军军官学校（黄埔军校）。孙中山在开学典礼上致辞："我们开办这个学校，要用里面的学生做根本，成立革命军，诸位就是将来革命军的骨干。创立了革命军，我们的革命才能成功。"中共广东组织领导成员周恩来、聂荣臻、熊雄等先后担任军校政治、军事训练部门的负责人，并先期发出了专门通知要求各地党组织积极选派优秀青年党、团员和工农群众运动的骨干分子报考。至 1926 年 7 月北伐战争开始前，军校共招收了 5 期学员约 7400 人，成为统一广东革命根据地和进行北伐战争的重要力量，亦为建立国民革命军的核心成员。1924 年发生的商团叛乱，使周恩来、陈延年进一步认识到工农武装比较分散、弱小，中国共产党还没有掌握正规革命军队的指挥权，加之粤汉、广九铁路常被军阀、土匪扰乱，于是向孙中山建议建立一支铁甲车队——主要用于保护大元帅府和铁路安全。经孙中山同意后，周恩来亲自主持军队组建工作，从黄埔军校学员中选取 150 人作为中坚分子。铁甲车队于 11 月正式组建完成，一切活动和工作都服从中共广东区委指挥。铁甲车队是中共广东组织直接建立和领导的第一支军队，自建成后屡建战功，堪称人民军队的源头之一。这支部队曾参加东征陈炯明部、平定滇桂军阀的叛乱、支援广宁农民运动和省港大罢工。1925 年 11 月，中共广东区委又决定以铁甲车队为基础，以黄埔军校学员为骨干，在肇庆组建国民革命军第四军独立团，由叶挺任独立团团长。这支劲旅在北伐战争中屡建奇功，被赞誉为"铁军"。1927 年 8 月，独立团又成为南昌起义的主力之一。与此同时，随着工农运动的发展，工人赤卫队、农民自卫军（农团军）等群众武装相继组建和发展起来。

在革命统一战线形成的新形势下，广州成为工农运动的主要基地。共产党员直接领导下的广东农运发展迅猛，广东农会会员人数占全国农会会员总人数的三分之二，成为全国农民运动的中心。中共广东组织通过在国民党中央农民部担任部长和秘书的林祖涵、彭湃，建议开办农民运动讲习所。从 1924 年 7 月到 1926 年 5 月，农民运动讲习所举办了 6 届，学员 900 余人。毛泽东主持了第六届农民运动讲习所的工作。农民运动讲习所培养的学员大多分到广东甚至全国各地从事农民运动，他们作为政治、军事骨干对农民运动起到了积极促进作用。

广州工人运动在邓中夏、苏兆征等的领导下日趋壮大。据统计，1921 年广州工人举行罢工 25 次，其中 19 次取得不同程度的胜利，工人工资提高 10% 至 15%。1922 年 5 月，第一次全国劳动大会在广州召开。100 多位与会者代表了 100 多个工会和 34 万多名会员，广州和香港的代表约占 80%。大会引导工人阶级开始走向全国团结的道路。会议期间，孙中山会见了代表们。1924 年 5 月，广州工人代表大会召开，孙中山在会上发表演说，推进劳工统一运动。1925 年 5 月，第二次全国劳动大会在广州召开，成立了中华全国总工会。大会通过了《中华全国总工会章程》，选举林伟民、刘少奇为执行委员会正、副委员长，邓中夏为党团书记。中华全国总工会的成立，标志着中国工人阶级在中国共产党的领导下实现了全国工会运动在政治上、组织上的团结统一。广东的工人运动蓬勃发展，成为全国工人运动的中心。1925 年 6 月至 1926 年 10 月，广州、香港工人为声援上海五卅运动，举行了声势浩大的省港大罢工，参与人数达 25 万人，历时 16 个月，在中国工人运动史上留下光辉的篇章。正是在国共合作和广东工农群众的大力支持下，广州革命政府先后收回了粤海关关余，平定了商团、刘（震寰）杨（希闵）叛乱，发起了两次东征和南征，扫荡了广东境内的新旧军阀，统一和巩固了广东革命根据地。中共广东党组织在斗争中发展壮大，举行北伐时党员已有5000余人，成为中共最大的地方组织，“已是民众运动的核心，及政治变动的一个重要元素”。

1924年10月，北京政局发生变化。受到革命影响的冯玉祥所辖部队在直奉大战中倒戈，发动政变，推翻了直系把持的北京政府，电请孙中山北上“商讨国是”。广州革命政权抓住这个机遇，并得到中国共产党和广大民众支持。为反对列强侵略与军阀割据，召开国民会议，实现和平统一，孙中山于1924年11月毅然抱病北上。1925年3月12日，孙中山在北京病逝。他在《国事遗嘱》中总结了40年的革命经验，强调“必须唤起民众，及联合世界上以平等待我之民族共同奋斗”，发出“革命尚未成功，同志仍须努力”的召唤，激励后继者继续奋斗。

广东革命根据地的统一和巩固，为广州经济、文化教育、市政建设的恢复和发展提供了有利的条件。虽然战事频仍，但广州的工农业、邮电通信、金融业在此期间均得到一定发展。1924年，孙中山把国立广东高等师范学校、广东公立法科大学、广东公立农业专门学校合并为国立广东大学（后更名为国立中山大学）。广州民众发起反文化侵略和收回教育主权的斗争，岭南大学成为中国第一所由外国教会创办而收归国人自办的大学。

在中国共产党和广大民众推动下，中国国民党中央在1926年6月5日通过了出师北伐案，国民政府任命蒋介石为国民革命军总司令。7月9日，北伐誓师大会在广州东较场召开。此前，叶挺独立团已先行进入湖南。国民革命军从广州出师，直逼武汉、上海和南京，沉重打击了北洋军阀和地方军阀的统治。然而，就在北伐取得节节胜利的形势下，蓄谋已久的蒋介石与国民党右派于1927年4月相继在上海和广州发动四一二政变和四一五政变，进行了“清党运动”，广州共产党组织、革命团体和国民革命运动遭到严重挫折。在武汉主持迁都后的国民党党政工作的汪精卫亦于7月背离革命，宁汉合流。第一次国共合作破裂，形势急剧逆转。轰轰烈烈的大革命失败，国民党新军阀的统治开始。

中国国民党一大与国共合作的建立

1924年1月20日，中国国民党第一次全国代表大会在广东高等师范学校礼堂召开。图为大会会址外景（今广州市文明路215号）。

1924年1月20—30日，中国国民党第一次全国代表大会在广州举行，大会通过了《中国国民党第一次全国代表大会宣言》和《中国国民党章程》，制定了明确的纲领，实现了第一次国共合作。图为大会会场。

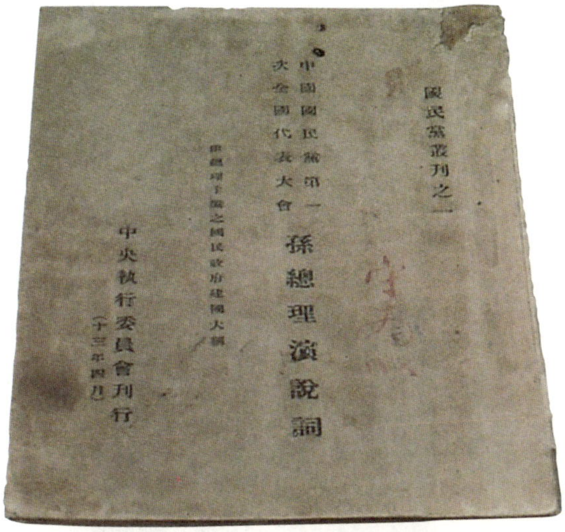

孙中山以国民党总理身份担任大会主席，主持了开幕式，阐述了改组国民党的重要意义，致力于推进国民革命。

孙中山在大会上的言论汇编——《中国国民党第一次全国代表大会孙总理演说词》。

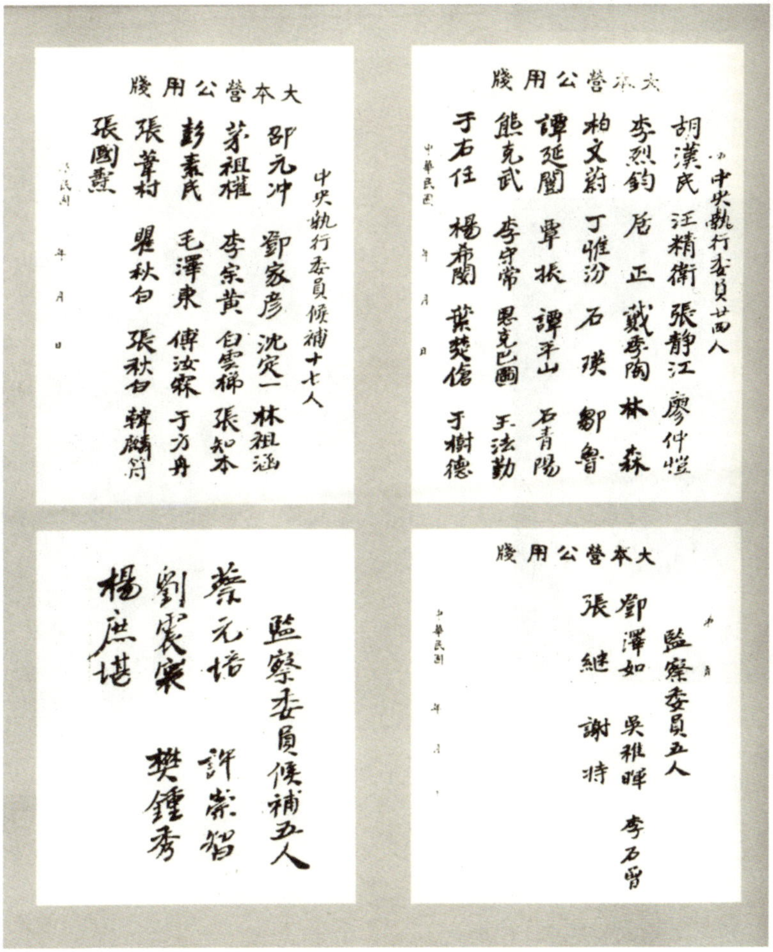

大本營公用牋

中央執行委員廿四人

胡漢民　汪精衛　張靜江　廖仲愷
李烈鈞　居正　戴季陶　林森
柏文蔚　丁惟汾　石瑛　鄒魯
譚延闓　覃振　譚平山　石青陽
熊克武　李守常　恩克巴圖　王法勤
于右任　楊希閔　葉楚傖　于樹德

中華民國　年　月　日

大本營公用牋

中央執行委員候補十七人

邵元冲　鄧家彥　沈定一　林祖涵
茅祖權　李宗黃　白雲梯　張知本
彭素民　毛澤東　傅汝霖　于方舟
張葦村　瞿秋白　張秋白　韓麟符
張國燾

中華民國　年　月　日

大本營公用牋

監察委員五人

鄧澤如　吳稚暉　李石曾
張繼　謝持

中華民國　年　月　日

監察委員候補五人

蔡元培　許崇智
劉震寰　樊鍾秀
楊庶堪

孙中山手书之中国国民党中央执行委员、监察委员名单。

会议期间，大会获悉列宁逝世，决议闭会 3 天以示哀悼，并于 24 日举行追悼列宁大会，由廖仲恺主持，孙中山担任主祭。

国民党第一次全国代表大会特别出入证。

国民党第一次全国代表大会纪念品。

国民党一大结束后，孙中山步出会场。

广州各界集会游行庆祝国民党一大圆满结束。广大民众拥护国共合作，进行国民革命。

1924 年 3 月，孙中山下令将中央直辖粤军和东路讨贼军改编为建国粤军。图为建国粤军总司令许崇智。

1925 年元旦，戴季陶、胡汉民、廖仲恺、梁鸿楷、许崇智、朱培德、邵元冲、古应芬在建国粤军总司令部前合影。

黄埔建军

1924 年 5 月，孙中山在广州东郊黄埔长洲岛创办陆军军官学校（黄埔军校）。

黄埔军校大门。

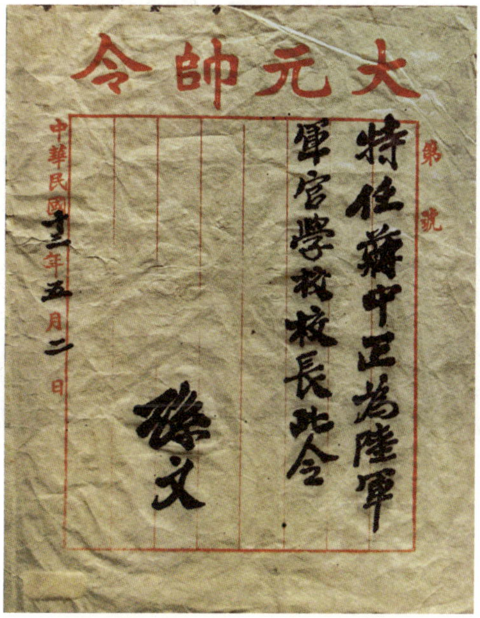

大元帥令

第　號

特任蔣中正為陸軍軍官學校校長此令

孫文

中華民國十三年五月二日

1924 年 5 月 2 日，孙中山任命蒋介石为陆军军官学校校长的手令。

黄埔军校校长蒋介石。

黄埔军校党代表廖仲恺。

黄埔军校政治部主任周恩来。

黄埔军校校旗和校徽。

黄埔军校政治部下设主任政治教官和政治教官若干，担负全校政治教育工作。图为政治部教官合影（前排右三为聂荣臻）。

1924年6月16日，孙中山出席黄埔军校开学典礼。台上左起依次为廖仲恺、蒋介石、孙中山、宋庆龄。

军校步兵科学生实弹射击训练。

军校工兵科学生进行技术训练。

军校宪兵科学生正在进行劈刺术训练。

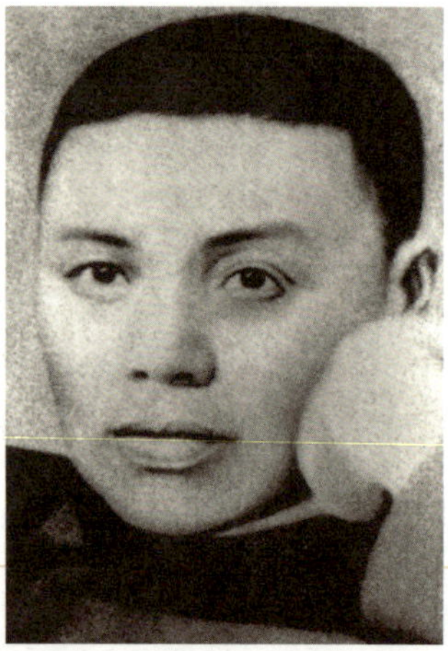

1924 年 11 月，经中共广东区委负责人周恩来、陈延年提议，孙中山同意从黄埔军校第一期毕业生中抽调部分骨干，在广州组建陆海军大元帅大本营铁甲车队。图为铁甲车队队长徐成章。

铁甲车队副队长周士第。

1924 年 11 月 3 日，孙中山第四次视察黄埔军校时的合影，前排：邹鲁（左五）、胡汉民（左六）、蒋介石（右四）。

中國國民黨陸軍軍官學校畢業證書
茲有本校第一期步
兵科學生潘學吟修
業期滿成績及格特
給證書
總理孫文
校長蔣中正
黨代表廖仲愷
中華民國十三年十一月三十日

为适应形势需要，黄埔军校将三年的学制缩短为半年至一年，据此重新设置课程和安排教学进度。图为 1924 年黄埔军校第一期学生的毕业证书。

1925 年黄埔军校干部教导队的毕业铜质纪念章。由刀和枪组成“X”形状，刀枪上分别写着“干部教导队”“毕业纪念”，中间为青天白日徽章，徽章正中的红色条纹上有蓝色字母“A”。

黄埔军校出版的刊物《革命军》。

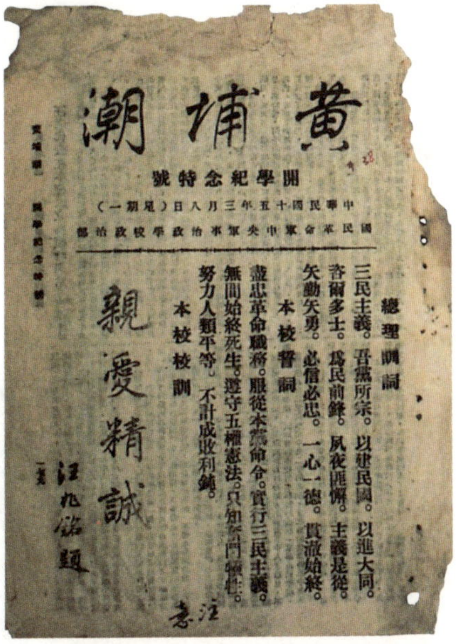
黃埔潮
開學紀念特號
中華民國十五年三月八日（星期一）
國民革命軍中央軍事政治學校政治部
總理訓詞
三民主義，吾黨所宗。以建民國，以進大同。咨爾多士，為民前鋒。夙夜匪懈，主義是從。矢勤矢勇，必信必忠。一心一德，貫徹始終。
本校誓詞
盡忠革命職務，服從本黨命令。實行三民主義，無間始終死生。遵守五權憲法，只知奮鬥犧牲。努力人類平等，不計成敗利鈍。
本校校訓
親愛精誠
汪兆銘題

1926 年 3 月 8 日，黄埔军校创办的杂志《黄埔潮》（开学纪念特号）。

黃埔潮
半週刊
（第三十九期）
總理逝世週年紀念特號
中華民國十五年三月十二日（星期五）
國民革命軍中央軍事政治學校政治部出版
孫總理遺像
革命尚未成功
同志仍須努力

1926 年 3 月 12 日，《黄埔潮》第三十九期。主要内容有“总理逝世后的一周年”“孙文主义与国民党”等。

广州农讲所的创办和农民运动的兴起

1922—1927年，中共广东区委员会旧址（今广州文明路194~200号）。

1925年底，中国共产主义青年团广州地委成立（中国社会主义青年团于1925年1月下旬召开的共青团三大上更名为中国共产主义青年团），张善铭、黄居仁先后担任书记。图为黄居仁。

1924 年 7 月，在中国共产党的建议和支持下，国民党中央农民部在广州创办了农民运动讲习所，孙中山、廖仲恺等亲临演讲。图为第一届农民运动讲习所旧址。

日報　夏歷甲子年七月廿三日　星期六

◎帥座對農民運動講習所訓詞

大元帥對農民運動講習所訓詞云、學生諸君、你們這次畢業、到各鄉村去聯絡農民、這是我們國民黨做農民運動所辦的第一件事、我們從前做革命事業、農民參加進來的很少、就是因謂他們知識程度太低、不知道有國家大事、所以對於國家很冷淡、不來管國事、你們畢業之後、到各鄉村去聯絡農民、首先便要一般農民知道對于國家有甚麼責任、農民所仰望於國家的有甚麼利益、這個革命政府、是想要做成一個人民爲主體的國家、農民是我們中國人民之中的最大多數、如果農民不參加來革命、就是我們革命沒有基礎、國民黨這次改組、要加入農民運動、就是要用農民來做基礎、要農民來做本黨革命的基礎、就是大家的責任、大家能够担負這個責任、聯絡一般農民、都是同政府一致行動、不顧成敗利鈍、來做國家的大事業、這便是我們的基礎可以鞏固、我們的革命便可以成功、如果這種基礎不能鞏固、我們的革命便要失敗(未完)

1924 年 8 月 21 日，孙中山出席广州农民运动讲习所首届学员毕业典礼并致训词。

农讲所对学员进行军事训练。学员毕业后大部分被委任为农运特派员，回各省区从事农民运动，有效促进了各地农民运动发展。图为学员在广州东较场军训的情景。

1924 年 10 月 19 日，花县农民自卫军成立时的合影。

林宝宸（1881—1924），广东花县人。曾参加黄花岗起义和反袁讨龙的武装斗争。1924 年夏，在广州芳村谢家祠组织召开广州市郊第一区农民协会会议，成立了广州市郊区第一个农会，林宝宸被选为执行委员长。第一区农会建立农民自卫军，开展反对土豪劣绅、拒交苛捐杂税、减租减息等斗争。1924 年 12 月，林宝宸被土豪劣绅暗杀。

1924 年 11 月，广州市郊第一区农会游行，力争广州市市长选举权，前行者为林宝宸。

1925 年 5 月 1 日，广东省第一次农民代表大会在广州召开。大会宣布成立广东省农民协会，制定农会章程，通过农工联合及加入赤色农民国际等 7 项决议案。图为广东省农民协会第一届执行委员合影。后排：右四为阮啸仙，右五为彭湃。

1926 年 5—9 月，毛泽东在番禺学宫（广州市中山四路 42 号）主办第六届农民运动讲习所。

第六届农民运动讲习所所长毛泽东。

1926 年 9 月，根据中共广东区委提议，区委书记蔡畅、妇委委员邓颖超和何香凝在广州创办妇女运动讲习所，培养妇女干部，何香凝任所长。图为 1927 年 3 月学员毕业照。

工人运动的壮大

1925年5月1日，中华海员工业联合总会、中华全国铁路总工会、汉冶萍总工会、广州工人代表发起召开第二次全国劳动大会。大会宣告成立中华全国总工会，选出新一届执行委员，林伟民和刘少奇分任正、副委员长。图为刘少奇在大会上演讲。

执委会委员长林伟民。

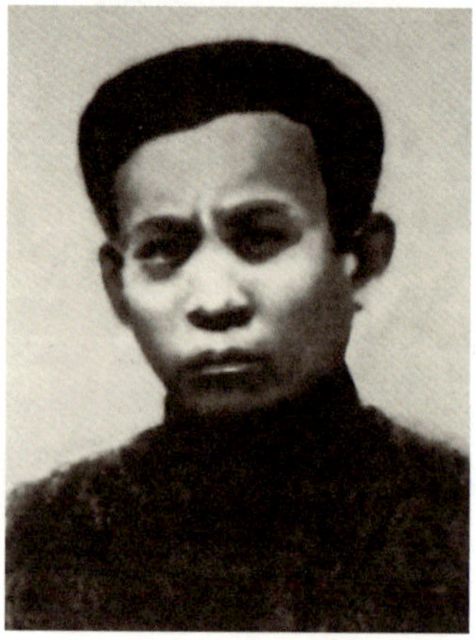

执委会副委员长刘少奇。

执委会秘书兼宣传部部长邓中夏。

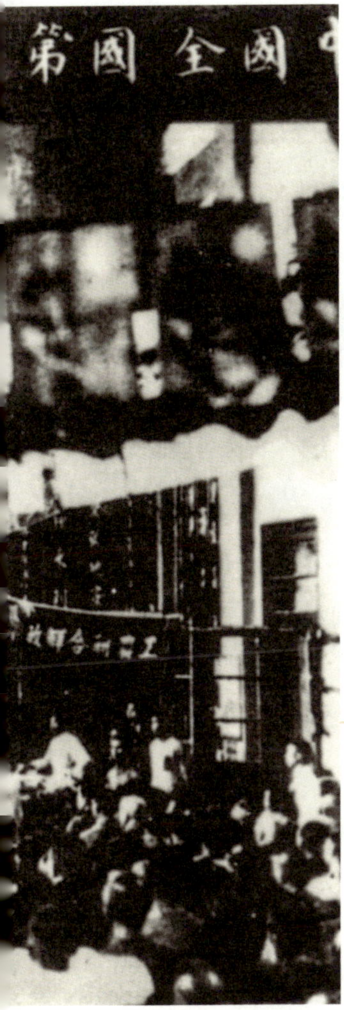

The Guide Weekly

嚮導週報

第一百十二期

中國共產黨一九二五年「五一」告中國工農階級及平民

中國共產黨給第二次全國勞動大會的信

1925 年 5 月，中国共产党向第二次全国劳动大会发出贺信。

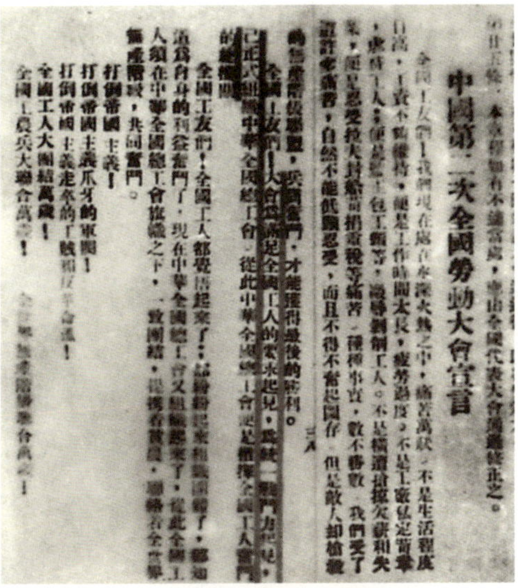

中國第二次全國勞動大會宣言

打倒帝國主義！

全國工人大團結萬歲！

全國工農兵大聯合萬歲！

第二次全国劳动大会宣言。

1925 年，中华全国总工会会址，位于广州越秀南路 93 号原惠州会馆内。

执委会组织部部长李启汉。

沙面洋务工人罢工、省港大罢工与沙基惨案

1924年6月30日，广州沙面英法租界当局借口法国驻越南总督遇刺，宣布实行侮辱中国人民的《新警律》，限制华人出入及居住沙面，引起沙面洋务工人的极大愤慨。7月15日，中共广东区委领导3000多名洋务工人罢工抗议，最终迫使英法租界当局取消《新警律》。罢工的胜利显示了工人阶级团结战斗的力量，促进了工人运动的高涨。图为罢工现场。

洋务工人罢工现场。

广州工人代表大会组织队伍慰问罢工工人。

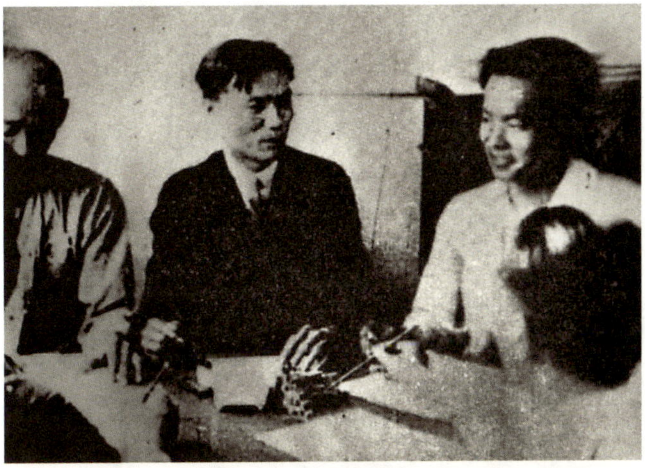

1925 年 5 月 30 日，上海发生了英国巡警在公共租界开枪射击抗议日本纱厂资方杀害工人领袖顾正红的群众游行队伍的事件。五卅惨案引发全国各地反抗外国侵华势力的运动热潮。邓中夏（中华全国总工会总书记）及苏兆征（香港海员工会代理会长）等以全国总工会名义召集香港各界工会开会，议定成立全港工团联合会，声援上海并实施罢工。6 月 19 日，港、穗工人联合举行省港大罢工。香港工人最先行动，随后逾十万罢工工人返回广州和内地其他城市。中国共产党在罢工委员会内建立了党团组织，积极推动罢工斗争，港穗两地参加罢工的工人约 25 万人。罢工坚持了 16 个月，给港英当局以沉重的打击。图为省港罢工领导人苏兆征（中）、邓中夏（右）在研究罢工事宜。

1925 年 6 月 21 日，中共广东区委派遣冯菊坡、刘尔崧等到沙面发动洋务工人成立“沙面中国工人援助上海惨案罢工委员会”，3000 余工人罢工，集体撤离沙面，并对沙面实行封锁。图为工人在沙基路拦截从沙面出来购物的帮工。

1925 年 6 月 23 日，罢工工人及各界群众游行至与沙面一水相隔的沙基路时，遭到沙面英法租界军警的机关枪扫射，泊于白鹅潭的英法军舰也发炮轰击，当场打死 50 余人，重伤 170 余人，酿成沙基惨案。图为当时沙基路的游行队伍。

沙基惨案现场。

广州各界举行沙基惨案死难烈士追悼大会。

广州学生联合会举行公祭沙基死难烈士大会。

1925 年 10 月 3 日，广州国民政府为烈士举行国葬仪式。坟场搭起牌楼，挂满挽联，悼念仪式凝重肃穆。

1926 年 6 月 23 日，广州市政府在沙基路建立烈士纪念碑，上刻“毋忘此日”，沙基路由此更名为“六二三路”。

1925 年 7 月 3 日，中华全国总工会省港罢工委员会成立，主要领导成员苏兆征、邓中夏、何耀全等合影。

省港罢工委员会的党团书记、工人纠察队训育长邓中夏在罢工工人代表大会上讲演。

省港罢工委员会委员长苏兆征。

省港罢工工人集合，准备活动。

广州街头声援罢工的游行队伍。

为支持省港大罢工，共产主义青年团广东区委组织广州学生进行反帝大游行。

共产主义青年团广东区委组织的游行队伍。

省港大罢工的工人纠察队在珠江巡逻。

省港大罢工期间，沙面的外国人自炊自食的窘状。

1926 年 7 月，鉴于形势的变化——国民政府开始北伐，革命重心转到长江流域。10 月 10 日，国民政府宣布解除对香港的封锁。省港罢工委员会决定结束罢工。这次罢工对巩固广东革命根据地和推进革命运动起了重大积极作用。图为广州各界举行拥护自动结束罢工的游行。

弭平商团动乱

香港汇丰银行广州分行买办、广州商团总团长陈廉伯。

广州商团军在操练。

国共合作后，广东革命形势日益发展。1924 年 8 月，陈廉伯在港英当局及陈炯明支持下加强商团武装力量，购买大量枪械秘密运至广州，企图推翻广州革命政府。孙中山下令扣留枪械并通缉陈廉伯等人。陈廉伯指使广州商团煽动商民罢市，胁迫革命政府。图为商团运载武器的挪威轮船“哈佛”号。

1924 年 5 月，为捍卫广州革命政府，在省长廖仲恺的支持下，广州工人代表大会决定成立工团军，由中央工人部指挥。

1924 年 9 月，孙中山主持召开国民党中央政治会议第七次会议，决定督师北伐，移设大本营于韶关。图为在韶关举行的北伐誓师典礼上的孙中山。

1924 年 9 月 20 日，工团军、农团军奉命抵达韶关。孙中山举行誓师大会，发表演说，检阅部队。

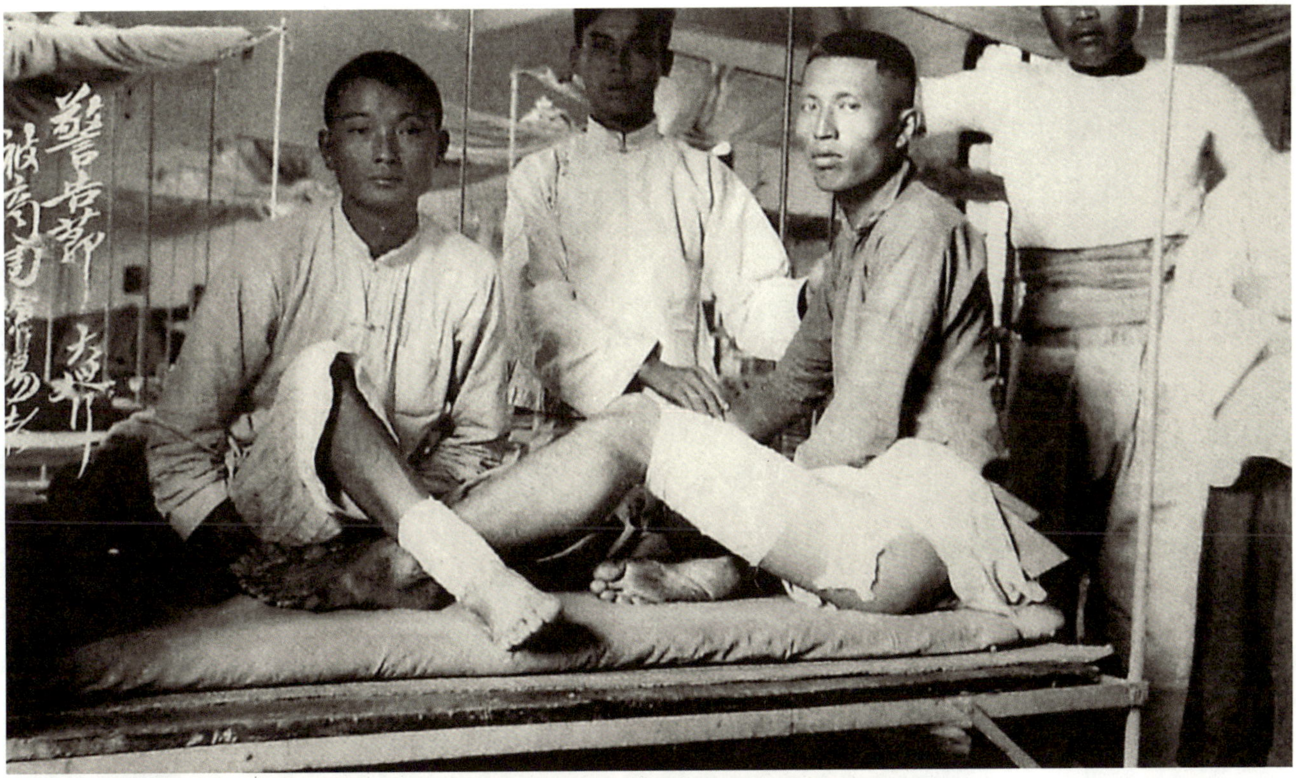

1924 年 10 月 10 日，中共广东区委发动广州各界群众举行纪念“双十节”大会和游行。会上，周恩来代表民族解放协会发表演讲，号召“革命群众向反革命派进攻”，“实现真正独立，真正共和”。会后，数千群众游行示威。当队伍行至太平路时，遭到预先埋伏的商团军袭击，死伤百余人，是为“双十惨案”。图为受伤的民众。

商团动乱期间，商团军焚毁广州十三行民房。在这关键的时刻，正在出师北伐的孙中山当即组建了革命委员会，决心“起义杀贼，绝无反顾”。在中国共产党的号召下，广大民众、工团军、农民自卫队、黄埔学生军斗志昂扬，已经北上的警卫军和部分湘、粤军连夜回师广州，于 15 日凌晨分 5 路包围西关，仅数小时即全歼商团军。

孙中山北上『商讨国是』

1924年11月11日，广东各界欢送孙中山北上“商讨国是”。当晚，2万余群众在第一公园参与提灯大会。图为广东总工会代表在大元帅府的合影。

广州各界群众游行，欢送孙中山北上。

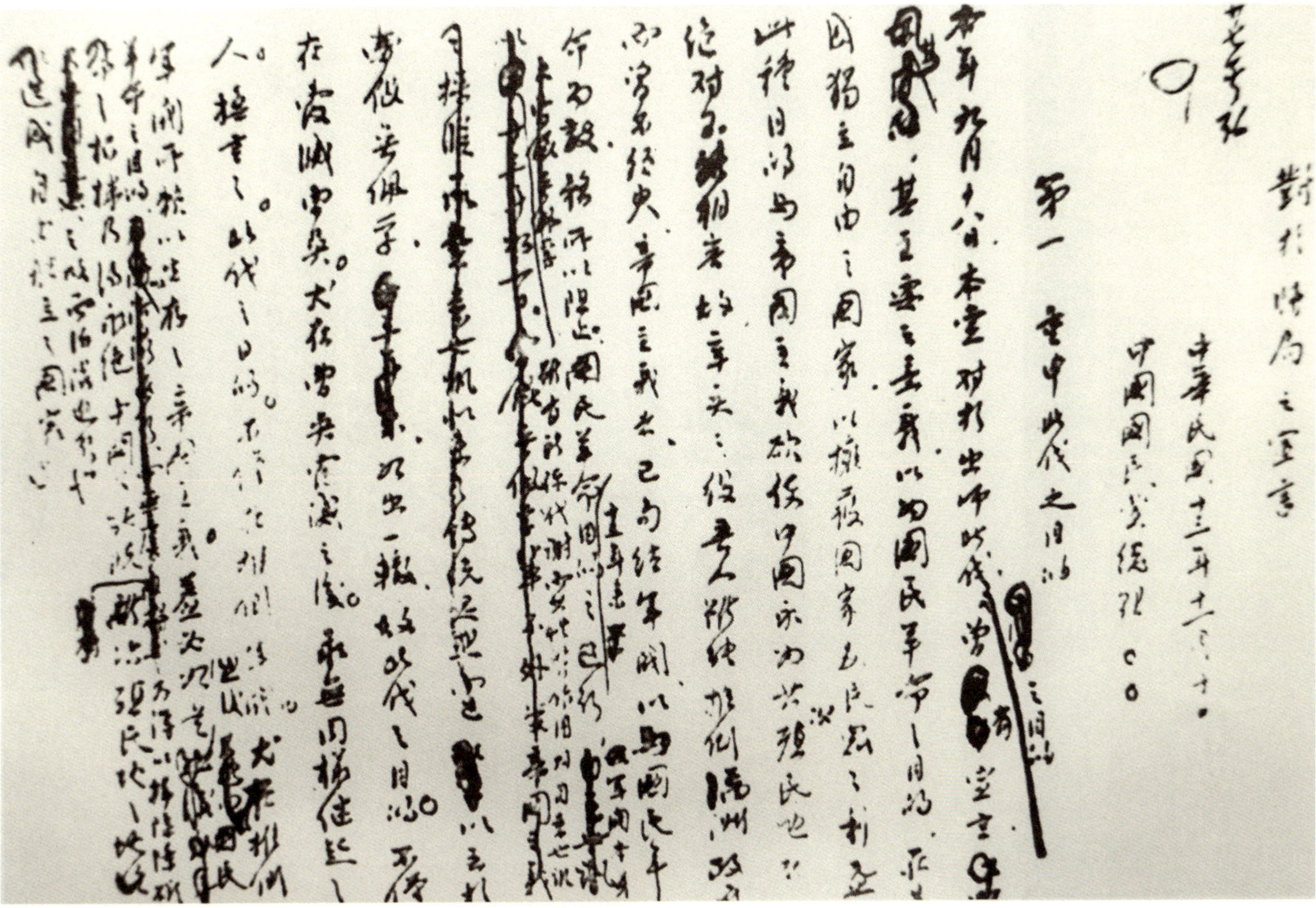
對於時局之宣言

1924 年 11 月 10 日，孙中山北上前夕发表《对于时局之宣言》，主张召开国民会议和废除不平等条约。图为宣言手稿。

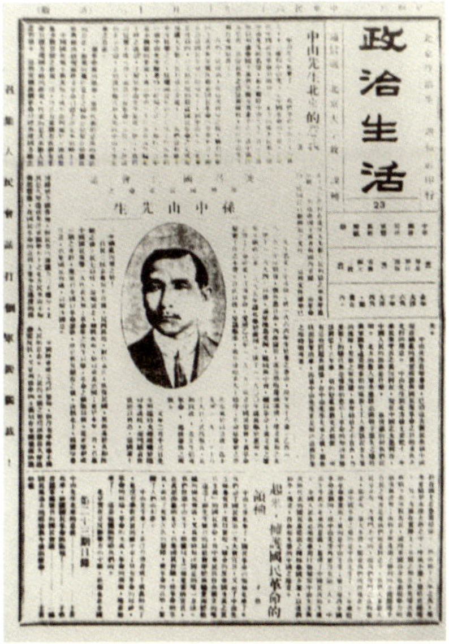
政治生活

孫中山先生

中国共产党北方区委机关刊物《政治生活》发表文章，欢迎孙中山北上。

1924 年 12 月 20 日，广州各界民众游行，拥护孙中山召开国民会议的主张，反对段祺瑞策划的善后会议。

壮志未酬：孙中山在京逝世

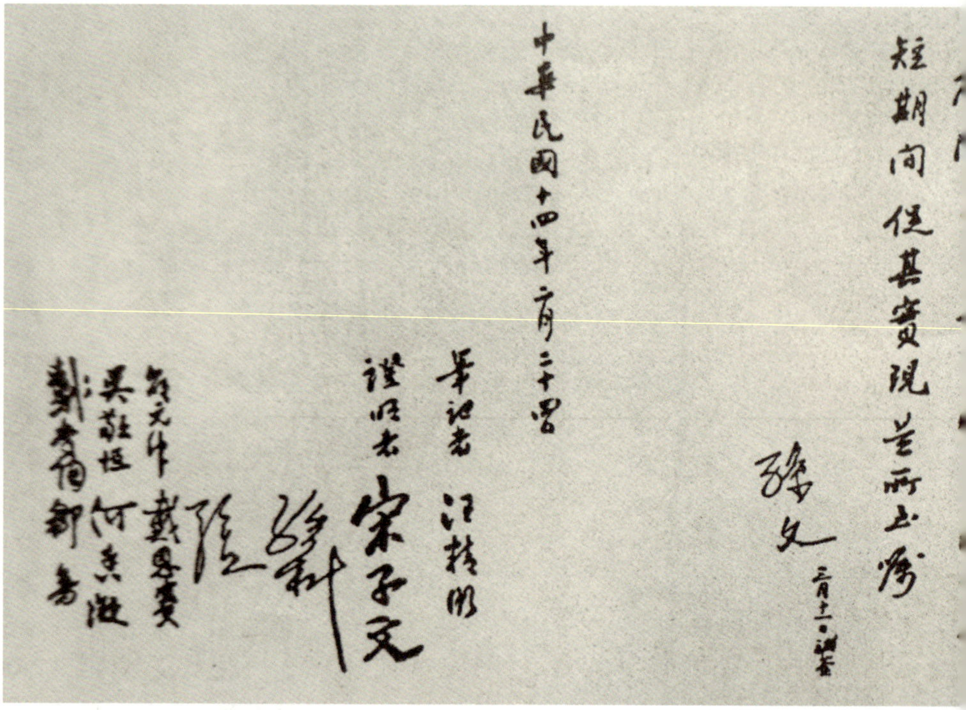
短期间促其实现是所至嘱
孙文
三月十一日补签
中华民国十四年二月二十四日
笔记者 汪精卫
证明者 宋子文 孙科
邵元冲 戴恩赛
吴敬恒 何香凝
戴季陶 邹鲁

孙中山于1925年3月11日签署的《国事遗嘱》。

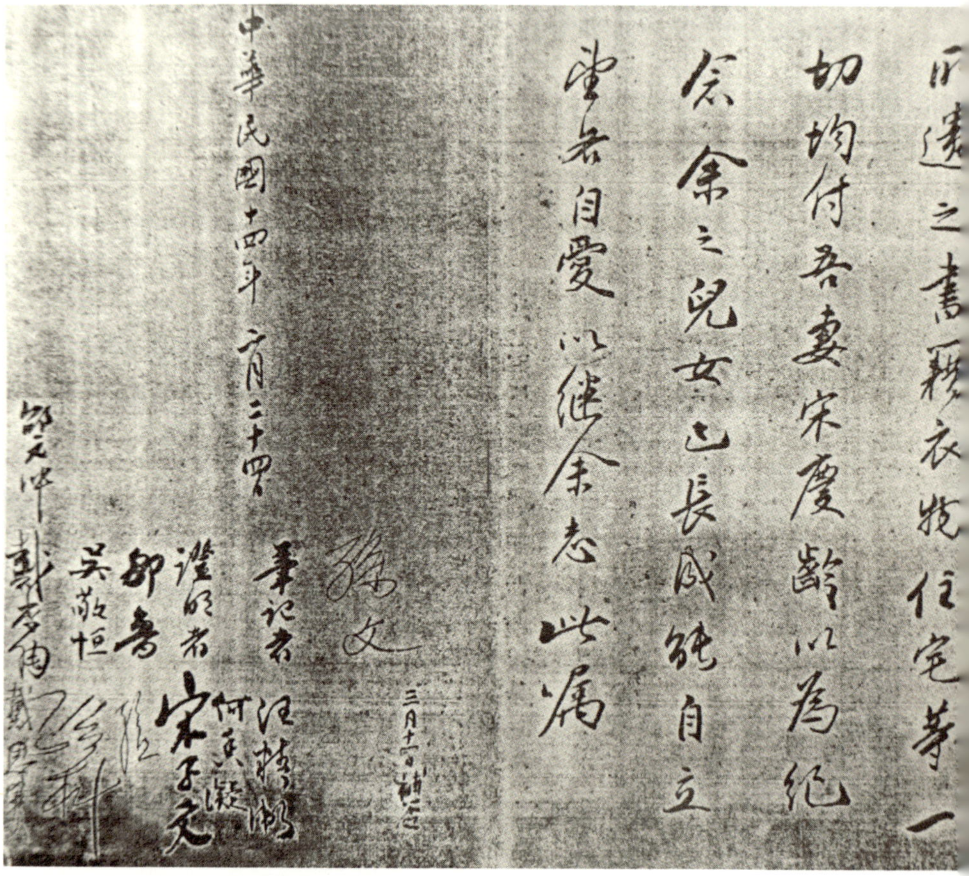
所遗之书籍衣物住宅等一
切均付吾妻宋庆龄以为纪
念余之儿女已长成能自立
望各自爱以继余志此嘱
孙文
三月十一日补签
中华民国十四年二月二十四日
笔记者 汪精卫
证明者 宋子文 何香凝
邹鲁 吴敬恒
邵元冲 戴季陶 孙科

孙中山于1925年3月11日签署的《家事遗嘱》。

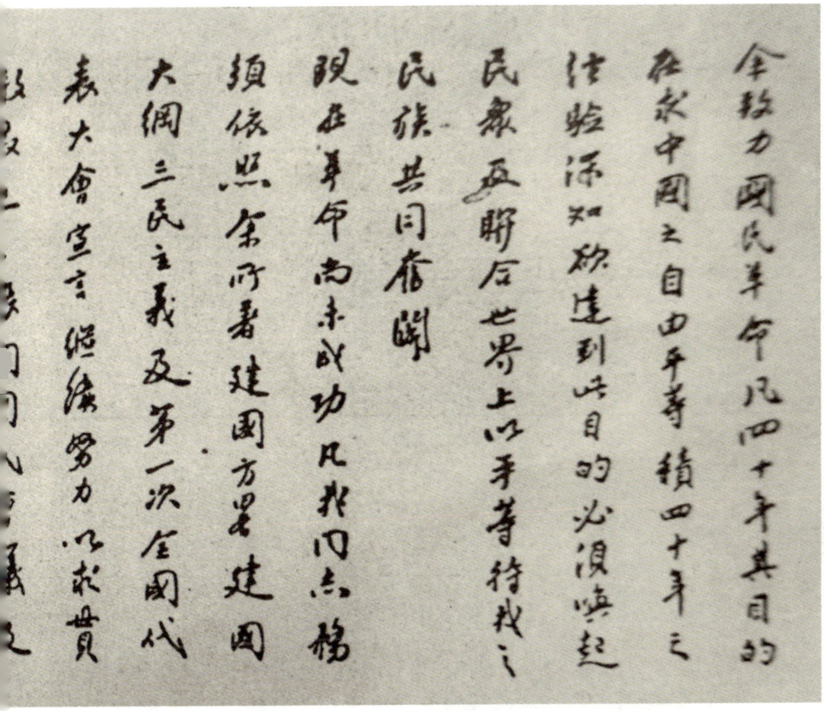

余致力國民革命凡四十年其目的在求中國之自由平等積四十年之經驗深知欲達到此目的必須喚起民衆及聯合世界上以平等待我之民族共同奮鬬現在革命尚未成功凡我同志務須依照余所著建國方畧建國大綱三民主義及第一次全國代表大會宣言繼續努力以求貫

余因盡瘁國事不治家

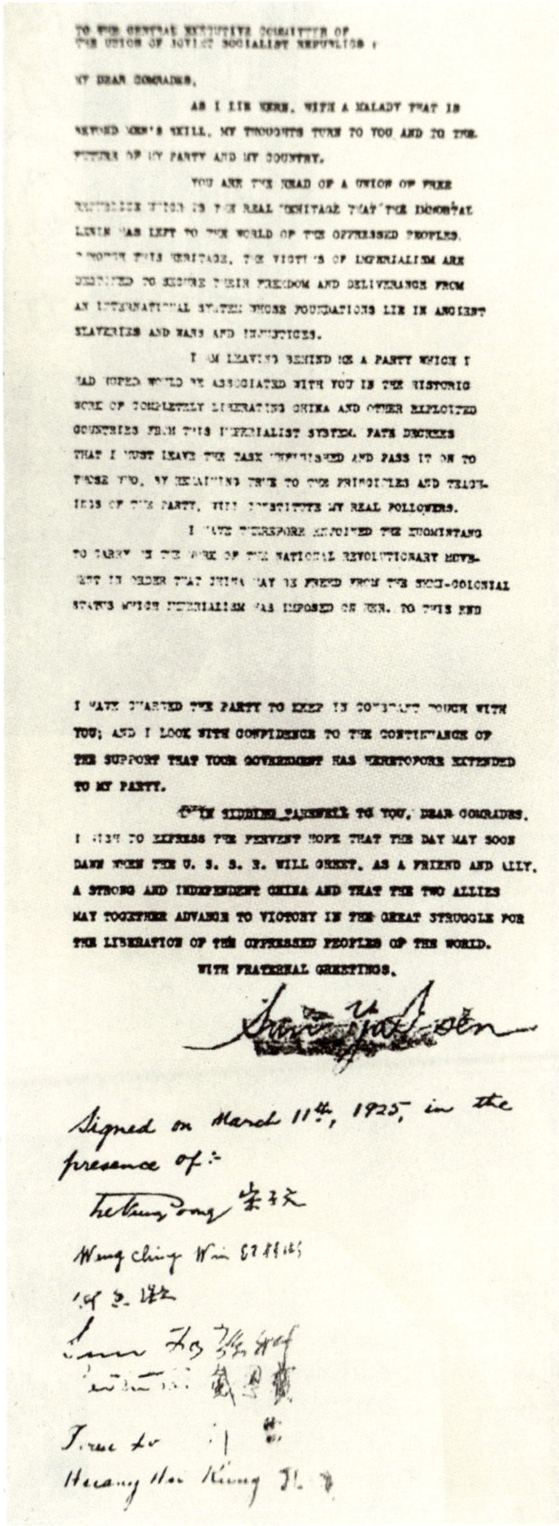

TO THE CENTRAL EXECUTIVE COMMITTEE OF
THE UNION OF SOVIET SOCIALIST REPUBLICS :

MY DEAR COMRADES,

AS I LIE HERE, WITH A MALADY THAT IS BEYOND MEN'S SKILL, MY THOUGHTS TURN TO YOU AND TO THE FUTURE OF MY PARTY AND MY COUNTRY.

YOU ARE THE HEAD OF A UNION OF FREE REPUBLICS WHICH IS THE REAL HERITAGE THAT THE IMMORTAL LENIN HAS LEFT TO THE WORLD OF THE OPPRESSED PEOPLES. THROUGH THIS HERITAGE, THE VICTIMS OF IMPERIALISM ARE DESTINED TO SECURE THEIR FREEDOM AND DELIVERANCE FROM AN INTERNATIONAL SYSTEM WHOSE FOUNDATIONS LIE IN ANCIENT SLAVERIES AND WARS AND INJUSTICES.

I AM LEAVING BEHIND ME A PARTY WHICH I HAD HOPED WOULD BE ASSOCIATED WITH YOU IN THE HISTORIC WORK OF COMPLETELY LIBERATING CHINA AND OTHER EXPLOITED COUNTRIES FROM THIS IMPERIALIST SYSTEM. FATE DECREES THAT I MUST LEAVE THE TASK UNFINISHED AND PASS IT ON TO THOSE WHO, BY REMAINING TRUE TO THE PRINCIPLES AND TEACHINGS OF THE PARTY, WILL CONSTITUTE MY REAL FOLLOWERS.

I HAVE THEREFORE ENJOINED THE KUOMINTANG TO CARRY ON THE WORK OF THE NATIONAL REVOLUTIONARY MOVEMENT IN ORDER THAT CHINA MAY BE FREED FROM THE SEMI-COLONIAL STATUS WHICH IMPERIALISM HAS IMPOSED ON HER. TO THIS END

I HAVE CHARGED THE PARTY TO KEEP IN CONSTANT TOUCH WITH YOU; AND I LOOK WITH CONFIDENCE TO THE CONTINUANCE OF THE SUPPORT THAT YOUR GOVERNMENT HAS HERETOFORE EXTENDED TO MY PARTY.

IN BIDDING FAREWELL TO YOU, DEAR COMRADES, I WISH TO EXPRESS THE FERVENT HOPE THAT THE DAY MAY SOON DAWN WHEN THE U. S. S. R. WILL GREET, AS A FRIEND AND ALLY, A STRONG AND INDEPENDENT CHINA AND THAT THE TWO ALLIES MAY TOGETHER ADVANCE TO VICTORY IN THE GREAT STRUGGLE FOR THE LIBERATION OF THE OPPRESSED PEOPLES OF THE WORLD.

WITH FRATERNAL GREETINGS,

Sun Yat-sen

Signed on March 11th, 1925, in the presence of:

T.V. Soong 宋子文

Wang Ching Wei 汪精卫

何香凝

孙科

戴恩赛

True to ...

Hwang Hai Kiang ...

孙中山于1925年3月11日签署的《致苏联政府遗书》。

孙中山1925年3月12日逝世，治丧处在北京铁狮子胡同行馆内设立灵堂。孙中山的遗像两旁挂有对联一副：“革命尚未成功，同志仍须努力。”正中上方则是孙中山遗嘱，四周摆放各界敬献的花圈。

孙中山在北京逝世后，全国各地纷纷举行追悼大会。图为广州各界集会追悼孙中山。

广州各界在东较场举行追悼大会。

广州各界举行追悼孙中山的活动。

广州民众在第一公园（今人民公园）举行追悼集会。

1925 年 3 月 30 日，东征军在广东兴宁前线追悼孙中山（最前者为蒋介石，其后为周恩来）。

东征、南征与讨伐刘杨叛乱

1925 年初，陈炯明借孙中山北上之际，组织“救粤军”并自任总司令，图谋进攻广州，颠覆广东革命政权。占据南路 8 个州属（包括高、雷、琼、崖、钦、廉、罗、阳）的军阀邓本殷曾为陈炯明部下，1923 年后与盘踞东江的原上司相互呼应。因此，大元帅府及之后成立的广州国民政府决定进行东征和南征，这是相互关联的军事举措，是统一广东革命根据地所必需的。经过两次东征和南征，广东革命根据地得以统一和巩固。图为参加东征的粤军第二师部分官兵合影，第二师参谋长叶剑英在其中。

东江民众为东征战士送茶水。

广州各界代表慰问团在梅县慰问东征军第三纵队。

1925 年 10 月 14 日，东征军攻克惠州。图为国民革命军第一军野炮兵在惠州城北门外合影。

1925 年 10 月中旬，国民革命军第一军野炮兵部分官兵与苏联军事顾问在惠州城北门外合影。

1925 年 6 月，驻广东的滇、桂军阀杨希闵（左）、刘震寰（右）公开发动叛乱。叛军在广州大肆抢劫，并占领省长公署、财政部等机关，妄图推翻革命政府。中共广东区委和国民党左派廖仲恺等促请广州革命政府采取果断措施，任命蒋介石为总指挥，率领正规武装、广州工团军、农民自卫军共 5 万人，分三路进剿叛军。6 月 14 日，刘杨叛乱被平定。

广东革命根据地的巩固和统一

1925年7月1日，中华民国国民政府在广州成立，汪精卫任国民政府主席，所辖各军队改编为国民革命军。图为谭延闿、许崇智、汪精卫、胡汉民、孙科、廖仲恺、林森、古应芬、程潜、伍朝枢、朱培德等合影。

1925 年 7 月 6 日，国民政府委员就职。

1925 年 7 月，广州市民参加庆祝国民政府成立大会。

1925 年 7 月 3 日，广东省政府在广州举行改组大会，废省长制，以厅为单位主体组成省务会议，推举许崇智为主席。图中左起：商务厅厅长宋子文、民政厅厅长古应芬、财政厅厅长廖仲恺、省务会议主席兼军事厅厅长许崇智、建设厅厅长孙科、农工厅厅长陈公博。

位于广州市越华路的广东省政府。

1925年10月，国民党广东省党部在广州召开第一次代表大会，大会选出了中国国民党广东省党部执行委员和候补执行委员共14人，其中共产党员占三分之一。图为委员黎樾廷、甘乃光、何香凝、彭湃、刘尔崧、杨匏安等人。

国民党广东省党部改组委员会成员合影。

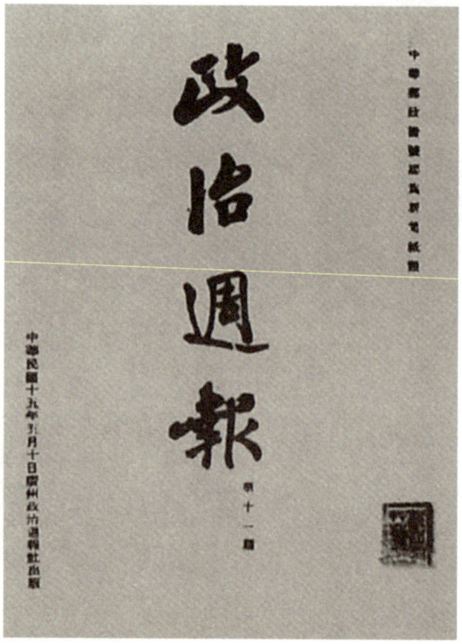

1925 年 12 月 5 日，由中国国民党中央宣传部主办、时任中国国民党中央宣传部代理部长的毛泽东主编的《政治周报》在广州创办。该报旨在“向反革命派宣传反攻，以打破反革命宣传”，发表国民党及政府的重要宣言、报告、决议等。

1926 年 1 月，中国国民党第二次全国代表大会在广州召开。在共产党人和国民党左派的共同努力下，大会坚持孙中山制定的三大政策，通过《弹劾西山会议决议案》。图为与会代表合影。

1926 年 1 月，省港罢工委员会组织 10 多万工人游行，庆祝中国国民党第二次全国代表大会召开。

1925 年，广东革命政府经过两次东征、平定刘杨叛乱和讨伐邓本殷的接连胜利，至 1926 年春，统一了广东革命根据地，为北伐战争打下了重要的基础。图为广州各界群众举行庆祝统一大业完成的游行。

广州民众集会，庆祝广东革命根据地的统一。

广州民众集会，庆祝广东革命根据地实现统一。

1926 年，广州各界集会纪念五一劳动节及庆祝广东革命根据地的统一。

广州民众举行文娱表演，庆祝广东革命根据地的统一。

1926年1月18日，广州各界群众举行反对日本出兵满洲示威大会，200余个团体与50余所学校共20余万人参加会后游行。

广州民众举行反对日本出兵满洲示威游行。

出师北伐

1926 年 5 月 1 日，广东省农民第二次代表大会在广州召开，阮啸仙、彭湃等被选为广东省农民协会执行委员会常委。广州成为广东乃至全国农民运动的中心。图为与会代表合影。

阮啸仙代表广东省农民协会执行委员会向大会作《广东省农民一年来之奋斗》的报告。图为阮啸仙。

1926 年 5 月 1 日，第三次全国劳动大会在广州召开，大会选举苏兆征为中华全国总工会执行委员会委员长。此后，工人运动进入以支援北伐为主要内容的新阶段。图为第三次全国劳动大会会场。

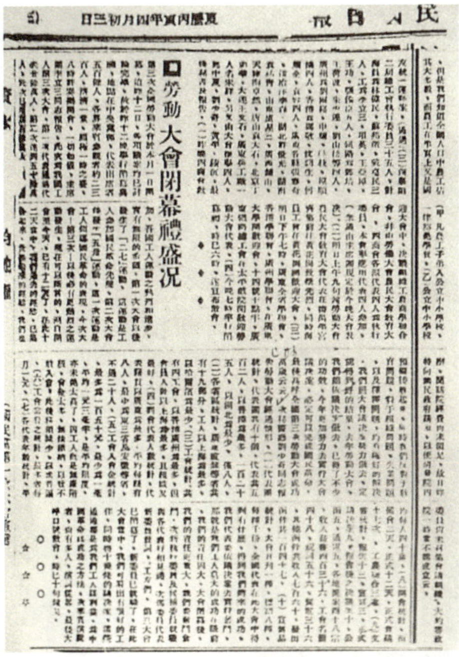
民國日報
勞動大會閉幕禮盛況

1926 年 5 月，《民国日报》报道了第三次全国劳动大会闭幕的盛况。

1926 年 9 月，彭湃（左三）与广东省农民协会常委在开会。

1926 年 5 月 22 日，中共广东区委在大佛寺举办“高级政治训练班”，周恩来任训练班班主任。学员均为“中山舰事件”后被迫离开国民革命军第一军的共产党员。7 月结业后，他们加入北伐队伍。图为周恩来。

1926 年 5 月，国民革命军先遣队自广东、广西出师援湘御吴（佩孚），揭开了北伐战争的序幕。广州国民政府派遣国民革命军第四军独立团作为北伐先遣队，从肇庆出发向湖南挺进。图为肇庆望江楼独立团团部旧址。

1926 年夏，广州国民政府在中国共产党的推动下，决定北伐，以推翻北洋军阀统治，实现孙中山的遗愿。7 月 9 日，国民革命军在广州东较场举行北伐誓师大会，蒋介石就任国民革命军总司令，宣告北伐战争正式开始。图中台上行举手礼者为蒋介石。

国民革命军第四军独立团团长、
中共党员叶挺。

国民革命军总司令蒋介石。

北伐军总政治部工作人员整队出发。

上排左起：国民革命军第一军军长何应钦、第二军军长谭延闿、第三军军长朱培德、第四军军长李济深；下排左起：第五军军长李福林、第六军军长程潜、第七军军长李宗仁、第八军军长唐生智。

1926 年 7 月 27 日，广州各界人士在黄沙车站欢送国民革命军总司令部出发北伐。后排左起：鲍罗廷、顾孟余、鲍罗廷夫人、何香凝、陈洁如、嘉伦、蒋介石、谭延闿、吴稚晖，前排坐者张静江、右立者蒋纬国。

1926 年 7 月，广州工人热烈欢送国民革命军北伐。

北伐军途经塘村时留影。左立执鞭者为总政治部副主任郭沫若。

1926 年，中共广东区委和省港罢工委员会动员 3000 多名工人组成北伐运输队、卫生队和宣传队随军北上，支援北伐。图为北伐运输队。

北伐军在韶关城外休息。

1926 年 10 月，广州工农群众在中山大学（广州文明路原址）集会，庆祝北伐军攻克武汉。

北伐军势如破竹，从广州迅速打到长江流域。1927 年 1 月，国民政府迁都武汉。图为北伐军进入武汉。

国共合作的破裂

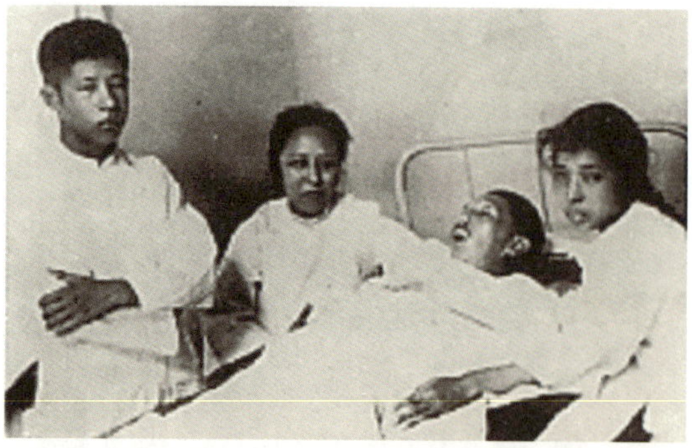

1925 年 8 月 20 日，廖仲恺参加国民党中央执行委员会会议，在中央党部（广州惠州会馆旧址）门前被刺杀，伤重不治。图为何香凝、廖承志和廖梦醒守护在廖仲恺遗体旁。

广州市各界群众参加廖仲恺葬礼。

1926 年 3 月 20 日，蒋介石在广州制造“中山舰事件”，逮捕海军局代理局长兼中山舰舰长、共产党员李之龙，包围苏联顾问居所和省港罢工委员会，强令在黄埔军校和第一军中任职的共产党员全部退出。图为中山舰。

中山舰舰长、共产党员李之龙。

1927 年 4 月 12 日，蒋介石在上海进行“清党”，公开背叛国民革命，逮捕、屠杀共产党人及工人运动领导人。

1927 年 4 月 15 日，留守广州的国民党右派在广州发动政变，镇压共产党人和革命群众，并成立由李济深、古应芬、李福林、陈孚木、邓彦华等 5 人组成的特别委员会，主持广东的“清党”政务。图为参与指挥四一五政变的广州市公安局局长兼戒严司令钱大钧。

1927 年 4 月 15 日，国民党军警搜查和封闭了中共广东区委、广州工人代表大会等 200 多处革命团体，逮捕共产党员和革命群众 2000 多人。共产党人邓培、刘尔崧、李森、何耀全、萧楚女、熊雄、毕磊、谭其镜、张瑞成、熊锐、李亦愚、陈辅国等不幸遇难。

被国民党秘密杀害的中共三届、四届中央候补委员、工运领袖邓培。

被害的广州农讲所专任教员、黄埔军校政治教官萧楚女。

被害的中共广东区委委员、工委书记、中华全国总工会执行委员会委员刘尔崧。

被害的中共广东区委军委书记、黄埔军校政治部主任熊雄。

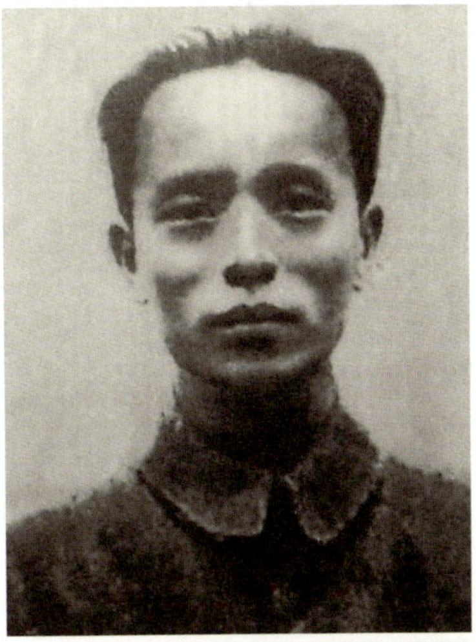

被杀害的省港罢工委员会副委员长、中华全国总工会执行委员、工运领袖何耀全。

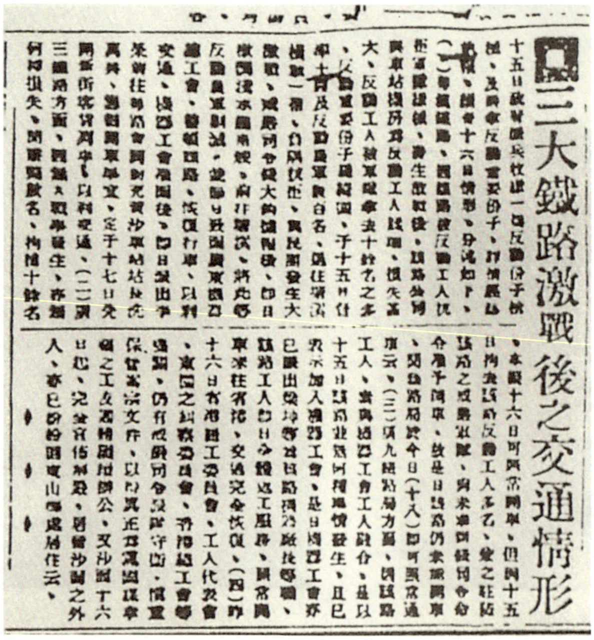
三大鐵路激戰後之交通情形

1927 年 4 月 15 日晚，粤汉、广三、广九铁路等工会分别遭军警及右派工会围袭，工人纠察队奋起还击，数百人牺牲。图为当年有关三大铁路抵抗还击情况的报道。

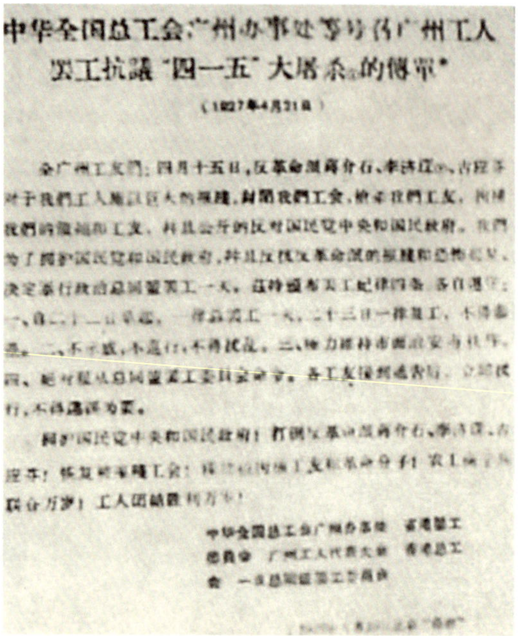
中华全国总工会广州办事处等号召广州工人罢工抗議“四一五”大屠杀的傳單

（1927年4月21日）

1927 年 4 月 21 日，中华全国总工会广州办事处等团体号召广州工人罢工抗议四一五大屠杀的传单。

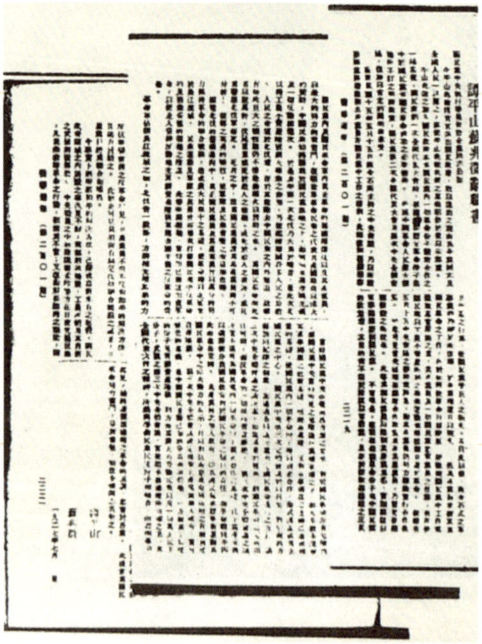

1927 年 7 月，曾代表共产党参加武汉国民政府的谭平山、苏兆征发表辞职书。

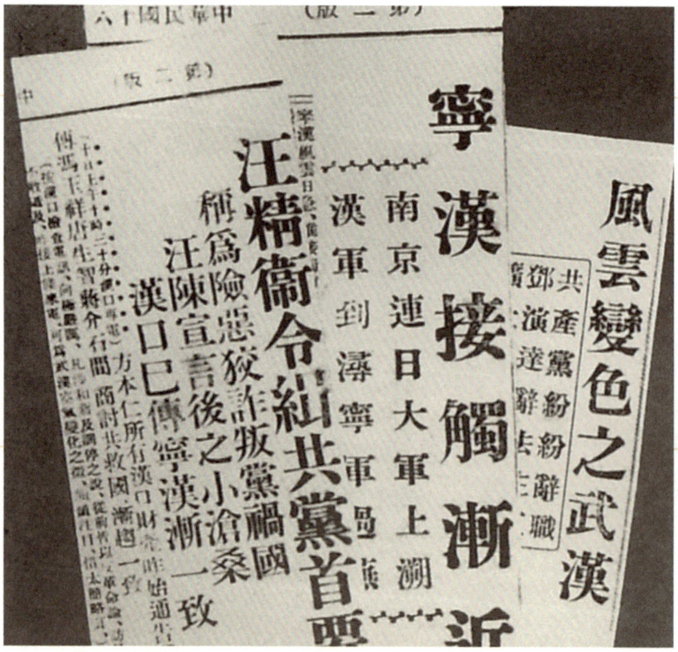
寧漢接觸漸近
南京連日大軍上溯
漢軍到潯寧軍
汪精衛令紐共黨首要
稱為險惡狡詐叛黨禍國
汪陳宣言後之小滄桑
漢口已傳寧漢漸一致
風雲變色之武漢

1927 年 7 月 15 日，国民党中央政治会议主席团在武汉秘密召开会议，汪精卫决定“分共”，并在当地镇压工农运动，逮捕、枪杀共产党人和进步人士。国共合作彻底破裂。

1927 年 10 月，张发奎、黄琪翔等发起的广州各界欢迎汪精卫回粤的场面。

1927 年 11 月 17 日，张发奎与所部黄琪翔发动广州“张黄事变”，包围桂系将领住宅，驱逐桂系军队。主要目的是反对当时控制国民政府的桂系军阀，但未成功。然而，此前在政治斗争中被迫短暂下野的蒋介石得以借粤桂军阀矛盾复出。图为张发奎（左）、黄琪翔（右）。

社会经济、文化与城市建设

1924年8月15日，孙中山在广州南堤（今中国工商银行广州第一支行行址）创办中央银行，它是民国政府的最高金融机关，掌管货币发行、外汇储备等事宜。1929年3月，该行改组为广东中央银行，变为地方银行。1931年，广东省政府将其正名为广东省银行。

孙中山亲临主持中央银行开幕典礼后留影。

1925 年，广州“王老吉”茶仓参加英国伦敦展览会。

1924 年 2 月，孙中山决定将国立广东高等师范学校、广东公立法科大学、广东公立农业专门学校合并组成国立广东大学。图为该校首任校长邹鲁。

为纪念孙中山，国民政府于 1926 年 8 月正式宣布国立广东大学改名为国立中山大学。图为该校的正门。

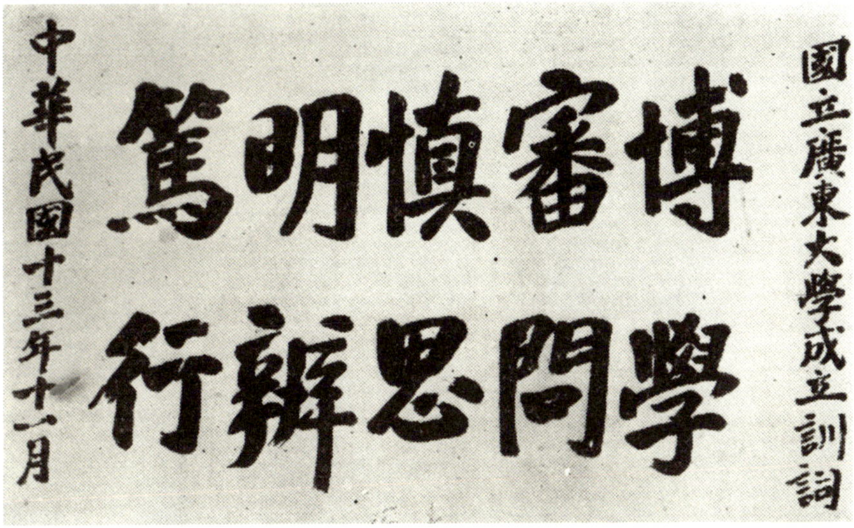

1924 年 11 月，孙中山为国立广东大学题写的成立训词。

1927 年 1 月，鲁迅任中山大学文学系主任兼教务主任。图为鲁迅、许广平等在广州合影。

1924年秋，唐富言、张瑞权、吴三立等创办广州知用中学校。

1927年4月12日，中国国民党童子军广州市军部成立。图为童子军领袖班合影。

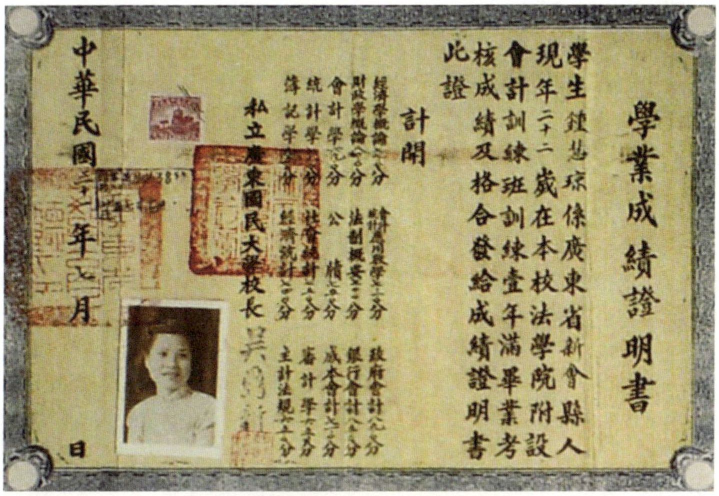

1925 年 9 月，私立广东国民大学在东山创办，设有中文、政治、经济、商学等学院，另设英文专修科。1926 年增设法学院。图为私立广东国民大学法学院毕业证书。

在全国非基督教运动和收回教育权运动影响下，1927 年，岭南大学成为中国第一所由外国教会创办而收归国人自办的大学。图为首任华人校长钟荣光。

广东工业专门学校的学生在实习。

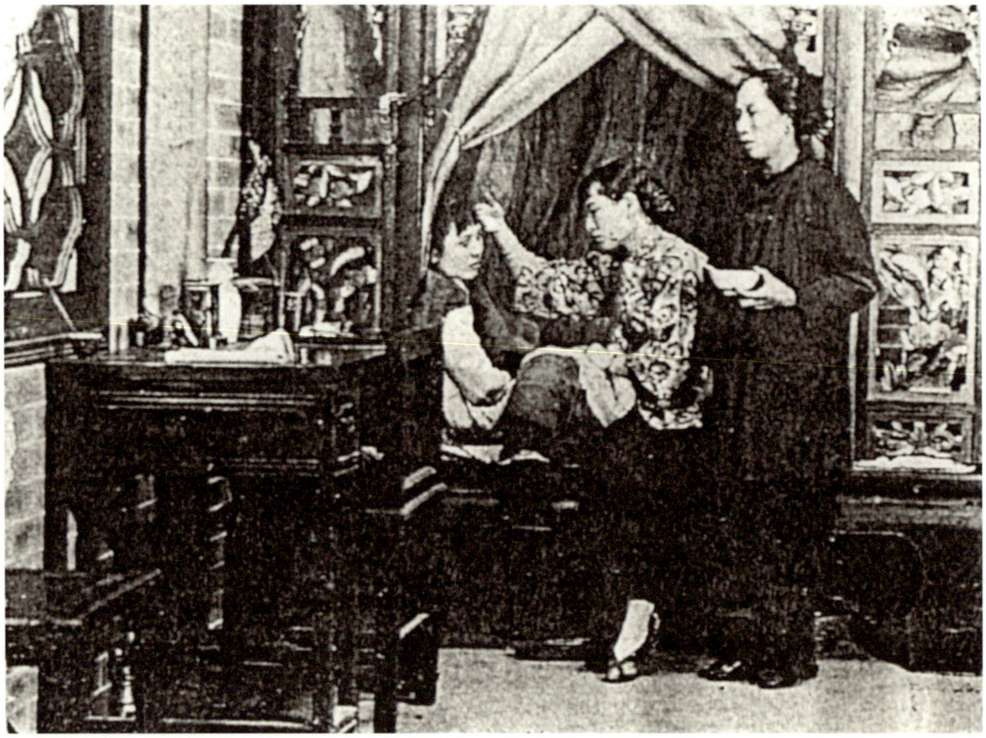

1924年冬，黎民伟兄弟创办的香港民新制造影画片有限公司在广州西关建起广州第一个电影摄影场，拍摄首部故事片《胭脂》。图为剧照。

20世纪20年代成立的广州歌舞团。

1925年，广州的女摄影师。

1925 年元旦，广州精武河南分会成立留影。

1921 年广州正式建市后，市政设施陆续兴办，广州逐步向现代都市转变。图为 20 世纪 20 年代后期的广州街景。

1925 年 12 月建成开放的广州越秀公园。

1926 年 9 月， 广州市海港检疫所南石头分所成立。广州因此成为继青岛之后第二个由华人自主办理海港检疫的城市。

五

反对国民党新军阀统治和日本军国主义侵略

（1927—1937）

1927 年 4 月 12 日，国民党右派在上海发动政变，彻底背叛了孙中山的新三民主义与三大政策。4 月 15 日，广东国民党当局——新桂系军阀秉承蒋介石的旨意，在广州作出呼应，逮捕共产党员和革命群众 5000 余人，残酷杀害 2200 多人。共产党员邓培、萧楚女、刘尔崧等壮烈牺牲。中共广东区委、省港罢工委员会、工会等领导机关等均遭严重破坏。此前，中共广东区委已经指令各地准备应变，并派员赴北江、西江、潮梅、惠州和琼崖加强指挥，确定 5 月初发动总攻，不料国民党当局先举起了屠刀。

在白色恐怖笼罩下，共产党人擦干身上的血迹，面对猖獗的反革命势力，进行了英勇反击。政局的恶变迫使中国共产党领导的革命工作由公开转为秘密开展。1927 年 4 月 17 日，中共广东区委召开紧急会议，决定暂时迁往香港，另建中共广州市委，组成新的领导机构，迅速制定了应对敌人猖狂进攻的方案。4 月 21 日，中共广东区委、青年团广东区委、广州工人代表会、广东省农民协会和广东妇女解放协会等联合发表了《反抗国民党反动军阀残暴大屠杀的宣言》，提出了“打倒蒋介石和一切军阀”的口号，发动粤汉、广九、广三铁路工人和广州市汽车工人举行短暂罢工。中华全国总工会广州办事处、省港罢工委员会、广州工人代表大会、香港总工会等组织号召广州工人于 22 日举行政治总同盟罢工，以抗议四一五广州大屠杀。6 月，中共广州市委和省港罢工委员会组织了示威游行，呼吁保障工人权益，要求释放政治犯。稍后，中共广州市委又组织了纪念沙基惨案两周年的活动。8 月 7 日，中共中央在武汉召开了紧急会议，总结了大革命失败的教训，结束了陈独秀右倾机会主义在党中央的统治，确定了土地革命和武装反对国民党反动派的总方针，并决定建立南方局领导两广、闽南及南洋地区的工作，任命张太雷为中共广东省委书记。

中共广东党组织通过政治罢工和游行示威等措施，着手恢复广州工人和群众组成的革命力量。从 1927 年 9 月开始，广州工人运动转向公开，不断发起集会活动，重新打出旗号。10 月 23 日，中共广东省委发出战斗号召，广州千名工人立即从多处涌上街头，汇成游行队伍。经济罢工持续不断，被无理裁撤的铁路工人、火柴厂工人 2000 多人先后到汪精卫公馆请愿。郊区的农民运动也在持续，并有所发展。国民党广东当局十分恐慌，在广州实行了“二次清党”。

1927 年 11 月，张发奎率领国民革命军第四军从武汉回师广州驱逐了新桂系，旋即背离革命，与汪精卫勾结起来，镇压革命力量。鉴于国民党粤、桂新军阀在广东争夺地盘发生冲突的情势，中共中央临时政治局通过《广东工作计划决议案》，要求广东省委“坚决地扩大工农群众在城市、在乡村的暴动，煽动士兵在战争中哗变和反抗，并急速使这些暴动会合而成为总暴动，以取得全省政权，建立工农兵士代表会议的统治”。11 月 26 日，中共广东省委召开常委扩大会议，一致赞同中共中央决议，并成立了以张太雷为书记、周文雍等为委员的革命军事委员会，负责策划和领导起义。这次参加起义的主要武装力量分为 3 个部分，包括共产党所掌握的第四军教导团与警卫团一部、工人赤卫队及省城周边地区的农民自卫队，共 5000 余人。在广州的苏联、朝鲜、越南部分外籍革命志士也积极参加了战斗。

1927 年 12 月 11 日凌晨，在总指挥张太雷、军事总指挥叶挺与恽代英、叶剑英、杨殷、周文雍、聂荣臻等的领导下，革命武装分东、中、西三路分别夺取广州市各个战略要点。教导团主力在叶挺的直接指挥下，不仅击溃了驻守沙河的步兵团和驻守燕塘的炮兵团，迅速驱除了守卫在广州的劲敌，还协同工人赤卫队攻占了广州市公安局、广东省政府及观音山制高点等，占领了珠江北岸大部分地区。迅猛的攻势为革命政权的成立赢得了时机。当天上午，广州市苏维埃政府成员和工农兵执行委员会举行第一次会议，公开发布了《广州苏维埃政府宣言》《广州苏维埃政府告民众书》及相关决议和法规，正式宣告广州苏维埃政府成立。

然而形势很快恶化。1927 年 12 月 12 日，张发奎所部 3 个师、李福林的第五军及其他军队向广州集结，从三面向起义军反扑，并在英、美、日、法的军舰和陆战队配合支援下，对起义军形成包围之势。经过激烈的巷战后，终因双方力量悬殊，革命武装损失严重，张太雷在战斗中牺牲。12 日夜晚，广州起义军总指挥部下达了撤退命令，向花县、从化、紫金方向转移，大部分起义军进入东江地区继续进行斗争。国民党当局重新控制广州后，对未及撤离的起义军、工人赤卫队和拥护革命的群众实行血腥镇压和屠杀，广州街头尸横遍野。“这一度是全国革命灯塔的城市，而今也为反革命的阴云所笼罩”。

广州起义虽然失败，但它具有重大历史地位和意义。这次起义是对国民党反动派叛变革命和血腥屠杀的英勇反击，呼应了南昌起义、秋收起义和各地的抗争，且具有鲜明特色，开创了城乡结合、工农兵联合举行武装起义先例。组建的广州苏维埃政府被誉为“中国的巴黎公社”，是在大城市中通过工农兵代表选举、中国共产党领导的第一个新型革命政权，公开举起了“工农红军”的旗号，开启了中国苏维埃运动。广州起义与南昌起义、秋收起义既是中国共产党独立领导的革命战争与创建人民军队的伟大开端，又是中国革命在战略全局上由城市转入农村的起点。同时，广州起义促使革命运动持续深化与拓展，为接下来的斗争提供了宝贵的经验和教训。

此后，中国共产党领导的新民主主义革命的重心转入农村的广阔天地，武装起义、建立革命根据地、实行土地革命、农村包围城市——这一革命途径无疑是真正克敌制胜的大道。在新形势下，广州的历史地位和作用发生了变化，虽然遭受国内外反动势力的统治，但始终坚持战斗，发挥自己独特的影响力，并将之辐射到全省乃至全国，直到迎来了最后胜利。

广州起义被镇压后，张发奎部不久即经粤东调往江西。1928 年，新桂系重返广州，掌握了广东军政大权，继续对革命力量进行打压，扩大自身势力。翌年，蒋介石为加强军事管控，排斥桂系治粤，任命粤军将领陈济棠为广东编遣区特派员、“讨逆第八路总指挥”，首先取得了广东军权。陈济棠以广州为大本营，先后发起广州“非常议会”，成立广州国民政府、国民党中央执监委员会西南执行部和国民政府西南政务委员会，逐渐控制了全省各级政权，总揽广东陆海空军指挥权，成为盘踞广东的“南天王”。从 1931 年起，广东当局与南京政权呈现逐步疏离的趋势，开始形成分庭抗礼的格局，这种局面大体延续至 1936 年。后陈济棠因部属倒戈而下台，蒋介石派同为粤系将领的余汉谋取而代之。

蒋介石为了集中力量打击共产党，曾对南粤半独立状态暂时容忍。陈济棠则接受南京政府的“剿匪”任务，把全省划分为 5 个绥靖区，实行保甲制，推行“剿共”“防共”政策，围剿东江、琼崖等处革命根据地。农村红色根据地面临严峻的形势，中共东江及海南岛地区的红军力量多次抗击了蒋介石、陈济棠军队的围剿，只是屡遭顿挫，损失非常严重。白区的党组织及活动受到很大破坏，共产党员只能以不同形式分散到各地坚持斗争，中共广州市委在 1932 年后不复存在。

人民的言论、出版、集会、结社、游行、罢工的权利被压制和剥夺。

20 世纪 20 年代末期至 30 年代又是中日两国矛盾急剧激化的时期，日本军国主义侵略中国的步伐日益加快，广州民众的反抗活动愈加激烈。中国共产党在极端艰苦的条件下坚持斗争，在反抗国民党反动统治的同时，还肩负起中华民族解放运动的重任。1931 年九一八事变后，民族危机日益深重，中共两广省委发出第六号通告，要求各地加紧开展抗日工作，提出在粤、港、澳等地建立反帝大同盟，并组织集会、游行、出版等活动。1932 年 1 月 28 日，日军进攻上海，蒋光鼐、蔡廷锴率领十九路军（前身是粤军第一师第四团）奋起抵抗，粉碎了日寇“四小时拿下上海”的狂言。广州民众积极声援，为十九路军筹款，学生自发组织赴沪参战，加入后勤工作队。1933 年，在诸多进步文化团体基础上成立了中国左翼文化界总同盟广州分盟（简称广州“文总”），下属 3 个分盟——中国社会科学家联盟广州分盟、中国左翼作家联盟广州分盟和中国左翼戏剧家联盟广州分盟。在共产党员和进步文化人士领导下，广州“文总”积极团结文化界，以中山大学、国民大学、广东省一中（广雅中学）等院校为基点，宣传革命理论和文艺思想，开展抗日救亡运动，反对国民党新军阀的统治，影响甚大。由于遭到反动当局镇压，多人被捕和被害。广州“文总”虽然存在时间不长，但有力地推动了抗日斗争，并为中共广州市委的恢复创造了条件。1935 年，一二 · 九运动爆发后，广州学生迅速响应、组织了两次大规模抗日示威游行。1936 年 1 月，广州学生成立“广州市学生抗日救国会”。随后，广东国民大学学生发起全市抗日游行，遭到国民党当局的镇压，此即伤亡严重的“荔枝湾一 · 一三惨案”。中共广州党组织在艰苦战斗中逐渐恢复和发展起来，1936 年 9 月在党中央和北方局的领导和推动下重建。

1937 年 7 月，卢沟桥事变发生。日本侵略者大肆入侵。从 8 月底开始，日机频繁轰炸广州，并对广东沿海实行封锁。中共广东党组织积极团结各界民众，大力开展抗日救亡运动。广州文艺界踊跃响应，纷纷成立社团，开展形式多样的救国宣传活动。大批知名文化人士陆续从各地转移至广州，有力地推动了抗战文化活动的发展。中国共产党在民族危机日益深重的时刻提出建立抗日民族统一战线的主张，得到广大爱国民众的拥护，《大众日报》《珠江日报》《广州日报》等公开转载中共的重要文件，报道陕北消息，一些学校甚至悬挂毛泽东和朱德的照片。1937 年秋，中共中央先后派遣张云逸、廖承志等到广东筹建八路军驻广州、香港办事处。办事处协同中共广东地方组织开展抗日活动，宣传抗日民族统一战线的方针和政策，接受社会各界爱国人士和国际友人的捐助，推荐进步人士、学生赴延安工作、学习，或是参加八路军、新四军，或是就地投入广东地区的抗日武装。

1929—1936 年，陈济棠在治粤期间，为巩固和发展自身的实力、扩张地盘，对广东经济与社会的发展较为重视，使得广州在城乡经济、交通运输、文化教育及城市建设等方面获得了较快的发展。在省内形势相对稳定的情况下，陈济棠于 30 年代初拟定了《广东省三年施政计划》，并打出“建成三民主义的新广东”的旗号。他所提出的施政计划，包括了施政原则、程序和计划进程表等，借以保证计划的实施。他还大力提高政府投资及促进民间投资，实行民族工业保护政策。同时，又积极吸引外资入粤，有计划地引进国外先进技术和设备，推行相应的生产与经营保护措施，建设了一批现代化工厂和基础设施。这些项目大多设置于广州西南郊，在广州形成两个工业区，即西村工业区和河南纺织工业区。数年间，广东省营近代企业增加量为各省同类企业之冠，民营企业从百余家发展至两千余家。较大型的企业如西村水泥厂、省营糖厂、纺织厂、电厂、化肥厂等竞相立足珠江两岸。扩展以广州为中心的各项交通设施建设，建成公路里程居各省前列。铁路、水运、航空事业的建设和管理都取得了较好的成绩。多种交通设施的建成和配套，连接了广东省各市和重点集镇，沟通了赣、湘、桂、闽等省，使广州的交通枢纽地位得到加强。1933—1936 年，广州港的外贸稳定保持强势出超地位，经济竞争力显著提高。广州华南中心城市的地位和作用，得到了进一步的巩固和发挥。广东当局比较重视教育，初步推动从小学、中学到大学各层次的教育体系化，成立广东省立勷勤大学，其所属工学院、教育学院、商学院分别成为后来的华南理工大学、华南师范大学、广东财经大学的前身。对各类应用性的职业技术教育颇为支持，全省职业学校的拨款比以往增加约 250%。在全省 88 个县建立民众教育馆、民众识字学校 910 所，民众阅报处 1168 个。各地还竞相自办工业、农业、商业专门培训补习学校 29 所，参与民众教育工作的教职员总人数有 4300 余名，普及识字、推广技艺蔚然成风。在城市建设方面，广州市政府先后公布了《广州市政府施政计划书》《广州市工务之实施计划》和《广州市城市设计概要草案》，标志着广州近代城市建设规划的开展。广州城市改造和市政建设取得了良好效果，市内道路建设按计划逐年进行。增加商业网点，建成惠爱路（今中山五路和中山六路）、上下九路和西濠口繁华商业区。此外，还完成了一批标志性建筑，如中山纪念堂、海珠桥、爱群大厦等，在南粤乃至全国建筑史上有着显著地位。

广州起义与广州苏维埃

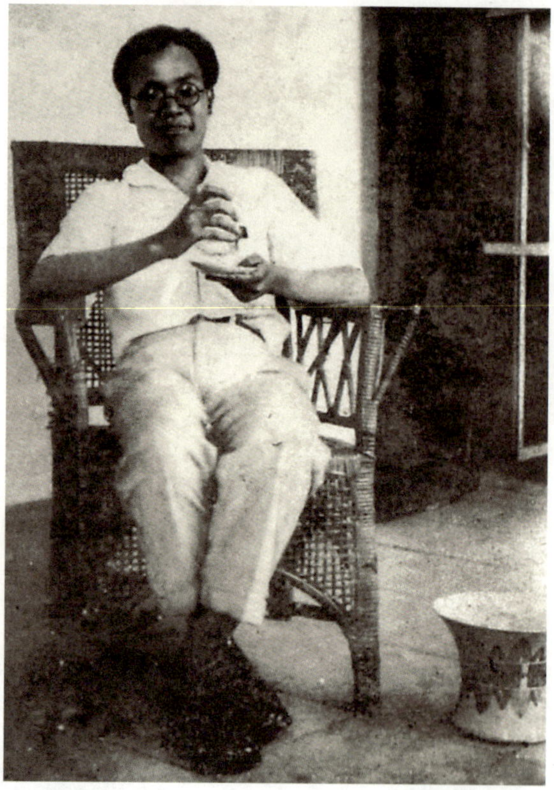

1927年8月7日，中共中央在汉口召开紧急会议，决定设立中共中央南方、北方两局（南方局于10月下旬撤销），任命张太雷为广东省委书记，策划广州起义。图为广州起义主要领导人、军事委员会书记、广州苏维埃政府代理主席张太雷（主席苏兆征未到职）。

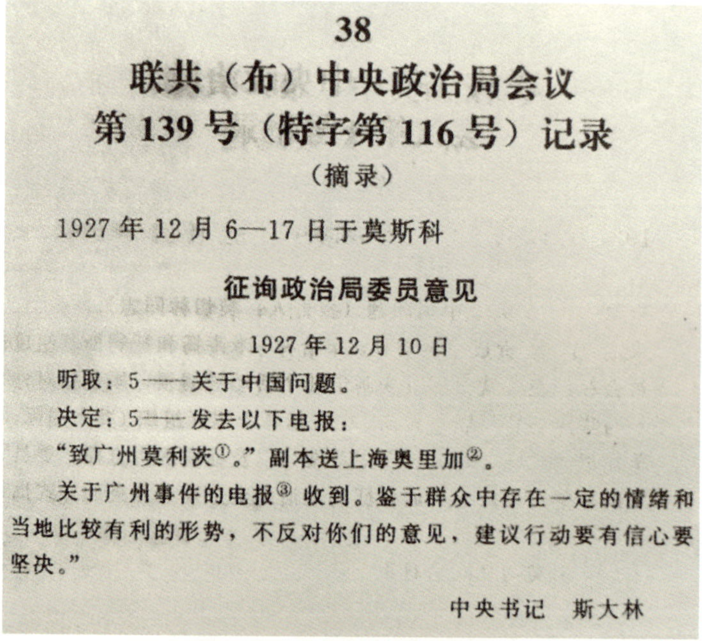

38

联共（布）中央政治局会议
第139号（特字第116号）记录
（摘录）

1927年12月6—17日于莫斯科

征询政治局委员意见

1927年12月10日

听取：5——关于中国问题。

决定：5——发去以下电报：

"致广州莫利茨[①]。"副本送上海奥里加[②]。

关于广州事件的电报[③]收到。鉴于群众中存在一定的情绪和当地比较有利的形势，不反对你们的意见，建议行动要有信心要坚决。"

中央书记　斯大林

1927年12月9日，联共（布）最高领导机关中央政治局同意广州起义。图为会议相关记录（中文译文）。

1927 年 12 月 11 日凌晨，在张太雷、叶挺、黄平、周文雍、叶剑英等领导下，工农武装在广州举行起义。当日，建立了广州苏维埃政府。图为广州苏维埃政府领导成员。

起义当天上午，张太雷在广州市公安局会议礼堂主持召开了广州苏维埃政府成立会议，通过了有关广州苏维埃政府机构组成的提案，发布了宣言及政纲。

广州起义总司令部旧址（今广州市起义路 200 号之一）。

中共广东省委建立了由张太雷、黄平、周文雍 3 人组成的军事委员会，作为起义的总指挥机关，又任命叶挺为起义军总指挥。图为叶挺。

国民革命军第四军参谋长叶剑英出任广州起义军副总指挥，策动和组织成为起义主力的第四军军官教导团参加广州起义。图为叶剑英。

国民革命军第四军军官教导团第一营营长兼中共教导团支部书记叶镛积极参与筹备广州起义的工作。起义爆发后，抢先攻克广州市公安局和保安大队。不久率部撤至花县，组成工农革命军第四师并任师长。图为叶镛。

为组织起义力量，中共广东省委派遣杨殷等联络省港罢工工人利益维持队、工人自救队、剑仔队等广州工人秘密武装，并整编为广州工人赤卫队。图为杨殷。

1927 年 11 月下旬，中共广东省委对工人赤卫队进行重新整编，成立工人赤卫队总指挥部，周文雍、梁桂华分别任正、副总指挥。图为梁桂华。

1927 年，中共广东省委派遣徐向前等一批具有军事工作经验的干部秘密组织工人学习军事知识，进行军事训练。图为徐向前。

中共广东省委军事委员会负责人聂荣臻。

陶铸被任命为警卫团参谋长，参与教导团举行的起义。图为陶铸。

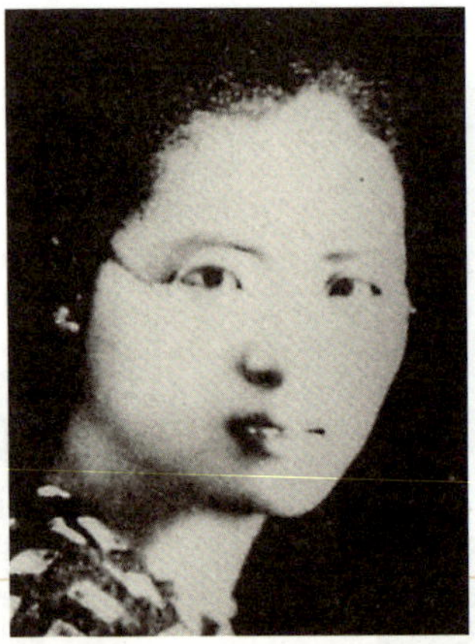

在广州起义中，积极组织和领导妇女开展救护伤员工作的广东第一位中共女党员高恬波。

教导团、黄埔军校特务营，以及中山大学的200多名朝鲜籍志士与起义军并肩作战。图为朝鲜籍战士崔庸健。

广州起义爆发后，胡松茂、黎国望、冯志坚等几十位越南志士积极参加起义，为建立和巩固广州苏维埃政府而血洒羊城。图为越南籍战士洪水。

1927年12月，教导团女兵班班长游曦率领战士们坚守天字码头阵地，与数倍于己的敌人展开殊死搏斗，最后全部壮烈牺牲。图为牺牲时年仅19岁的游曦。

1927年12月，第四军教导团第三营向北进攻驻省公署和观音山的国民党军队。在第四军警卫团起义军的协助下，解除了不支持起义的驻观音山的警卫团第一营武装，占领全城制高点。图为观音山（今越秀山）。

参加广州起义的教导团炮兵。

广州起义打响后，清远、花县 300 余名农军紧急集合，直奔广州投入战斗。图为花县农军。

起义军攻打广州公安局时缴获的马克沁重机关枪。

1927 年 12 月 12 日，驻扎在河南的李福林部在军舰的掩护下渡江，向长堤发动多次冲锋，均被起义军击退。图为李福林部。

1927 年 12 月 13 日，在形势危急的情况下，起义军奉命撤出广州，到花县进行整编。12 月 16 日，起义部队与部分花县农军整编成中国工农红军第四师，转入农村继续战斗。图为花县整编旧址（花县第一高等小学）。

停泊在沙面的英、美、法、日等国军舰对天字码头一带起义军阵地进行了猛烈的炮击，摧毁沿江房屋不计其数。图为遭炮轰后的长堤，残垣断壁随处可见。

起义失败后，白色恐怖笼罩下的广州街头。

广州永汉路口的烈士遗体。

战斗结束后继续在街头执行任务的工人赤卫队。

未能及时撤退的工人赤卫队仍坚守街垒，与国民党军队血战。图为长堤战斗后人们在收集牺牲烈士的遗体。

守卫广州苏维埃政府的工人赤卫队队员在击退国民党军队多次进攻后，弹尽粮绝，被迫撤退。图为在广州苏维埃政府前的烈士遗骸。

工人赤卫队继续坚守街垒，进行激烈巷战，除部分突围外，大部分队员牺牲。图为牺牲者遗骸。

1927 年 12 月 13 日清晨，驻守黄沙车站的工人赤卫队遭到被国民党当局控制和利用的广东机器工会体育队袭击，死伤近百人。

国民党当局重新控制广州后，城市一片萧条，社会秩序十分混乱。

国民党军队大肆搜捕起义人员。

在街头巡逻的李福林部。

从 12 月 14 日起，国民党广东当局开始进行惨绝人寰的屠戮。据不完全统计，当时被杀害的起义军和群众 5000 余人，广州变成血淋淋的屠场。图为陈尸长堤五仙门的烈士。

1927 年 12 月 13 日，国民党当局对苏联驻广州总领事馆进行搜查，副领事哈西斯及工作人员、华工龙狄邦等 20 余人被捕、遇害。图为被押走的哈西斯。

被国民党广东当局杀害的苏联驻广州总领事馆的外交人员。

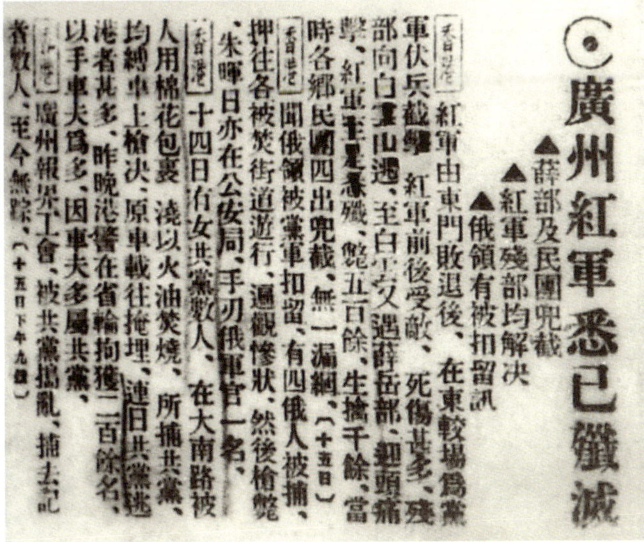

⊙廣州紅軍悉已殲滅

▲薛部及民團兜截
▲紅軍殘部均解決
▲俄領有被扣留訊

〔香港電〕紅軍由東門敗退後、在東較場爲薛軍伏兵截擊、紅軍前後受敵、死傷甚多、殘部向白雲山遁、至白雲山又遇薛岳部、迎頭痛擊、紅軍至是悉殲、斃五百餘、生擒千餘、當時各鄉民團四出兜截、無一漏網、（十五日）

〔香港電〕聞俄領被黨軍扣留、有四俄人被捕、押往各被焚街道遊行、遍觀慘狀、然後槍斃、朱暉日亦在公安局、手刃俄軍官一名、

〔香港電〕十四日有女共黨數人、在大南路被人用棉花包裹、澆以火油焚燒、所捕共黨、均縛車上槍決、原車載往掩埋、連日共黨逃港者甚多、昨晚港警在省輪拘獲二百餘名、以手車夫爲多、因車夫多屬共黨、

〔香港電〕廣州報界工會、被共黨搗亂、捕去記者數人、至今無踪、（十五日下午九鐘）

1927 年 12 月 15 日，报纸刊登有关搜捕和残杀起义者的报道。

起义失败后，满目疮痍的广州。

被毁坏的广州商店和民房。

被炮火摧毁的楼房。

广州方便医院收集的烈士遗体。

从珠江打捞上来的被害者遗体。

被屠杀于北较场的烈士的遗体。

在南关戏院门前路面上，停放着堆满烈士遗体的大板车。

在白色恐怖下，广州市民四处逃难。

1928 年初，周文雍被派回广州重建党组织，与陈铁军假扮夫妻作为掩护，后因叛徒出卖而被捕。图为周文雍、陈铁军就义前，决定以正式夫妻身份合照——“就让国民党刽子手的枪声，作为我们结婚的礼炮吧！”

1928 年 6 月，中国共产党第六次全国代表大会在莫斯科召开。大会通过政治决议案，肯定了南昌起义、秋收起义、广州起义的伟大历史意义，并决定把 12 月 11 日定为广州起义纪念日。

1957 年，广州人民修建广州起义烈士陵园，纪念 30 年前壮烈牺牲的先烈。

为纪念在广州起义中遭国民党军队杀害的苏联友人，广州起义烈士陵园内修建了中苏人民血谊亭。

为纪念在广州起义沙河战斗中牺牲的100多位朝鲜烈士，在广州起义烈士陵园内修建了中朝人民血谊亭。

国民党新军阀的统治

1931年，广州街道骑楼前悬挂着一面旗子，上书“蒋中正快要龙袍加身了！”。1931年4月，国民党内反蒋派系在广州会合，成立广州国民政府，与南京国民政府分庭抗礼。图中横幅标语中的“欢迎汪孙唐许邹陈”即指反蒋的汪精卫、孙科、唐生智、许崇智、邹鲁、陈济棠。

1931年5月28日，广州国民政府举行成立典礼。

華南書店

省政府

广州国民政府的执监委员，前排右起陈济棠、古应芬、孙科、唐绍仪、邓泽如、汪精卫、陈友仁、邹鲁、李文范、陈策和刘纪文。

广州国民政府主席汪精卫在广州国民政府成立典礼上发表演说。

广州国民政府实权人物、主政南粤 8 年的陈济棠。

20 世纪 30 年代，广州市市长刘纪文（前排左五）与市政府主要成员合影。

1934 年，广州市政府 7 名局长合影。

1934 年底，陈济棠统辖的国民党第一集团军在广州黄沙站集中，受命入黔阻击长征中的红军。

第一集团军派往意大利海军学校的学员。

1936 年 6 月 1 日，陈济棠拒绝蒋介石的要求，与桂系李宗仁、白崇禧联合，以抗日救国旗号反蒋，发动“两广事变”。图为陈济棠（右）宣誓就任“中华民国抗日救国军”（后改为“抗日救国西南联军”）总司令一职，旁边是监督者刘庐隐（左）。

1934 年 3 月 28 日，陈济棠（右）在越秀山山麓关帝庙祭祀。

1936 年 7 月 9 日，陈济棠军队主力——第一军军长余汉谋通电拥蒋，不久蒋介石任命余汉谋为第四路军总司令和广东绥靖主任。图为余汉谋部奉命回广州控制政局。

1936 年 8 月，蒋介石到广州坐镇一月之久，设立国民政府军事委员会委员长广州行营。图为蒋介石与广东省新任官员合影。

抗日救亡运动的兴起

1931 年 9 月 18 日夜，日军进攻东北军驻地北大营并炮轰沈阳城区，九一八事变爆发。图为日军向中国军队进攻。

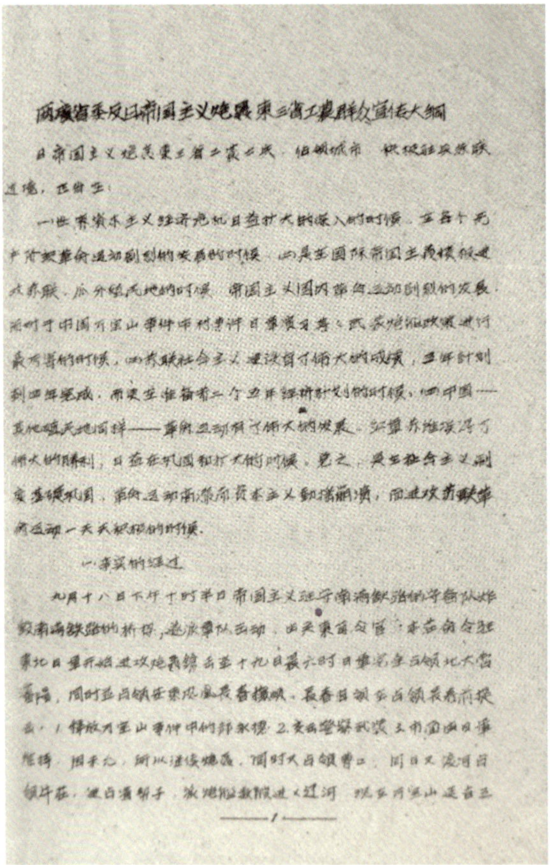

两广省委反日帝国主义炮轰东三省工农群众宣传大纲

日帝国主义炮轰东三省工农群众，占领城市，[illegible]过境，正当：

(一)世界资本主义经济危机日益扩大与深入的时候，在各个殖民地半殖民地革命运动剧烈的发展的时候，(二)是在国际帝国主义积极进攻苏联，瓜分殖民地的时候，帝国主义国内部矛盾剧烈的发展，[illegible]万宝山事件中村事件[illegible]进行最有害的时候，(三)苏联社会主义建设得了伟大的成绩，五年计划到四年完成，而更在准备第二个五年经济计划的时候，(四)中国——殖民地[illegible]——革命运动得了伟大的发展，红军苏维埃得了伟大的胜利，日益在巩固和扩大的时候，总之，是在社会主义[illegible]巩固，革命运动高涨，资本主义动摇崩溃，而进攻苏联[illegible]一天天积极的时候。

(二)事实的经过

九月十八日下午十时半日帝国主义[illegible]守备队炸毁南满铁路的桥梁，遂派军队出动，由关东军司令官[illegible]命令[illegible]开始进攻炮轰[illegible]，至十九日晨六时日军完全占领北大营[illegible]，同时并占领安东凤凰长春营口[illegible]。长春日领[illegible]，1.释放万宝山事件中的[illegible] 2.[illegible] 3.[illegible]，同时又占领营口，同日又[illegible]

—1—

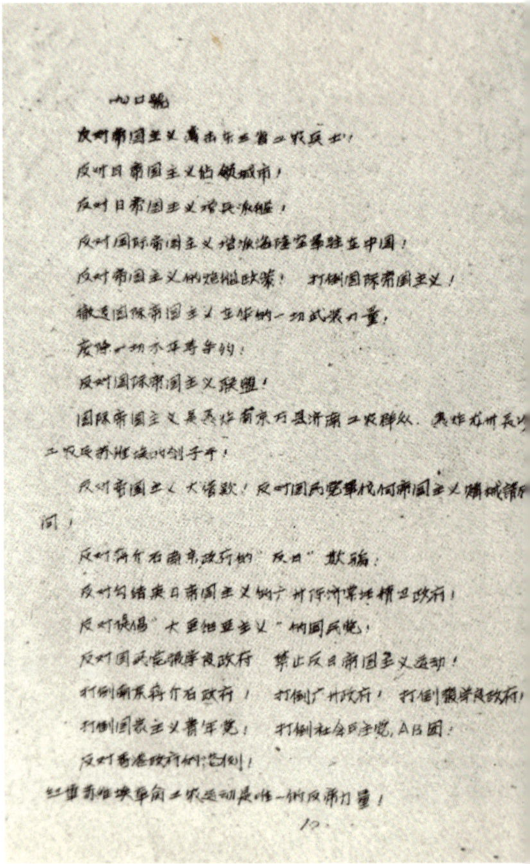

(四)口号

反对帝国主义屠杀东三省工农兵士！

反对日帝国主义占领城市！

反对日帝国主义增兵派舰！

反对国际帝国主义增派海陆空军驻在中国！

反对帝国主义的炮舰政策！ 打倒国际帝国主义！

撤退国际帝国主义在华的一切武装力量！

废除一切不平等条约！

反对国际帝国主义联盟！

国际帝国主义是轰炸南京屠杀济南工农群众、轰炸[illegible]工农[illegible]的刽子手！

反对帝国主义大借款！反对国民党[illegible]帝国主义[illegible]

反对蒋介石南京政府的"反日"欺骗！

反对勾结英日帝国主义的广州陈济棠汪精卫政府！

反对提倡"大亚细亚主义"的国民党！

反对国民党张学良政府禁止反日帝国主义运动！

打倒南京蒋介石政府！ 打倒广州政府！ 打倒张学良政府！

打倒国家主义青年党！ 打倒社会民主党、AB团！

反对香港政府的压迫！

红军苏维埃革命工农运动是唯一的反帝力量！

10

九一八事变后，中共两广省委宣传部号召民众行动起来，投身抗日救亡运动，共同反对日本帝国主义的侵略。图为中共《两广省委反日帝国主义炮轰东三省工农群众宣传大纲》。

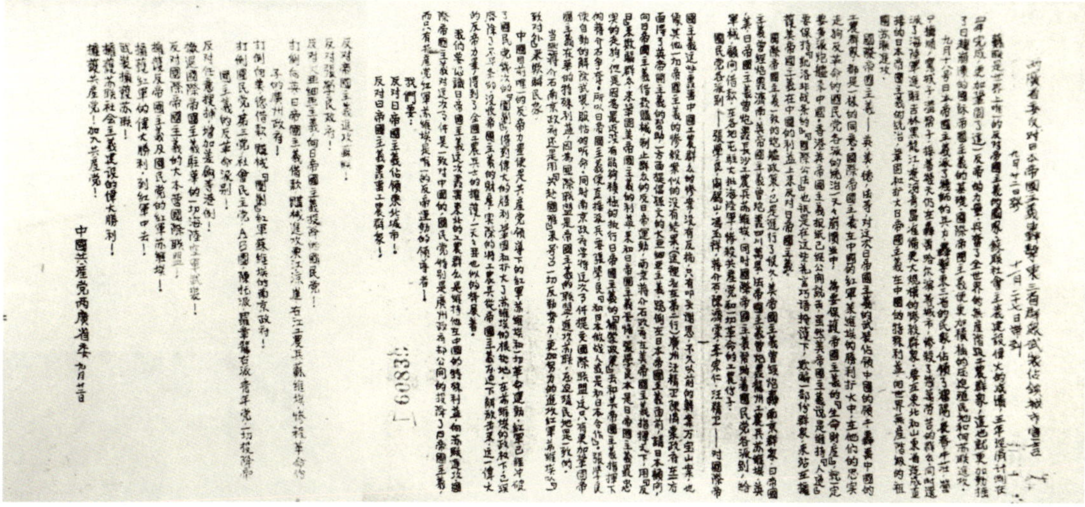

反对帝国主义进攻苏联！
反对张学良政府！
反对英美日帝国主义，向日帝国主义投降的国民党！
打倒向英日帝国主义借款，购械，进攻东江，琼崖，右江工农兵苏维埃，惨杀革命份子的广州政府！
打倒向美德借款，购械，『围剿』红军苏维埃的南京政府！
打倒国民党，第三党，社会民主党，AB团，陈托派，罗章龙右派，青年党一切投降帝国主义的反革命派别！
反对任意横掠，增加盐（?）饷等（?）捐税（?）！
撤退国际帝国主义驻华的一切海陆空军武装！
反对国际帝国主义的大本营国际联盟！
拥护反帝国主义及国民党的红军苏维埃！
拥护红军的伟大胜利，到红军中去！
武装拥护苏联！
拥护苏联社会主义建设的伟大胜利！
拥护共产党！加入共产党！

中国共产党两广省委 九月廿二

1931 年 9 月 22 日，《中共两广省委宣传部反对日本帝国主义轰击东三省群众武装占领城市宣言》。

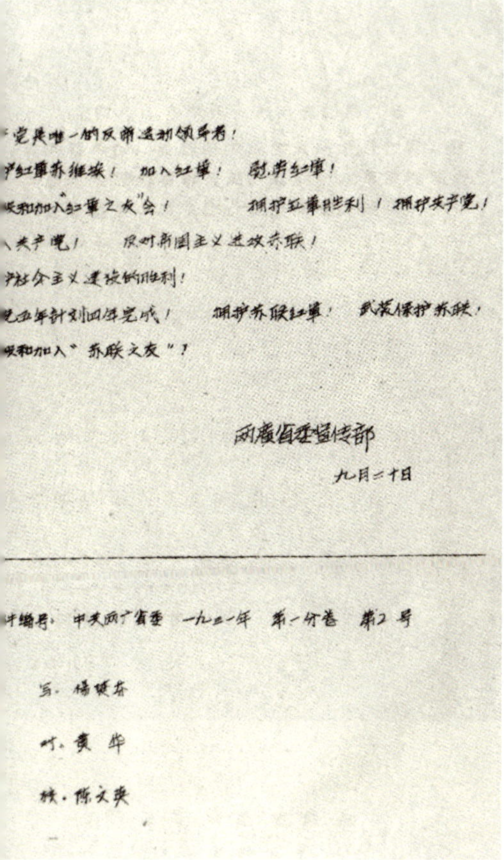

党是唯一的反帝运动领导者！
护红军苏维埃！ 加入红军！ 慰劳红军！
织和加入"红军之友"会！ 拥护红军胜利！ 拥护共产党！
入共产党！ 反对帝国主义进攻苏联！
护社会主义建设的胜利！
苏五年计划四年完成！ 拥护苏联红军！ 武装保护苏联！
织和加入"苏联之友"！

两广省委宣传部
九月二十日

档编号：中共两广省委 一九三一年 第一分卷 第2号

写：杨健东
对：黄华
核：陈文英

在中共广东各级党组织的领导下，广州学生走出校园，举行了一系列声势浩大的抗日示威运动。

1931 年 9 月 24 日，广州学生游行示威，抗议日本侵略中国东北。

1931 年底，中山大学等校学生向在广州召开的国民党第四次全国代表大会请愿，要求出兵回击侵略者。

1932 年，广州民众自发抵制和销毁日货。

1932 年 1 月 28 日，日军侵犯上海闸北，驻淞沪的国民革命军第十九路军（成员大部分为广东籍），奋起抗日，重创日军。图为十九路军总指挥蒋光鼐。

十九路军军长蔡廷锴。

1932 年 1 月 30 日，宋庆龄慰问淞沪抗日军队。图为宋庆龄与蔡廷锴合影。

十九路军两个纵队纵队长张炎、
谭启秀及其家人。

在闸北驻防的十九路军战士英勇抗击日军。

3 名广州中学生离家出走，拟北上投十九路军抗日。后被家长在厦门截回。

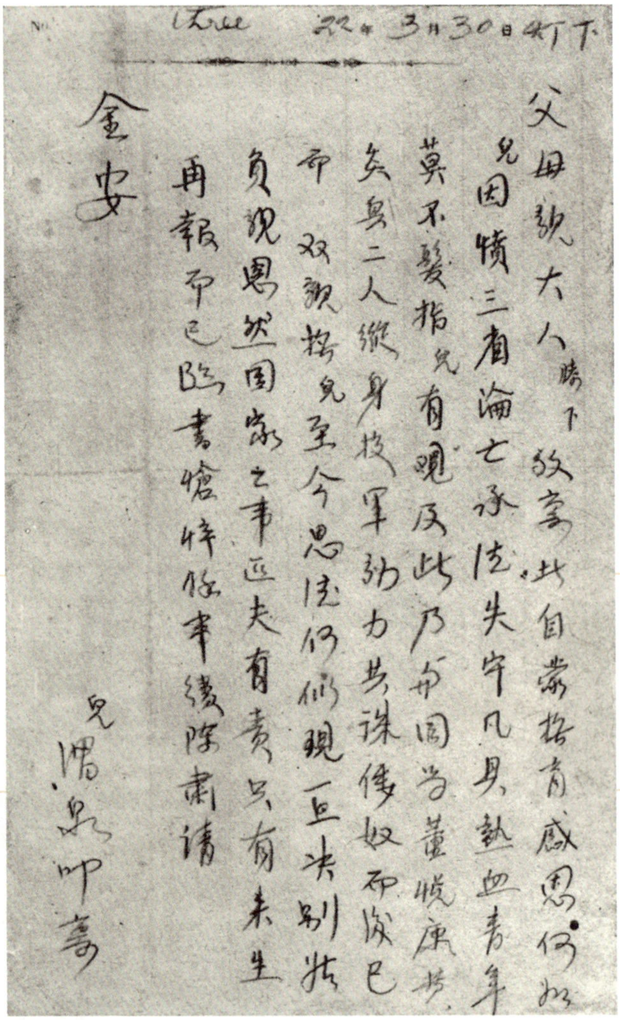

22年3月30日

父母親大人膝下：敬稟者，自蒙撫育，感恩何似。兒因憤三省淪亡，承德失守，凡具熱血青年莫不髮指。兒有覩及此，乃與同學董懷康、梁炎吳二人從身投軍，努力共誅倭奴，而彼已而雙親撫兒至今，恩德何似，現一旦決別，此負現恩，然國家之事，匹夫有責，只有來生再報而已。臨書愴悴，涕淚俱下，肅請

金安

兒 潘泉 叩稟

其中一名中学生留别父母的信。

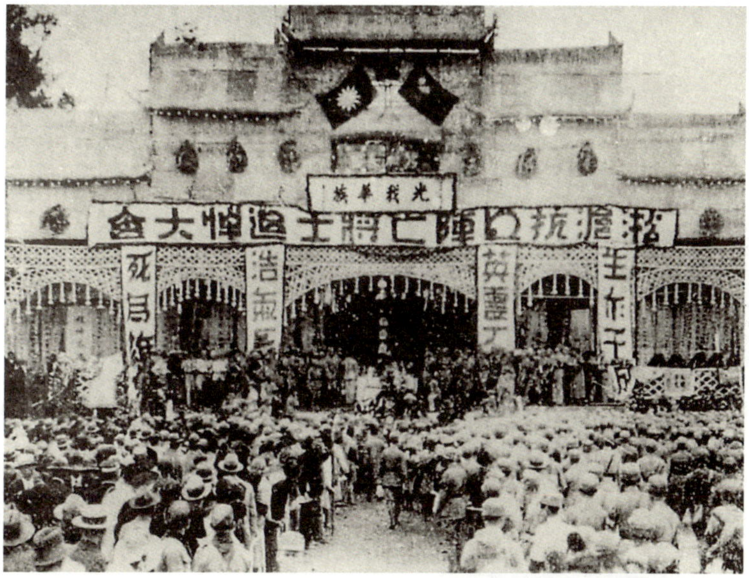

1932 年，淞沪抗战阵亡将士追悼会。

1933 年，十九路军淞沪抗日阵亡将士陵园在广州建成（今广州市水荫路 113 号）。

陵园凯旋门。

陵园将士墓。

抗日名将蒋光鼐故居，建于清末，位于广州龙津西逢源北街。

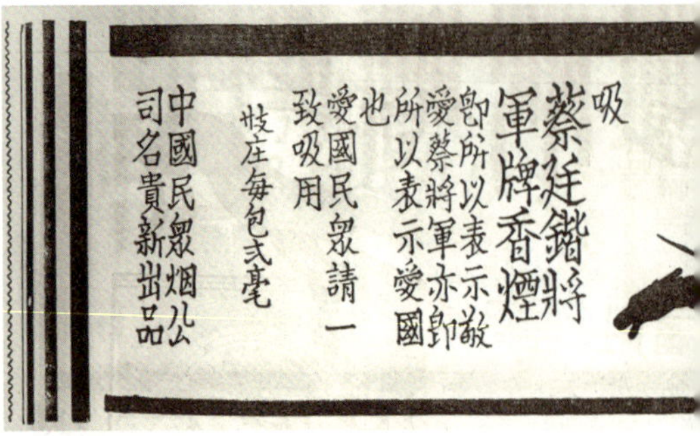

淞沪战役后，市场上出现了一种蔡廷锴将军牌香烟。图为该牌香烟的广告。

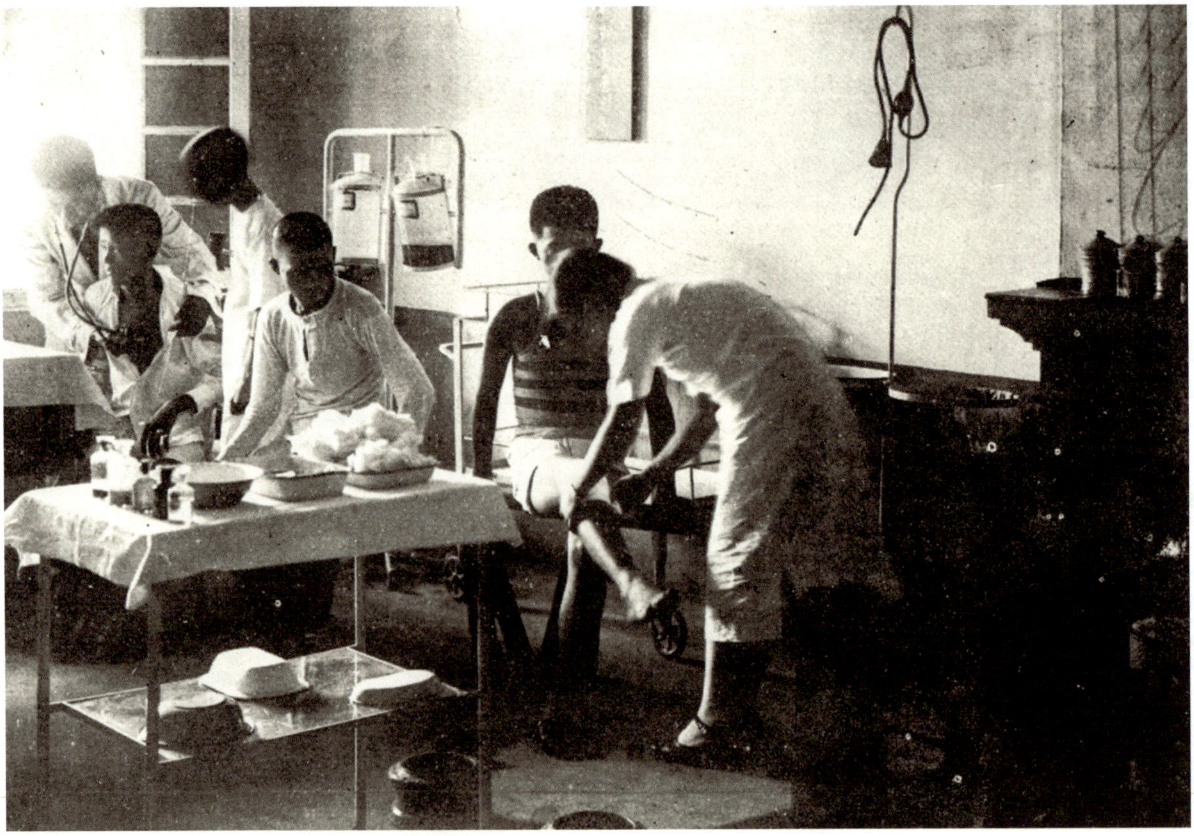

1933 年广州市建成淞沪抗日残疾军人教养院，以安置上千名十九路军伤残将士。图为伤员接受治疗时的情形。

1932 年 12 月 7 日，广州学生举行抗日集会。

九一八事变后，广州国民政府令中学、大学进行军事训练，把体育与军训结合起来。图为 1933 年初岭南大学学生军事训练阅兵式。

1933 年 5 月，广东省女师部分师生北上慰问参加抗日的第二十九路军将士。

1933 年 5 月 17 日，广东各界数万人在中山大学举行集会，欢送粤桂闽北上抗日将士出征。

1928 年 11 月 11 日，张惠长驾驶“广州”号飞机进行全国长途飞行，从广州大沙头机场起飞，全程约 5600 公里，飞行时间 49 小时。这是中国航空史上的首次飞行，掀起了“航空救国”热潮。图为“广州”号飞机。

1932 年 4 月，由空军总司令部、财政特派员公署和广州市商会 3 家联合发行的航空救国义券。

1933 年，广州市各校联合捐购飞机，支持抗日。

1934 年初，第一集团军空军官佐在抗日献机热潮中捐购新式轰炸机一架。

1935 年 12 月 12 日，广州学生举行抗日示威游行，响应北平爆发的一二 · 九爱国运动。图为中山大学学生游行队伍。

1937 年 12 月底，广东各界举行抗日救国示威游行。走在青年学生队伍中间手握门旗者左为曾生，右为虞焕章（杨康华）。

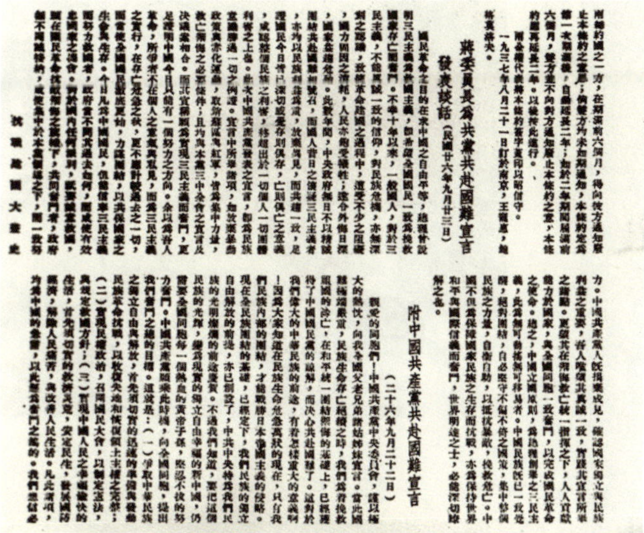
蔣委員長爲共黨共赴國難宣言

發表談話（民國廿六年九月廿三日）

附中國共產黨共赴國難宣言

（二十六年九月二十二日）

抗戰建國大畫史

1937 年 9 月 22 日，国民党政府的中央通讯社发表《中共中央为公布国共合作宣言》。宣言由周恩来等组成的中共代表团赴庐山与国民党代表蒋介石等谈判时送交。中国共产党提出发动全民抗战、实现民权政治、改善人民生活等主张。次日，蒋介石发表了承认中国共产党合法地位和国共两党合作抗日的谈话。至此，抗日民族统一战线正式形成。

中共党组织的恢复和重建

1931 年，中山大学爱国学生邓克强、李克筠、吴永年等发起成立了“中山大学抗日剧社”，公开上演自编自导的抗日剧目《打回老家去》《最后列车》《抢米》《空袭》等，积极宣传抗日思想。图为该社部分成员合影。

1932 年 5 月 1 日，中山大学抗日剧社成员在省教育会会演后合影。

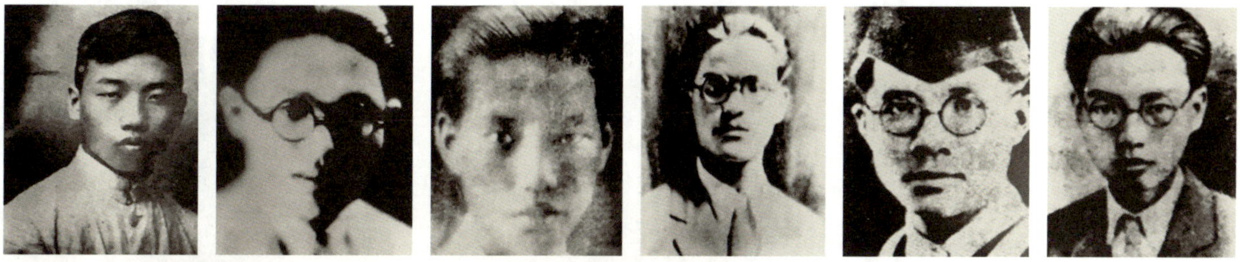

1933 年 4 月，中国左翼文化界总同盟广州分盟（简称广州“文总”）成立，作为中国共产党领导下的一个左翼文化组织。广州“文总”在温盛刚、谭国标、凌伯骥、赖寅倣、郑挺秀和何仁棠（从左到右）领导下，创办进步刊物、传播马列主义、宣传共产党的救国主张、推动抗日救国运动。1934 年 1 月底，温盛刚等被当局逮捕，于 8 月 1 日集体被杀害于黄花岗七十二烈士墓旁。图为广州“文总”六烈士。

1935 年 7 月，王均予等在广州创立中国青年抗日同盟。

1936 年，中共广州市委重建，王均予任市委书记。

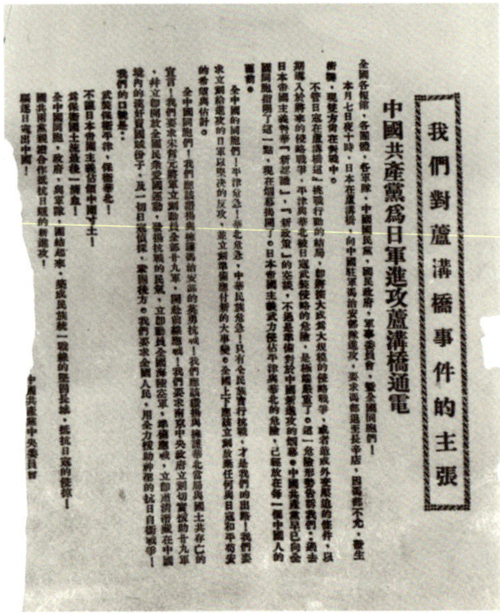
我們對蘆溝橋事件的主張
中國共產黨爲日軍進攻蘆溝橋通電

1937 年 7 月 8 日，中共中央发出《中国共产党为日军进攻卢沟桥通电》号召全国人民、军队、政府团结起来，一致抵抗日本侵略。

抗日战争全面爆发后，中共党组织在广州市举办的劳工干部训练班的教官、学员中建立了两个支部，培养抗日骨干。图为支部部分成员。

卢沟桥事变点燃了全面抗战的烽火，广州地区掀起了蓬勃的抗日救亡浪潮。7 月 25 日，中共广东党组织通过抗日救亡团体组织和发动广州市各界民众约 15 万人举行御侮救亡示威大游行。

1937 年 12 月 9 日，2000 多名学生和社会各界青年在中山大学附中礼堂召开一二 · 九运动两周年纪念大会。大会决定成立广州学生抗敌联合会（简称“广州学联”），统一领导广州学生的抗日救亡运动。图为“广州学联”第一届干事合影（摄于 1938 年）。

广州学生和社会各界青年在一二 · 九运动两周年纪念大会后举行示威游行。图为郭沫若（前排左二）等走在队伍前列。

1937 年 12 月 30 日，广州学生抗敌联合会成立。图为该会举行沿途募捐。

经济建设

1933—1936年，德国汉莎航空公司飞行员卡斯泰尔（Wulf Diether Graf zu Castell）在广州航拍的《中国飞行》照片。图为珠江水面船舶云集的景象。

卡斯泰尔在广州航拍的《中国飞行》照片。图为俯瞰市区房屋。

20 世纪 30 年代初，广州长堤全景。

1931 年 1 月 10 日，广州市国货展览会开幕。

1933 年 2 月 15 日至 3 月 16 日，广州市政府在越秀山一带举办为期一个月的大型展览会，内分市政、工商、农业、教育、美术、古物、民俗、摄影、武备和革命纪念品 10 个陈列馆。图为华侨参观团在展览会上的合影。

20 世纪 30 年代初的广州西堤，图中最高的建筑是大新公司。

广州莲香楼始创于1889年。图为20世纪20年代末所摄景象。

由越南华侨开办的二天堂药行，位于广州市一德路。

西村士敏土厂于1928年筹建，1932年投产，是当时华南地区最具规模的工厂。图为士敏土厂全景。

20世纪30年代广东省营第一工业区的大门。

1930 年 11 月，广州市内港在洲头咀动工兴建。图为广州市内港奠基典礼场面。

1928 年，广州铁路快车抵达广州大沙头火车站的情形。

1933 年，粤汉铁路广州黎铺头站通车。

1934 年，正在建设中的广东省营制纸厂。

广州木炭汽车炉制造厂于 1934 年 11 月建成。图为该厂车间。

1934 年建成的广东纺织厂外景。

广东纺织厂摇纱机。

广东第一蔗糖营造厂于 1934 年在番禺县新造镇建成投产。图为制炼部的外景。

广州中华汽水厂创办于 20 世纪 30 年代初。图为该厂洗樽机。

1935 年建成的广东苛性钠厂。

始建于 1936 年的黄埔港。

城市发展

1927 年 5 月 31 日，广州上下九甫一带马路开通典礼。

1927 年 10 月，广州市工务局在杨箕村修建东山水塔。图为水塔奠基仪式。

1928 年，广州市公用局开办的市营长途汽车及电单车车队。

1928 年 7 月 25 日，位于中央公园的广州市播音台开播。图为开播典礼。

广州近代建筑更多表现出中西合璧的特点。1931 年，由吕彦直和李铿、冯宝龄合作设计而建成的中山纪念堂，堪称其中的杰出代表。

1929 年 1 月，广东省政府在广州奠基兴建中山纪念堂。图为中山纪念堂设计师吕彦直。

由吕彦直设计的越秀山孙中山纪念碑。

广州海珠桥始建于 1929 年 12 月，1933 年 2 月 15 日建成通车，为广州第一座连接市区珠江两岸的跨江大桥，桥体中段设计成便于航运的活动式。图为海珠桥全景。

1933 年重新修建的广州六榕寺花塔。

1937 年建成的爱群大厦，为民国时期广州最高建筑。

从爱群大厦俯瞰广州。

1930 年 2 月 20 日，广东全省民营电业联合公会举行成立大会。图为大会全体会员合影。

广州的电信门类陆续齐全。1928 年设自动电话所于丰宁路，市内自动电话、无线电长途电话陆续开通。图为女工在搬运电话线杆。

1928 年 7 月，广州市自动电话所奠基典礼及奠基碑刻。

20 世纪 30 年代初，广州架设电话线的工人。

1931 年，广州市政府通过炸石以疏通珠江航道。图为施工情形。

1933 年 2 月 15 日，广州市市长刘纪文主持广州河南电力分厂的开工仪式。

广州市新电力厂奠基仪式。

20 世纪 30 年代初，广东省、广州市的长途客运汽车。

1934 年 10 月 10 日，广州市政府新署落成合影。

20 世纪 30 年代的广州市卫生局管理粪车。

广州马路上悬挂醒目标语："暑热当中，请勿呼叱手车夫疾走。"

1932 年 10 月，广州市政府开始人口调查的宣传标语。

1934 年夏，广东当局发起了广东酷暑救济运动，广州市政府公用局开放街边水龙头，任由市民取水。图为市民在路旁排队取水。

文化教育与社会生活的演变

1935 年，广州市气象台鸟瞰图。

1934 年，广州博济医院成立 99 周年。图为同年 6 月初该院举行新院建设奠基礼时的照片。

1936 年，广州博济医院与夏葛医学院合并，称孙逸仙博士纪念医学院，又名岭南大学医学院。图为孙逸仙博士纪念医学院奠基礼主席团全体成员的合影。

私立广东光华医科学院细菌学实验室。

广州柔济医院实验室。

广州知行中学铜乐队。

广州市立第一中学图书馆。

1931 年，广州培正小学学生在演奏。

广州市立第一幼稚园的孩子们。

广州公立幼稚园的孩子们。

广州元甲女学学生表演工力拳。

1930年，广州举行首次自行车长途赛。图为广东省建设厅厅长邓彦华与全体参赛队员合影。

1933年初，广州市举办了一场美式足球赛（橄榄球赛）。图为参赛的岭南大学队和广州队。

在1935年10月举行的第六届全国运动会上，广东男、女游泳队均获团体冠军。

1935 年，广州市政府职员公余同乐会球艺部篮球组合影。

1934 年举办独奏音乐会的马思聪。他曾创办私立广州音乐院，又任广东省立艺专音乐系主任。

1937 年，广州协和神学院的师生们。

1937 年，广州市夏令卫生运动的救护队。

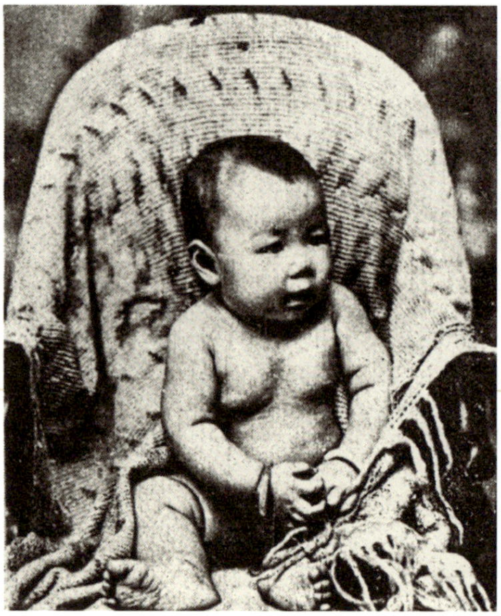

1933 年，广州《越华报》举办婴儿健康比赛。图为获奖婴儿。

1933 年，广州女青年会举办儿童智力健康比赛。图为获奖女童。

1935 年 2 月 15 日，广州市举行第三次耆英大会（上图）。广州市市长刘纪文及其夫人与老人们合影（下图）。

广东当局为筹集空防建设经费，于 1934 年在广州长堤一带举办空防游艺大会。图为游艺会一角。

1935 年 3 月 8 日，广州各界妇女参加妇女节庆祝集会。

有粤剧“花旦王”之称的千里驹。

名列 20 世纪 30 年代“粤剧四大名旦”之一的谭兰卿。

独创粤剧“马腔”的马师曾。

六

同仇敌忾　共御外侮

（1938—1945）

日本军国主义者吞并中国的野心由来已久。日本侵略者的计划和部署显示，侵华日军觊觎广东已非一日。1937 年 11 月，日军便已制定了进攻广州的方案，意图切断当时中国主要的海上涉外通道，削弱中国人民抗战的力量，迫使南京国民政府妥协，只是因为忌惮英、美等国的反感、牵制和干涉，尚未对广东立即发动大规模进攻，而是凭借空中优势，对广州实施狂轰滥炸。1937 年 7 月至 1938 年 6 月，日机轰炸广州和周边地区多达 800 次，集中火力摧毁交通线，尤其是粤汉、广九、广三铁路和沿线各站。1938 年 9 月 7 日，日方召开大本营御前会议，决定进窥广州，以便切断中国南海主要对外联系通道。国民党最高军事决策机构和广东军政当局对战局缺乏战略正确预判，未能及时作出充分和有效的防御部署，更为严重的是拒绝接受中共广东党组织关于放手发动人民抗日的建议。直到广州情势告急时刻仍无相应举措，却把大批精锐部队北调参与武汉会战。而前沿阵地驻守官兵未能及时进入战备，遭到突然袭击后指挥失灵。民谣讽刺省市主要官员："余汉无谋，吴铁失城，曾养无甫（谱）。"10 月 12 日，日军登陆大亚湾。10 月 21 日，广州陷落。至 1939 年 6 月，珠江三角洲、沿海各地和琼崖岛屿约占广东三分之一地区沦于敌手。翌年终时，全省有 36 个市县成为沦陷区或半沦陷区。时任广州《救亡日报》主编的夏衍在《广州最后之日》一文中记录了省城沦陷的情形：直到 19 日下午，"对于战事，任何机关都守口如瓶地不发表一点消息，而一切公用机关，邮政、电报、银行都已经自动地停止工作了。整个广州像被抛弃了的婴孩似的，再也没有人出来过问"。21 日午夜，"远雷似的炮声……还夹杂着煮豆似的机关枪声音……接着，是广州已经几个月不曾有过的夜间警报，警报未完，飞机声已经在头上了，满街是汽车的声音，远远的火车的吼声、炮声、铁甲车碾地的那种可怕的声音……全市漆黑，没有月亮，也没有星光"。从这个晚上开始，广州沦入了长达 7 年的噩梦般的时段。

进入广州的日军立即大肆烧杀抢掠。日机轰炸扫射逃难的民众，炸毁城区和郊区的许多工厂、商店和民居。黄沙、东堤一带尽成废墟，烧焦的尸体到处皆是。大新公司、先施公司等被洗劫，一片狼藉。日军在爱群大厦等处设立“皇军慰劳所”，囚禁被掠妇女。随意逮捕、杀害反抗日军的市民，白云山、黄埔文冲成为刑场。日军司令部还在原市政府所在地修筑地下防空工程和军火库，竣工后将200多名雇工全部枪杀。这是一支被日本作家森村诚一称之为“恶魔式的部队”，公然践踏1925年国际联盟在日内瓦签订的《禁止在战争中使用窒息性、毒性或其他气体和细菌作战方法的议定书》，灭绝人性地进行细菌实验和细菌战，1939年在广州编成的波字第8604部队，就承担了这项反人类的任务，以“防疫给水”为掩护，实施人体实验，造成带菌者并将他们“释放”到中国内陆地区非沦陷区的军营和居民集中处。波字第8604部队把中山大学医学院作为大本营，以伪粤海关海港检疫所和南石头难民收容所为细菌战的实验场所，摧残和杀害了大批无辜百姓。

由于遭到中国军民的反抗，加以仅靠宪兵和警备队控制力量不足，侵略者采取“以华制华”的政策，招募了一批无耻的官僚、政客、军人及地痞流氓，于1938年12月在广州成立“治安维持会”，协助日军清查抗日军民，发起“和平救国运动”，鼓吹反共倒蒋，劝诱迁往粤北的国民党广东当局与日军实现“和平”。日本占领者还进一步在广州组建伪政权，汪精卫于1939年夏到广州与日本军方和汉奸头目策划、筹建傀儡机构，甚至公开以粤语广播劝降退守粤北的国民党军政人员，并与日本华南派遣军商定成立伪广东省政府。由于即将成立的南京汪伪政府实际辖区甚小，汪精卫十分着意于控制广东乃至华南地区。他还在这年冬季委任其妻陈璧君以党政特派员身份赴穗，抓紧建立伪政权。1940年4月，汪精卫在伪中央政权开张不久再次到粤督办，以其亲信兼内弟陈耀祖为伪省政府代理省长，又委其侄任伪广东省政府财厅厅长。陈璧君则长期坐镇广州，实际上逐步控制了同步成立的伪市政府，又通过“整理”各县、市的伪政权，进一步把省内沦陷区纳入自己的势力范围。广东汪伪政权还将军警编为保安队，设置了由陈耀祖兼主任的广州绥靖公署，统一指挥全省伪军，加强地方联防，强化保甲制度。“汪家天下陈家党”确实是为虎作伥的南粤汪伪政权的真实写照。

沦陷后的广州对外联络通道阻滞，给港城商都带来了严重的消极影响。经济领域中的公用事业、矿山及其他重要企业，均为日方严密控制，由日本国策会社和其他财阀企业进行管制，大肆强取豪夺。旋又成立“东亚联盟协会”，推行文化奴役和思想钳制，开展反共反华的“和平”运动，实为诱降服务。岭南地区汪伪政权建立后，成为侵略者加强军事控制、政治统辖、经济掠夺和奴化思想的工具。日伪还在沦陷区极力推行“以战养战”“以华治华”政策，强化殖民统治。发行军票和中储券之类纸币，盘剥民众，摧残实业，进一步控制广东的财政金融；甚至鼓励贩毒和种植罂粟，放任鸦片流毒。在日军铁蹄蹂躏下，广州民众饥寒交迫，朝不保夕，人口骤减，市面一片萧条。

省城沦陷后，国民党广东当局从广州北迁韶关。省政府将农业作为后方经济的重心，并努力复兴小型工业以供战时之需。同时，开展战时文化工作，宣传抗日救国，发展国民教育。在 1939 年冬和 1940 年夏，中日双方于粤北进行两次大会战，中方获胜，成功地阻止了日军北进。此外，当局相关部门还建立和收编了若干支地方武装和游击部队，在沦陷区进行抗日活动。

残暴的压榨激起了持续的抗争，反对侵略者的过程贯穿沦陷时期的始终。早在 1937 年，广州市政当局已在市内河南地区训练壮丁，选拔两营建立广州自卫团，虽有管制民众的意图和措施，却也承担了疏导难民的工作，并与入侵广州的日军交战 20 余次，毙伤敌人 200 余名，击沉敌舰艇 3 艘。后撤出广州改名为广州区游击别动队，数千人分驻市区内外和江门、佛山一带，同日寇交战数十次。10 月中旬，中共增城县党组织争取了爱国人士的支持，建立了百余人的抗日常备队，伏击日军及其船队。广州沦陷数日后，曾参加国民革命时期农民运动的吴勤率领广州市区游击队伍第二支队在南海县河面袭击了日军运输船。1939 年春，中共广东省委应吴勤的请求，先后派出刘向东等 4 批党员到番禺、顺德协助整顿加强广游二支队。1939 年 6 月，番禺建立了抗日俊杰同志社，中共广东省委派遣党员担任指导，在广州附近地区发展数千成员。这支具有统一战线性质的群众武装，打击日军、伪军和汉奸，给敌人造成不小的威胁。珠江纵队则组织了广州郊区工作组，主要在河南地区活动，打击敌伪和汉奸，备受民众赞扬。以广州为中心的珠江三角洲的抗日烽火越燃越旺。

根据中共中央的指示，各地党组织加强了沦陷区的大城市和铁路交通沿线的各项工作。广州根据自身的优长和特点发挥了多种积极功能。在省城被侵占后，梁广先后担任中共中南特委书记和粤南省委书记，领导广州和港澳地区的敌后城市工作。1941—1942 年，粤南省委和粤北省委陆续选派人员到广州开展对敌斗争。1943 年底，梁广等在广州设立领导机关，东江纵队、珠江纵队和北江特委也分别派员在广州设置了联络点，为部队输送人员、传转文件、购买药物等急需品和搜集相关情报。先后建立党的外围组织“游击之友”“抗日大同盟”，甚至打入日伪机关内部，为重建与扩展广州党组织和推动郊区抗日游击战起到积极作用。1945 年初，广州已有地下党员 60 人及“游击之友”百余人。5 月，中共地下党组织发动了一次大规模宣传活动——以东江纵队和珠江纵队名义印发了 4000 多份《告全市同胞书》，在大街小巷散发，传播了毛泽东在中共“七大”所作政治报告《论联合政府》的精神，使沦陷区人民更加认清了斗争的目标。民众受到极大鼓舞，敌伪势力为之震动。

随着抗日民族统一战线的建立与推动，广东爱国民主力量逐渐成长和壮大。中共党组织派遣党员和进步青年到国民党军队中开展政治工作，卓有成效。在中共党组织的支持下，李章达、何思敬等在香港成立了全国各界救国会华南区总部（简称“南总”或“华南救国会”），推动华南地区的抗日运动。1942 年，李章达等根据周恩来指示加快在两广筹建民盟组织。1945 年，“民盟东南干部会议常设机关”成立。爱国民主力量得到增长，并成为广东抗日斗争的重要动力。

中共广东党组织十分重视省内的游击战争，积极开辟华南敌后战线，逐步把东江，以及番禺、顺德、中山一带的抗日武装队伍发展为东江纵队和珠江纵队，建立和扩大琼崖、韩江等抗日根据地和民主政权，广泛开展斗争，取得卓著战果，对敌作战约 3000 次，毙、伤、俘日伪军约 20 万人。广东成为抗日游击战争的主战场之一。国民党军队进行了数百次战斗，毙伤日军 2.5 万余人。广东军民共牵制侵华日伪军 10 余万人，占侵华日军的七分之一。经过艰苦奋战，中共领导的广东武装队伍发展至 2 万多人，中国共产党在华南的政治影响与领导作用日益巩固和扩大。中共广东党组织还多次对国民党防共、反共活动进行了有力的反击。与此同时，广州的中共地下党组织则根据地区形势和特点，组织群众和建立团体进行抗日活动，深入敌区据点，策动日伪官员反正，有效地打击了敌人，发挥了自身的多方面能量。广州的抗日斗争与全省的抗日斗争息息相关，相互呼应。

1945 年，世界反法西斯战争取得了伟大的胜利。5 月，德国法西斯战败。8 月，日本宣布无条件投降。广州于 8 月 31 日光复。9 月 16 日，在广州中山纪念堂举行受降仪式，由国民党第二方面军司令张发奎主持，新一军军长孙立人等参加，日方代表田中久一在降书上签字。抗日战争是世界反法西斯战争的重要组成部分，中国人民付出巨大代价所取得的胜利，有力支持了世界反法西斯战争，出色完成了应尽的国际任务。广州，在这场关乎人类命运的战争中作出了应有的奉献。正义和光明战胜了邪恶和黑暗，侵略者永远被钉在历史的耻辱柱上。人民赢得了战争的胜利，赢得了和平与进步。

日机空袭与广州军民自我救援

1937 年 8 月 31 日，日军飞机首次对广州发起空袭，造成巨大伤亡和损失。从这天起至 1938 年 10 月广州沦陷，日机近百批 900 多架次对广州的狂轰滥炸持续了 14 个月。据广东全省防空司令部的统计，日机在广州共投弹 2630 颗，造成 4000 多人伤亡，2000 多间房屋被毁，市区被炸地点 300 多个。实际情况更为严重，相关地籍信息登记簿册表明：死伤居民近 2 万人，损坏房屋 4000 余间。

1938 年 4 月后，日机频繁空袭广州。

1938 年，长堤爱群大厦前的行人听到防空警报，匆忙躲避。

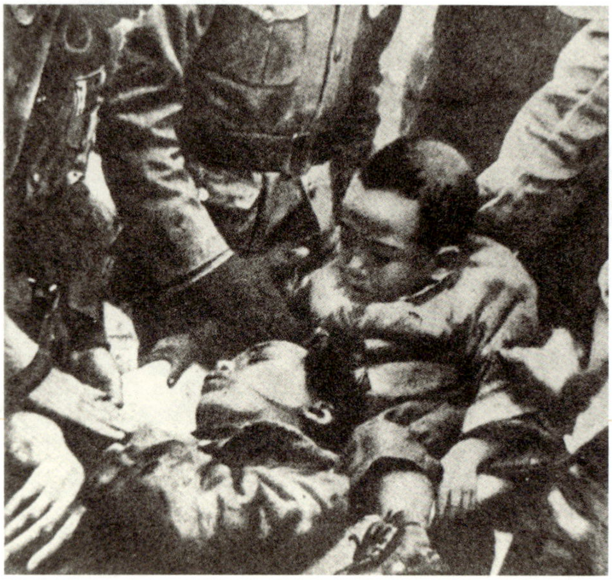

在空袭中逃过劫难的孩子，母子却从此天人永隔。

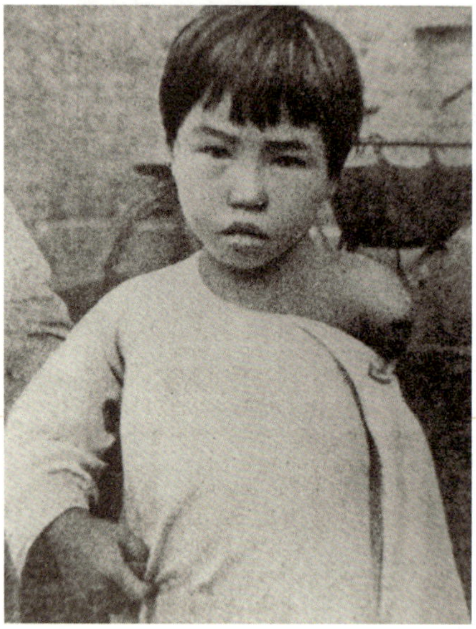

左臂被炸断的小女孩。

日机“无差别”轰炸导致大量民房被炸毁，市民流离失所。图为无家可归的小难民。

1938 年 6 月 6 日，日机轰炸广州惠爱西路，当场死伤多名平民。

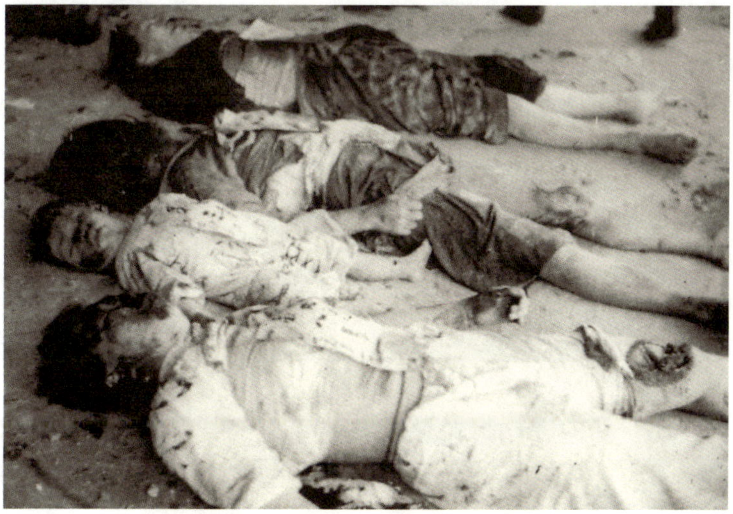

在广州街头被日机炸死的儿童和妇女。

被炸后的广州街道上排放着遇难者的尸体。

1938 年 7 月 17 日，广州市立第六十四小学遭日机轰炸。

海珠桥畔的艇家屡遭日机轰炸，伤亡很大。

1938 年 10 月，大批广州难民逃往香港等地。

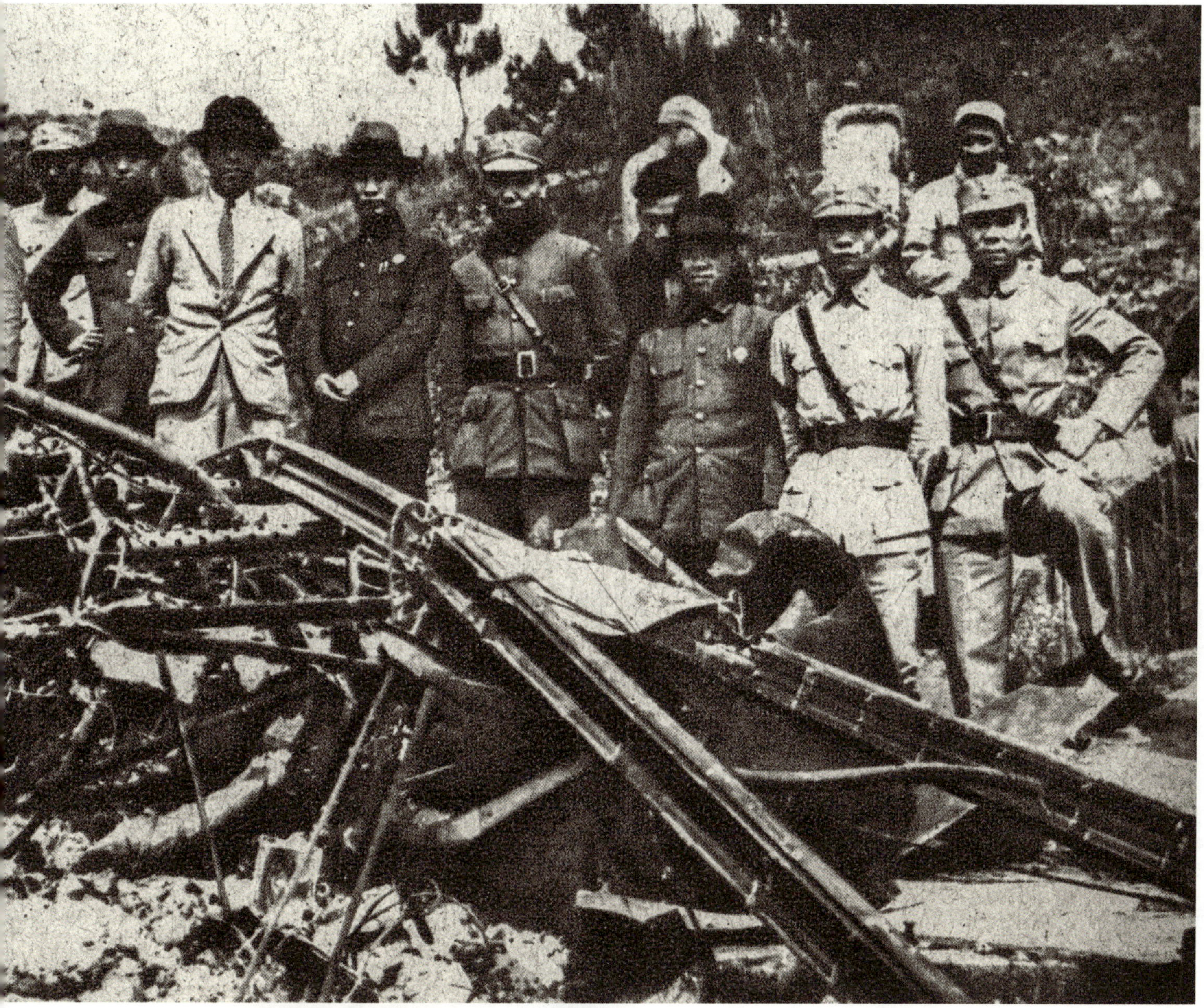

1938 年，坠落番禺的日机残骸。

在广州被击落的敌机零件。

日机轰炸后，当局组织队伍救援和清理。

1938 年，广州工人积极组织防空抢救队，图为队员挖掘被掩埋的受害者。

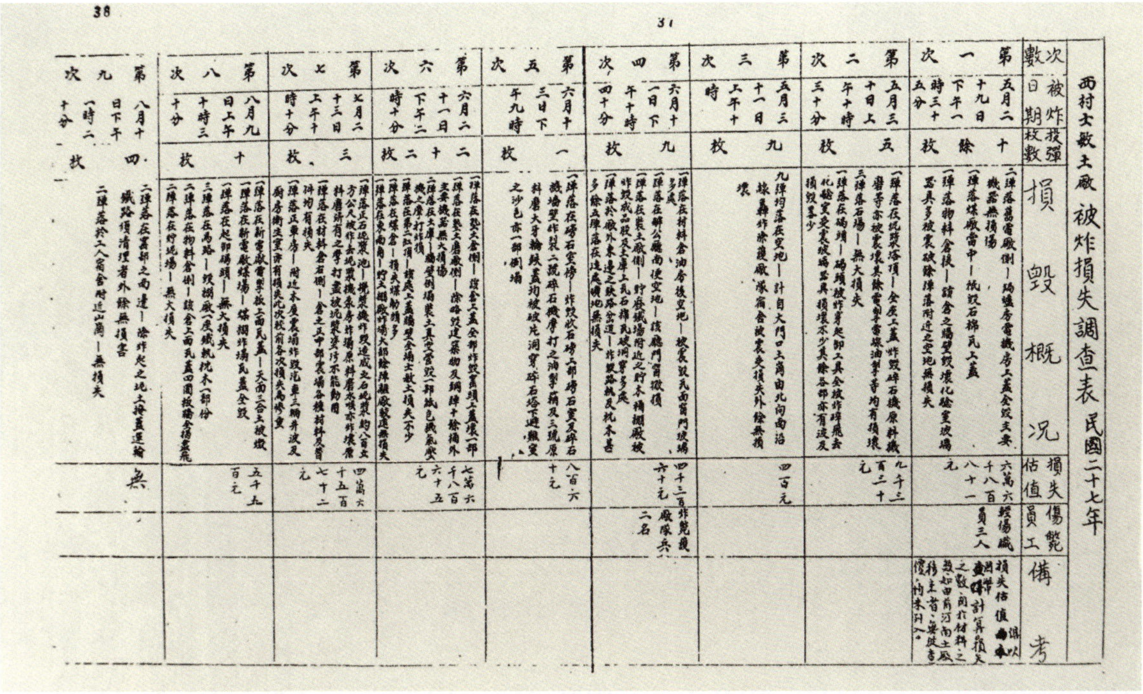

西村士敏土廠被炸損失調查表 民國二十七年

次數	被炸日期	投彈枚數	損毀概況	損失估值	傷斃員工	備考
第一次	五月二十九日下午一時三十五分	十餘枚	二彈落蓄電廠側—碼頭房電機房上蓋全毀，主要機器無損傷；一彈落煤廠當中—祇毀石棉瓦上蓋；一彈落物料倉後—該倉之牆壁毀壞，化驗室玻璃器具多被震破，餘彈落附近之空地無損失	六萬六千八百八十一元	輕傷職員三人	損失估值以[illegible]計算損失之數，因有材料之數，如由前河南士敏土廠移來者，無從查價，均未列入。
第二次	五月三十日上午十時三十分	五枚	一彈落在洗泥漿池頂—全座上蓋炸毀，碎石機原料機磨等亦被震壞，其餘電制等電線油掣等均有損壞；三彈落石場—無大損失；一彈落在碼頭—碼頭被炸穿，起卸工具全被炸碎飛去，化驗室受震玻璃器具損壞不少，其餘各部亦有波及損毀甚少	九千三百三十元		
第三次	五月三十一日上午十時	九枚	九彈均落在空地—計自大門口工商由北向南沿線轟炸，除覆廠、宿舍被震受損失外，餘無損壞	四百元		
第四次	六月十一日下午十時四十分	九枚	一彈落在材料倉油房後空地—被震毀瓦面窗門玻璃多處；一彈落在辦公廳南便空地—該廳門窗震損；一彈落在裝土廠側—貯存裝場附近之貯木及棚廠被炸毀，成品殼及土庫上瓦石棉瓦破洞穿多處；一彈落於廠外東邊之鐵路空道—炸毀路軌及枕木甚多，餘五彈落在近廠曠地無損失	四千三百六十元	炸斃廠隊兵二名	
第五次	六月十三日下午九時	一枚	一彈落在磅石室傍—炸毀收石磅上部、磅石室及碎石機墻壁，炸裂二號碎石機、磨打之油製(?)箱及三號原料磨大牙輪鐵蓋均被破洞穿，碎石塔下避難室之沙包亦一部倒塌	八百六十元		
第六次	六月二十一日下午二時十分	二十二枚	一彈落在熟土倉側—該倉上蓋全部炸毀，震頭上蓋壞一部；一彈落在熟土磨廠側—除略毀建築物及鋼牌十餘個外，主要機器無大損傷；二彈落在土庫—牆壁倒塌，裝土具受震毀一部，紙包鐵氣樂機之摩打炸損；一彈落在第二船頂—該處上蓋牆壁全塌，士敏土損失不少；一彈落在煤倉—損失煤炭頗多；一彈落在東南角—貯土棚廠炸塌大部，餘彈離廠較遠無損失	七萬六千八百六十五元		
第七次	七月二十三日上午十時十分	三枚	一彈落正石泥漿池—洗泥漿機炸毀，連廠內之石泥漿約八百立方公尺被炸去，洗泥漿機系房炸塌，原料磨水喉亦炸壞，原料磨所有之摩打盡被洗泥漿污不能動用；一彈落在材料倉右側—倉之正中部震塌，各種材料及貨物均有損失；一彈落正東房—附近木度(?)震塌，炸毀泥(?)車三輛，并波及廚房、衛生室亦有損失，此次較前各次損失爲修重(?)	四萬六千五百七十二元		
第八次	八月九日上午十時三十分	十枚	一彈落在新電廠電掣板上面瓦蓋—天面三合土被燬；一彈落在新電廠煤場—煤棚炸塌瓦蓋全毀；一彈落在起卸碼頭—無大損失；三彈落在馬路—鋼棚廠、庚(?)鐵軌枕木一部份；二彈落在物料倉側—該倉上面瓦蓋四圍板牆全損(?)無飛(?)；二彈落在貯泥場—無大損失	五千五百元		
第九次	八月十日下午一時二十分	四枚	二彈落在窰部之西邊—除炸起之泥土擁塞運輸鐵路須清理者外，餘無損害；二彈落於工人宿舍附近山崗—無損失	無		

广州西村士敏土厂在 1938 年被炸 9 次。图为该厂被日机轰炸损失情况调查表。

1938 年除夕，在敌机空袭警报声中，广州市民照常“行花街”、买年花。从 20 世纪 20 年代开始，迎春花市逐渐成为广州的主要传统民俗之一。

全面抗战 全民动员

抗日民族统一战线建立后，八路军驻广州办事处于1938年1月正式成立，地址设于广州德政北路7号二楼。张云逸、廖承志先后负责办事处工作，受八路军驻武汉办事处和中共广东省委双重领导。广州沦陷前夕，办事处协助中共广东省、广州市委组织群众撤退到粤北。图为八路军驻广州办事处旧址。

1938年3月，云广英接任八路军驻广州办事处主任。坚持全面抗战，巩固抗日民族统一战线。短短半年，办事处向前线输送上千名进步青年，发动市民捐款捐药，成功解救300多名战士和群众出狱。

1938年1月，在中共南方工作委员会的领导下，广州学生抗敌救亡会等8个青年抗日救亡团体发起组织的广东青年抗日先锋队成立。图为中山大学抗日青年先锋队在军事野营中留影。

1938 年，在广州从事抗日救亡活动的文化名人（从左至右）：沈传仁、黄苗子、丁聪、叶浅予、夏衍。

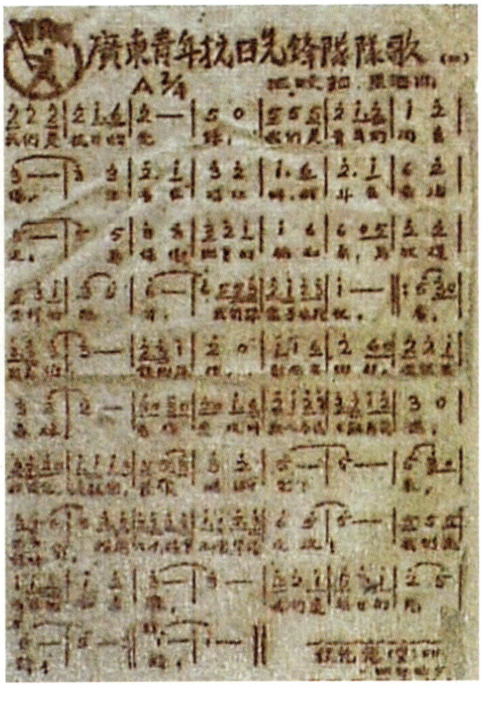

广东青年抗日先锋队成立后，音乐家冼星海积极支持抗日救亡运动，为《广东青年抗日先锋队队歌》谱曲。图为冼星海及其谱写的《广东青年抗日先锋队队歌》。

1938 年初，广州女青年开始接受军事训练，准备参与抗战。

1938 年初，广州街头举办以“岳飞精忠报国”为题的化装游行。

1938 年初，广东童子军战地服务团举行宣誓典礼。

1938 年 3 月 15 日，广州童子军庆祝中国童子军节。

广州妇女联合会募捐抗日，劝买“购机纪念章”。

1938 年上半年，广州女学生发起节食活动，集资慰劳抗战将士。

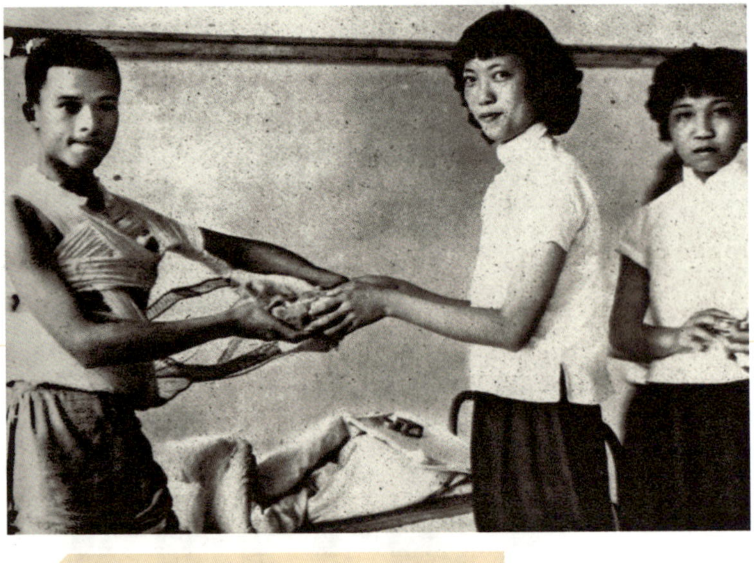

1938 年 5 月，广州学生慰问抗战伤员。

广州妇女为前线将士赶制卫生用品。

1938 年，中山大学师生组织战地服务团赴前线慰问。

1938 年，广州各界欢送广州基督教青年会随军战地服务团奔赴抗日前线。

1938 年 7 月 7 日，广州各界举行纪念七七事变周年大会及示威游行。当天正午，市民为死难同胞默哀 3 分钟。

锋社剧团是广州文化界的抗日救亡团体，坚持排演抗日剧目。图为 1938 年该团的宣传标语。

1938 年，广州街头的抗日宣传画。

抗日街头剧《放下你的鞭子》。

1938 年，中国青年救亡协会无锡青年抗敌工作团在广州街头演出抗日活报剧。

1938 年 3 月，中共广州戏剧界支部组织了大型革命史剧《黄花岗》的排演，用先驱者在广州以生命书写的悲壮史剧教育民众，激励爱国热情，凝聚抗战力量。图为《黄花岗》主要演员李门（左）、梁绮（中）与何芷（右）。

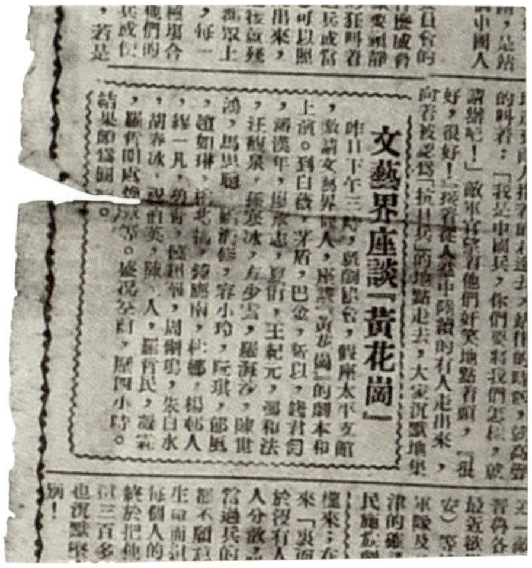

文藝界座談「黃花崗」

昨日下午三時，戲劇協會，假座太平支館，敦請文藝界同人，座談「黃花崗」的劇本和上演。到白薇，茅盾，巴金，靳以，錢君匋，潘漢年，夏衍，王紀元，鄒和法，汪馥泉，孫寒冰，左步雲，羅海沙，陳世鴻，馬思聰，[illegible]，容小玲，[illegible]，鄒風，[illegible]，楊邨人，[illegible]，朱白水，胡春冰，[illegible]，陳[illegible]人，羅有民，[illegible]等。[illegible]，歷四小時。

《救亡日报》关于历史剧《黄花岗》演出后文艺界座谈的报道。茅盾、巴金等人出席了座谈会。

1938 年 7 月，华侨抗敌总会在广州举行第二次会员代表大会，宋庆龄出席大会并讲话。图为大会代表合影。

1938 年 8 月，在中共广东省委推动下，全省开展纪念八一三淞沪抗战一周年的抗日救亡献金运动，呼吁“有钱出钱，有力出力”“保卫广东，保卫武汉”“国共合作，团结抗日”。市民踊跃捐献共计 100 多万元。

流动献金车上的工作人员在动员市民献金抗日。

广州学生抗敌救亡会组织献金运动。

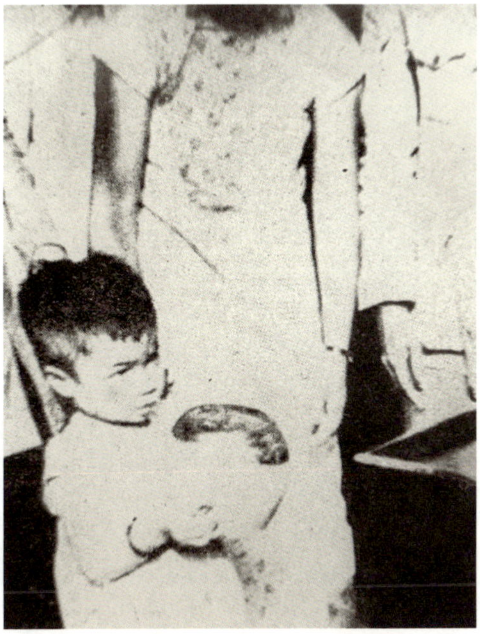

在广州献金救国热潮中，儿童也捐出零用钱支持抗战。

广州市民积极参与献金救国热潮。

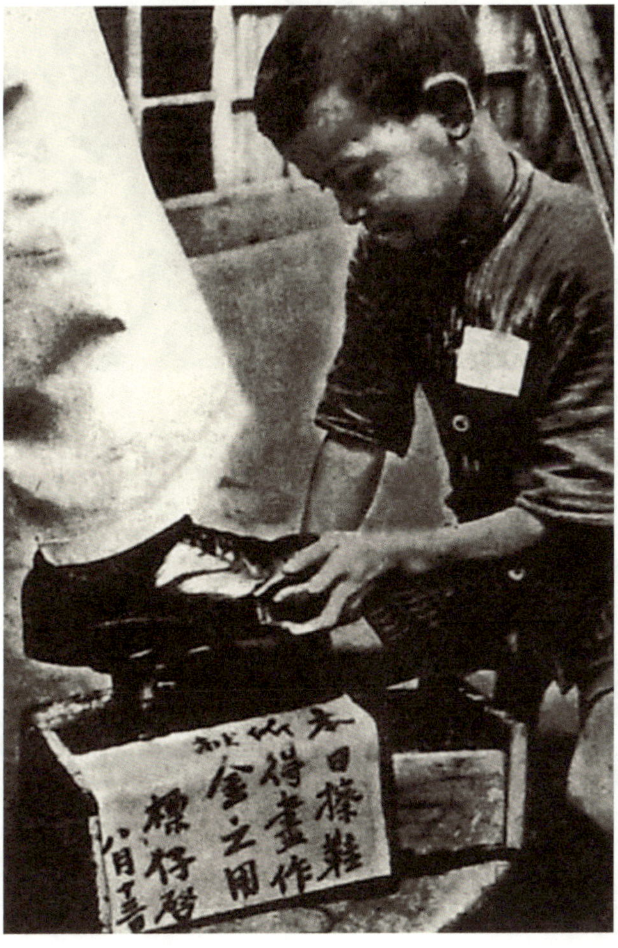

擦鞋工将他一天的劳动所得全部捐献。擦鞋箱上的纸条写着“本日擦鞋所得尽作献金之用。标仔启，八月十三日”。

1938 年 8 月下旬，宋庆龄在广州检阅妇女壮丁队。

1938 年 8 月，广州各界代表团慰问南澳县抗战勇士。

1938 年 9 月初，八路军驻香港办事处主任廖承志在广州召开有广州各抗日青年团体、进步文化界及救亡团体负责人参加的记者招待会，阐明中国共产党建立抗日民族统一战线的主张。图为举行招待会的永汉路（今北京路）哥伦布餐厅旧址。

1938 年 10 月，省内河船总公会董事梁墨缘为免其商船被日军劫用，毅然将 10 艘轮船沉于珠江。

1938 年，由廖承志、潘汉年负责的八路军驻香港办事处与宋庆龄创立的“保卫中国同盟”共同为支援中国抗日战争发挥重要作用。图为廖承志（右一）与宋庆龄（右四）等合影。

1938 年，出任八路军驻香港办事处主任的廖承志。

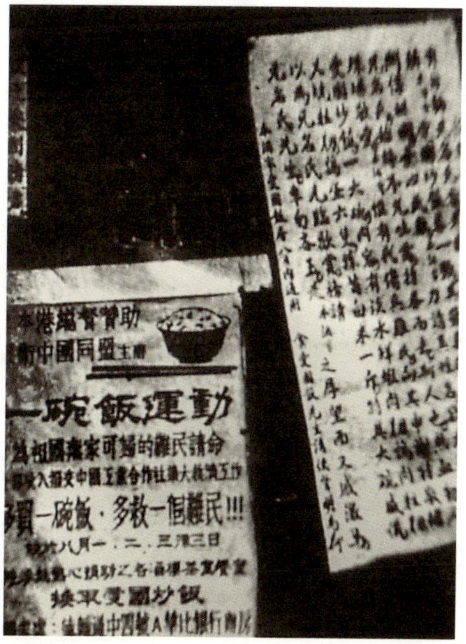

1938 年，宋庆龄领导香港“保卫中国同盟”发起“一碗饭运动”，销售“饭券”2 万张，所有收入交与中国工业合作社，为难民请命，支援抗战。

1938 年，香港洋务工会组织救伤队，准备前往广州。

海外华侨、侨团通过香港“保卫中国同盟”将大量物资、捐款源源不断送到中国内地。图为宋庆龄在香港码头视察物资装船情况。

香港歌姬义唱团举行义唱，为抗日筹款。1939 年 1 月 29 日，何香凝在为歌姬颁奖的典礼上致辞，赠诗曰:“歌女热心齐报国，香江预听凯旋歌。”

1939 年 7 月 7 日，香港商务印书馆的女工卖花募款，支援抗日。

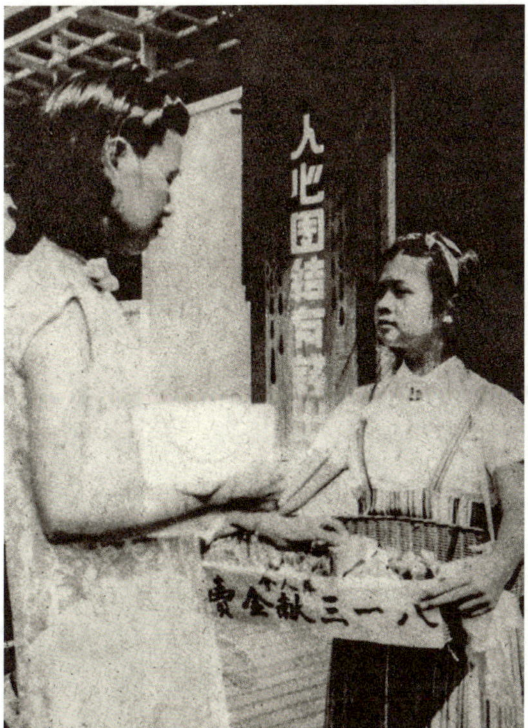

香港小学生卖花献金，支持抗日。

世界各地华侨十分关心祖国安危，纷纷组织抗日团体，积极开展救亡运动，甚至直接回国参加抗战。图为1938年初泰国华侨机工回国服务团抵达广州。

1938年初，广州举行救护队大检阅。图为回国参加救护工作的华侨队伍。

1938 年，中国著名画家徐悲鸿到南洋地区举办筹赈画展。图为徐悲鸿展出的油画《放下你的鞭子》，左立者为作品中的模特王莹。

1939 年，美国波士顿华侨在全面抗战爆发两周年纪念日，举行大规模游行，为祖国难民筹款。图为妇女会会员参加游行。

1938 年 7 月 20 日，美国波士顿大学的学生和当地各界人士举行反对日本侵略中国的游行，将大量日货投入海中。

纽约妇女举行抵制日货大游行，劝告人们不要购买日本的瓷器、茶叶、棉织品和玩具，尤其是原料大多来自日本的丝袜。

广州沦陷

1938年初，担任上海地方警备的日军久纳部队开始为广州作战进行登陆训练和整编换装。图为该师团军官合影。

1938年6月，武汉会战爆发，中国军民的顽强抗击粉碎了日军“速战速决”的企图。9月，日军决定进犯广州，希图切断中国南海的主要对外联系通道。为实施对粤作战，日军将大批部队和军需物资从上海、青岛等地运往广东。

1938 年 10 月 11 日黄昏，日本华南派遣军主力分乘 106 艘大船，在海军第五舰队的护卫下抵达广东大亚湾。

1938 年 10 月 12 日，日军在大亚湾登陆。

1938 年 10 月，日军小池先遣队在广州东郊的新庄附近与中国军队交战。

1938 年，广九铁道旁的日军。

1938 年，日本华南派遣军马渊部队。

1938 年，被日军逮捕的广东抗日志士。

1938 年 10 月 19 日，日军占领增城，在东门桥一带搜捕抗日军民。

1938年10月19日，日本华南派遣军第十八师团占领增城。图为被俘的国民革命军第十二集团军第一五六师士兵——年仅15岁的季万方。他在大部队撤退时依然坚守阵地，被俘后面无惧色。

1938 年 10 月中旬，日军摧毁增城防线，于 21 日占领广州。国民党广东当局撤往粤北。广州民众讽斥当局，“余汉无谋，吴铁失城，曾养无甫（谱）”。图为广州沦陷之际，市民撤离广州的情形。

负责华南地区防御的第四路军总司令兼广东绥靖主任余汉谋。

广东省政府主席兼广东全省保安司令吴铁城。

广州市市长兼广东省财政厅厅长、军事委员会西南进出口物资运输处主任曾养甫。

广州沦陷后，日军在西堤大马路、汉民路（今北京路）一带纵火焚烧，大火三日不息。图为海珠大桥北岸腾起的浓烟。

日军攻击广州市内抗日军民。

1938年10月22日，日军侵入广州惠爱路（今中山五路）。国民党政府的政治宣传画尚悬于路中。

广九铁路职工绘制的抗日宣传画下，站着刚刚侵入的日军。

日本海军陆战队经过广州爱群大厦。

日军占据广州海珠桥。

日军占领广州市政府。

1938 年 10 月 22 日，日军在广东省政府门口耀武扬威。

佈告

以抗日容共所為國策之國民政[illegible]
但與我忠勇無比之海陸軍百戰[illegible]
萬官兵供犧牲加之於客歲初[illegible]南京[illegible]百
今春於徐州大敗至今武漢三鎮[illegible]然而於此期間[illegible]
使全國四萬萬民衆嚐塗炭之苦尚未醒於抗日抗戰之
迷夢真是隣邦帝國深所爲遺憾也
大日本帝國茲出於不得已爲使中國從速覺[illegible]
見決定編成[illegible]軍作戰[illegible]日容共之根源地[illegible]
作戰軍[illegible]廣東省東部海岸[illegible]
海[illegible]空軍[illegible]之下完全遂行其工作
我軍按照[illegible]國政府屢次聲明不敢敵視中國民衆理之
當然也所[illegible]地方面無辜民衆宜安居樂業縱然屬於
正規軍或[illegible]其非抗[illegible]械隨我做協力者一
律應當保證其生命財產雖然倘有向我軍要抵抗加害
者或與敵軍通款者無論何人決不寬恕
日本帝國對中國所要求者就在使中國人民從速悔悟
過去之錯誤拋棄抗日容共之政策爲東亞永遠和平計
實現中日兩國真正之提携
我軍非達到上述之大目的進而無所已矣特此佈告
昭和十三年十一月
大日本南支派遣軍司令

1938 年 11 月，日军在广州发布的布告。

日军于各交通要道遍设岗哨，严密盘查过往行人，入夜即禁止通行。图为日本宪兵在搜查市民。

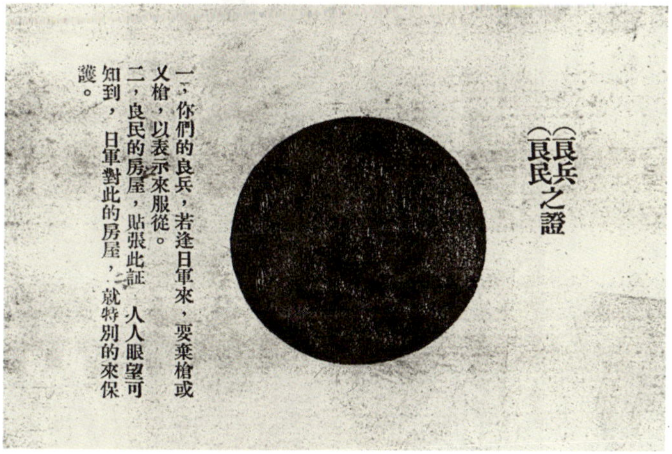

日军在广州发放的“良民证”。

日军在海珠桥周边设置警戒线。

路经海珠桥的市民接受日军盘查。

在广州沙河被日军抓捕的中国士兵。

1938 年，逃难的民众遭到日军追击，不得不沿途舍弃随身物品。

占领广州的日军为掩盖其侵略罪行，笼络人心，采取无耻的自我美化宣传。图为日本士兵背一位中国老妇过海珠桥的宣传照。

日军侵占广东时缴获的中国机械化部队的军械。

1938 年 11 月，英军炮舰停靠于广州沙面。

1938 年，广州市街商店外围的防空设施。

1938 年，广东省财政厅防空洞内的手摇送风机。

1938 年，广东省财政厅防空洞内景。

1938 年 11 月，广州难民遭日军宪兵队搜查。

1938 年，日军在广东乡村抢掠百姓的财物。

日军在广东采取短促突击方式的“扫荡”。

日伪政权的殖民统治

日本侵略者采取“以华制华”“以战养战”的政策，极力扶植傀儡政权。1938 年 12 月 10 日，伪广东治安维持委员会在广州成立。

1939 年，日军在广州永汉路（今北京路 376 号）设立特务机关，首任机关长为矢崎勘什。进行谍报活动，并在城内大肆搜捕抗日志士。

1939 年 6 月，伪广东安民挺身队在广州中山纪念堂成立。

1939 年 7 月 25 日，日军全面封锁珠江。

1939年在广州编成的波字第8604部队，以防疫为掩护，实施细菌战。这支“恶魔式的部队”以中山大学医学院作为大本营，残害了大批无辜的中国百姓。

日军实施细菌战实验的主要场地——广州南石头难民收容所旧址。

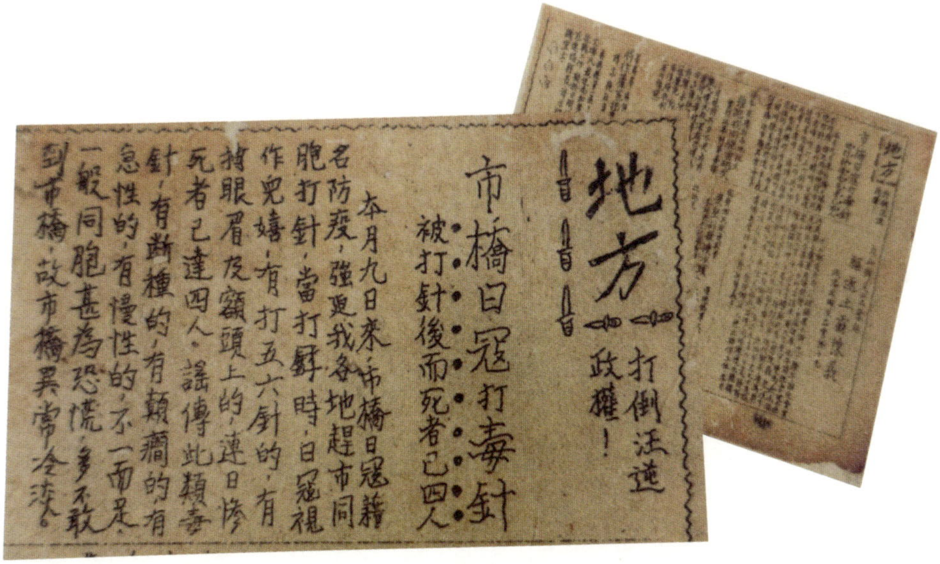

地方

打倒汪逆政權！

市橋日寇打毒針

被打針後而死者已四人

本月九日來市橋日寇藉名防疫，強迫我各地趕市同胞打針，當打針時，日寇視作兒嬉，有打五六針的，有打眼眉及額頭上的，連日慘死者已達四人。謠傳此類毒針，有斷種的，有顛癇的，有急性的，有慢性的，不一而足。一般同胞甚為恐慌，多不敢到市橋，故市橋異常冷淡。

《抗战旬刊》刊载有关日军在番禺对民众注射毒针、进行细菌实验的报道。

曾为波字第 8604 部队细菌检验员的丸山茂亲手用细菌战剂杀害中国难民。1995 年，他来到广州跪在“粤港难民之墓”前谢罪。

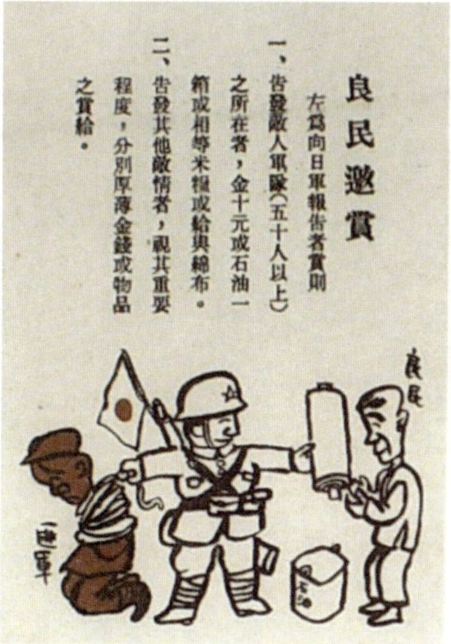

良民邀賞

左爲向日軍報告者賞則

一、告發敵人軍隊(五十人以上)之所在者，金十元或石油一箱或相等米糧或給與綿布。

二、告發其他敵情者，視其重要程度，分別厚薄金錢或物品之賞給。

佈告

(一)日本軍上陸的時候，良民們應集合在各自部落外的道路上，高舉兩手，表示歡迎之意

(二)各部落應快々派出代表，乘小艇駛來日本軍艦

(三)日本軍絕對不殺害良民，你們應該信賴日本軍，各安自己的生業

(四)你們若走入山地叢林時，就會受到日本軍飛機的炸擊或槍射

(五)敵匿抗日分子或援助抗日分子的人們，應受和抗日分子同樣的嚴罰

(六)若把抗日分子隱藏的處所，或把正確情報通知日本軍，或否你們服役日本軍，你們自然會受到相當的賞賜

1939 年，日军搜捕抗日军民的悬赏布告。

1940 年 5 月 10 日，伪广东省政府成立，图为伪省政府大门。

1940 年 5 月，汪精卫在广州建立伪政权。图为汪精卫（左）与日本新编华南方面军最高指挥官安藤利吉会晤。

1940 年 5 月 10 日，伪广东省政府、伪广州市政府举行成立典礼。陈耀祖任伪广东省代主席，彭东原任伪广州市市长。

1944 年 4 月 4 日，伪广东省省长陈耀祖被击毙于广州市文德路。

1940 年，在广东街头巡逻的日军。

广州日伪女警察对过路妇女进行搜身检查。

1939 年，日伪政权设立的广州妇女日语学校。

1940 年，日伪政权在广州强迫市民学日语。

伪华南文化协会组织广州中小学教师进行体操训练。

1941 年 12 月，香港沦陷。以上两图为日军将被俘的港英守军押往九龙。

1941 年 12 月 26 日，陈耀祖等人参加“香港陷落祝捷巡行”活动。

香港沦陷初期，大量港人以及在港难民纷纷离港。

1942 年 3 月 25 日，日本华南派遣军将广州沙面英租界的行政权“移交”给汪伪政府。

《广东讯报》是日军占领广州后发行的第一家报纸，由日本新编华南方面军司令部所属报导部直接组织发行。图为日伪的重要宣传机构“广东讯报社”。

日伪政权下的广东图书馆。

伪广东省政府宣传处设立的“和平”运动图书巡回流动书库。

日本军官参观中日文化协会广东分会举办的美术展。

沦陷区的奴化宣传标语。

新星影戏院是日伪时期广州四大影院之一，隶属“广东共荣会”。

新华戏院是日伪时期广州四大影院之一，与其相邻的协荣印书馆则是当时广州最大的出版机构，全部由日本人控制。

日伪广州卫生局检疫团队对市民进行防疫注射，民众对这种注射颇为疑惧，能躲则躲。

广州市民用军票购米。

日伪统治时期的广州西堤有不少日文的宣传和广告招牌。（3图）

坚持抗日到底

1938年，抗日战争进入相持阶段后，敌后战场多次粉碎日军的“扫荡”。

抗战期间，广州出版的《周恩来谈保卫华南》。

中共广东党组织发动和领导了军民抗日斗争，发展壮大了人民武装，创建了抗日根据地。沦陷后的广州继续发挥着大城市独有的重要作用，与周边和珠江三角洲地区的抗日斗争相互配合与支持，其中关系密切的是广东人民抗日游击队东江纵队和珠江纵队，而其辐射的范围则更广阔。南粤成为全国三大敌后抗日战场之一。图为当时的木刻作品《在广州外围》。

1938年10月下旬至11月13日，中共广东组织领导的东莞抗日模范壮丁队和东莞常备壮丁队在东江河畔的榴花塔一带英勇抗击日军，坚守南岸阵地20余日。图为榴花塔战场旧址。

1938年10月24日，曾生、谢鹤筹、周伯明等率领由共产党员和进步青年组成的东江工作团到达惠阳坪山。10月30日成立中共惠宝工作委员会，并决定成立惠宝人民抗日游击总队，由曾生担任总队长。图为当时抗日活动旧址。

日军占领三灶岛（在今珠海市）后，大肆修筑机场和地下军用仓库。1938年4月10日夜，三灶岛壮丁队突袭日军定家湾盘古庙哨所，击毙数名侵华日军海军官兵。图为奋勇杀敌的三灶岛壮丁队。

1939年1月，惠阳一带的抗日游击队合编为惠宝人民抗日游击队，后发展为东江纵队。

古大存（1897—1966），广东五华人。1924年加入中国共产党，是东江革命根据地和东江红军的主要创建者之一。曾任中国工农红军第十一军军长兼代政治委员、中华苏维埃共和国临时中央政府委员、东江红军第一路军总指挥等职。1938年任中共广东省委常委、统战部部长。

东江游击队涉水行军。

东江游击队在行动。

东江游击队毁坏桥梁和公路，以阻击日军机械化部队的行动。

1939 年，东江群众运送物资，积极支援游击队。

广东民众自卫团的战士。

在广东省第二游击区司令伍观淇（1886—1952）等带领下，广州郊区、花县和从化的民众抗击日军，攻打日伪政府。图为伍观淇。

民众协助军队破坏公路、桥梁。

抗日游击区的破坏队。

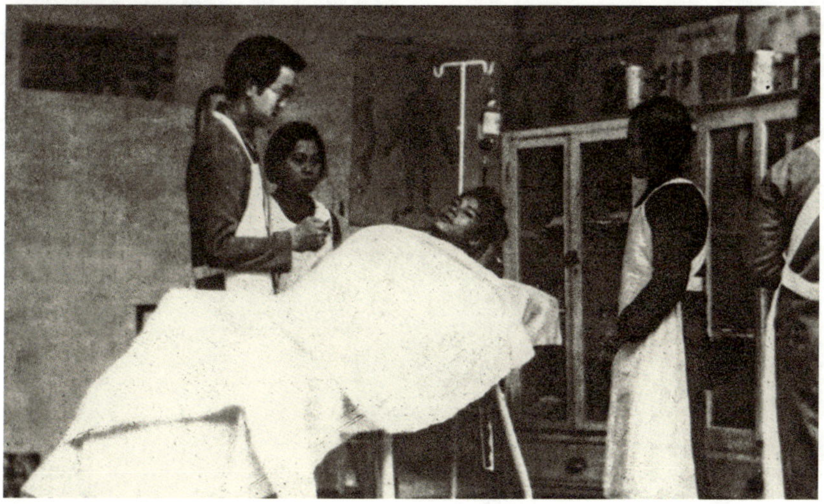

抗日游击区的简易伤病医院。

游击队在广州西北郊解救妇女和儿童。

1942 年 1 月，中共中央和中共广东省委将广东人民抗日游击队整编为广东人民抗日游击总队。至 1943 年，队伍发展到 3000 多人。图为总队部分战士合影。

1943 年 12 月，广东人民抗日游击总队在坪山改编为广东人民抗日游击队东江纵队。图为东江纵队成立大会。

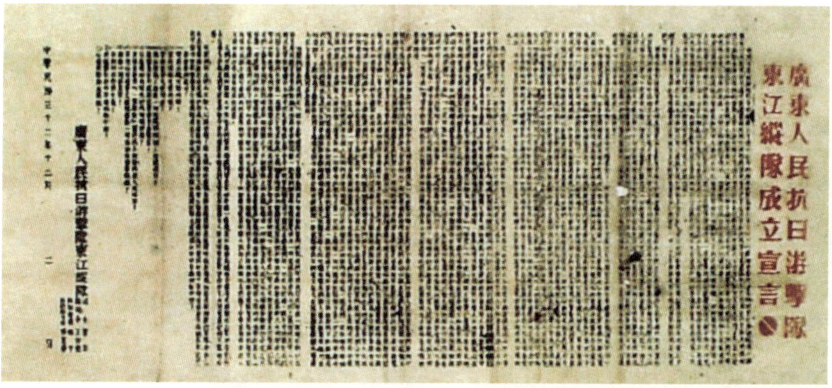

廣東人民抗日游擊隊東江縱隊成立宣言

1943 年 12 月，广东人民抗日游击队东江纵队发表成立宣言。

东江纵队干部培训处。

曾生（1910—1995），惠阳坪山（今深圳坪山）人，毕业于中山大学。1936 年加入中国共产党。历任中共惠宝工委书记、惠宝人民抗日游击总队总队长、广东人民抗日游击总队总队长、广东人民抗日游击队东江纵队司令员、中共广东区党委委员等职。

尹林平（1908—1984），江西赣州人。曾任中共南方临时工作委员会军事部部长、中共广东省委常委兼军事委员会书记，主持广东抗日武装斗争，建立人民抗日武装。历任中共东江特别委员会书记、东江前线特别委员会书记、广东人民抗日游击总队政治委员、东江军政委员会书记、广东人民抗日游击队东江纵队政治委员等职。

1938 年 11 月，活跃于番禺、顺德、南海一带的抗日义勇军被编为广州市区抗日游击第二支队，简称“广游二支队”。1939 年 1 月，中共广东省委派遣刘向东等前往广游二支队，整编训练直属队，提高了队伍的素质。图为刘向东。

1940 年 11 月，林锵云率领独立第一中队，配合广游二支队第二大队，在番禺沙湾涌边和石涌两村英勇击退伪军的多次进攻。图为沙湾涌边战斗遗址。

1943 年春，南海理教的抗日部队在河滘、苏滘、杏市和顺德的良教沙等地建立了抗日游击区，成立了南海人民抗日独立中队，1944 年扩编为南三大队。图为大队长黄平（黄江平）。

南三大队教导员陆华。

林锵云（1894—1970），广东新会人。1945年1月，广东人民抗日游击队珠江纵队成立，林锵云任司令员。

珠江纵队副司令员谢斌。

珠江纵队政治委员梁嘉。

位于中山县五桂山（今属中山市）古氏宗祠的珠江纵队司令部。

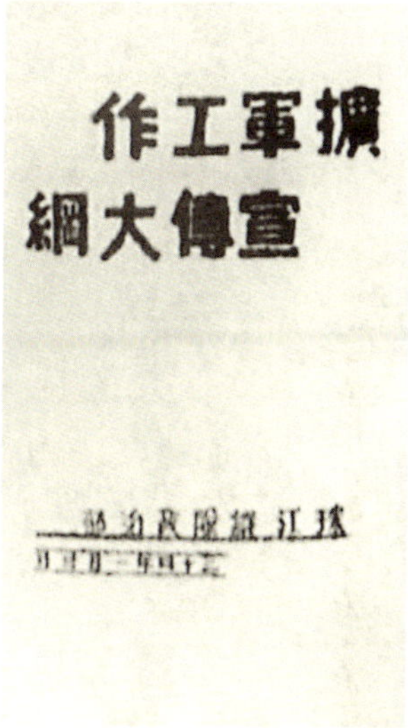

1945年，珠江纵队政治部编印的《扩军工作宣传大纲》。

张文彬（1910—1944），湖南平江县人。1937年到广东组织人民抗日斗争。历任中共广东省委书记、中共南方工作委员会副书记兼组织部部长等职，积极恢复和发展党组织，建立和扩大游击武装。

中国共产党领导下的东江青年抗敌先锋队。

1938年10月广州沦陷后，宋庆龄、何香凝、柳亚子等大批著名文化人士移至香港进行抗日活动。香港沦陷后，他们成为日军重点控制和搜捕的目标，经中共党组织及港九游击队等多方营救，成功脱险。图为在香港脱险后的茅盾、戈宝权等人。

东江纵队营救脱险的国际友人。

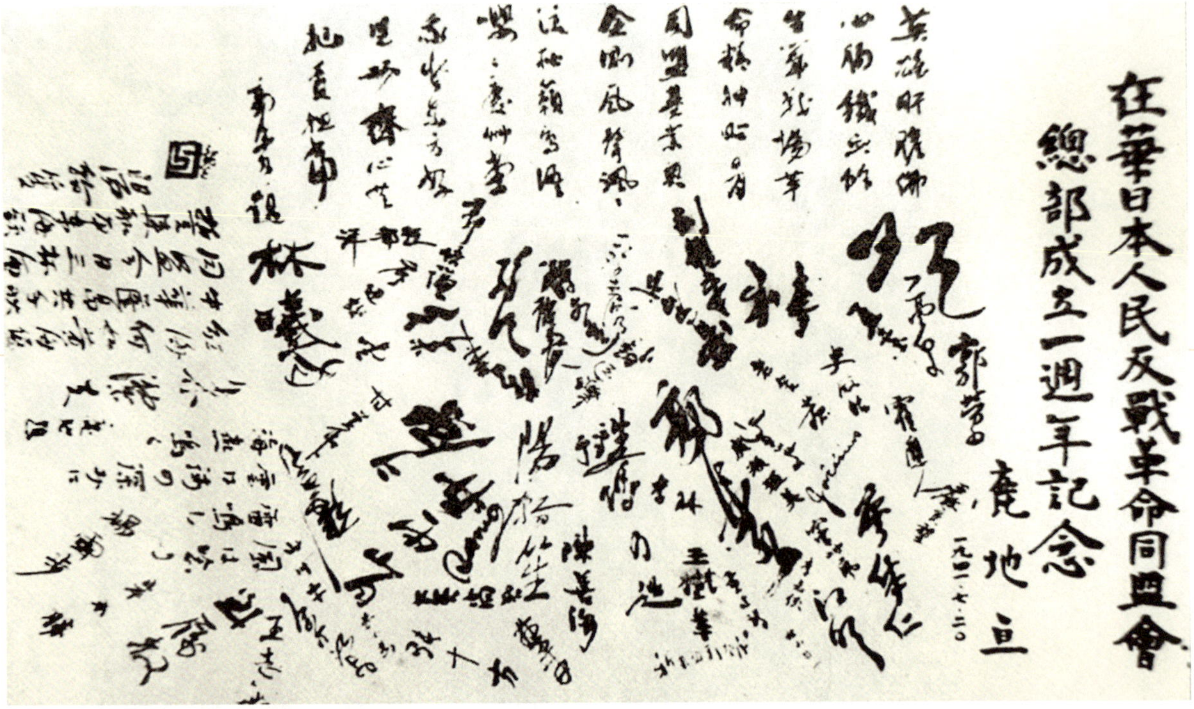

日本进步作家鹿地亘等组织成立“在华日本人民反战革命同盟会”，进行反战宣传和搜集相关情报。1941 年 7 月，郭沫若、老舍、阳翰笙等参加了在重庆举行的反战革命同盟会总部成立一周年纪念活动。郭沫若题诗咏赞：“英雄肝胆佛心肠，铁血余生几战场。革命精神昭日月，同盟基业奠金刚。风声飒飒流松籁，鸟语嘤嘤庆草堂。我辈东方好儿女，齐心共把责担当。”

1941 年初，中共党组织在广州建立多个地下联络站进行抗日活动。爱国人士梁培基提供的位于二沙岛的“江滨一屋”是其中之一。图为梁培基（左）及子女在“江滨一屋”门前合影。

中共广州党组织坚决贯彻抗日民族统一战线方针政策，广泛发动和领导广大民众抗日救国，壮大了广州党组织，创建抗日根据地，为夺取抗战胜利作出了重大贡献。1942 年 8 月，中共粤南省委在米市路开设广安柴店作为秘密联络站，坚持地下斗争。

抗战后期，中共广东省临时委员会成员梁广在广州建立的秘密机关。

1945 年，广州兄弟图书公司位于惠爱东路（今中山四路），出售进步书籍，成为中共党组织的秘密联络站。

省府北迁与粤北会战

抗战前线的中国士兵："来吧！赏你一颗手榴弹！"

1938 年 10 月 21 日，余汉谋率第十二集团军撤往粤北。

1939 年春，张发奎出任第四战区司令长官，指挥第一次粤北会战，获胜。

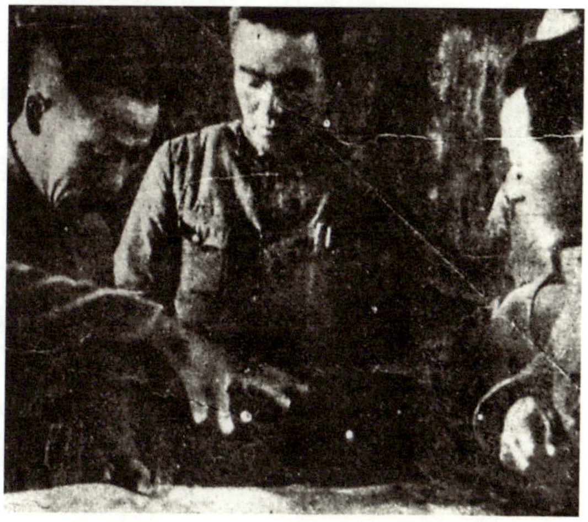

以上两图为粤北前线指挥作战的将领们。

1939 年，广东省政府主席李汉魂协助指挥粤北会战。

1939 年初，中国军队在西江前线攻克黄塘。

1940 年 5 月，中国军队攻克从化。

1939 年初，中国军队在广州郊区作战。

广东抗日部队的大炮及伪装网。

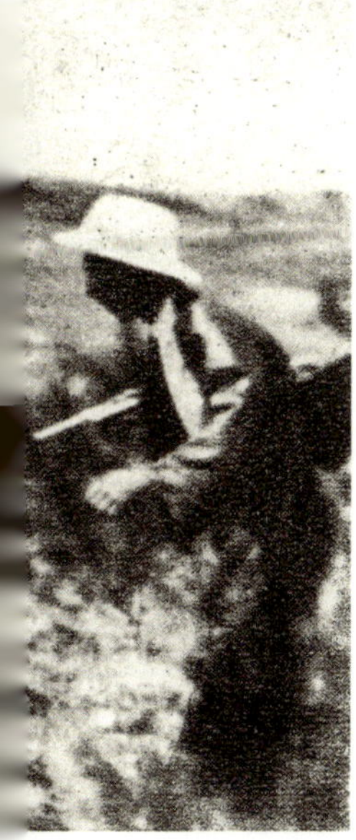

广东抗日部队的对空高射炮。

省府北迁与粤北会战

1939 年 12 月 25 日，日军第一〇四师团沿粤汉铁路进犯粤北。

1939 年 12 月 25 日，日军近卫师团、第三十八师团进犯粤北。

1940 年 5 月，第二次粤北会战中，第六十三军将士与日军在从化石榴花山激战 10 日，歼敌数千，六十三军将士阵亡 2000 余人。图为从化县人民政府于 1986 年重修的陆军第六十三军抗日阵亡将士公墓。

1939 年冬和 1940 年夏，中日双方于粤北进行两次大会战，中国军队均获胜，阻止了日军北进。图为中国军队缴获的战利品。（3 图）

1941 年，华侨革命老人步行宣慰团抵达韶关，与迁至粤北的广东当局官员会见。

华南的抗战得到了世界反法西斯阵营的国际友人的支持。1941 年 3 月，美国著名作家海明威受《太平洋邮报》派遣，偕夫人前来中国采访，第一站即为广东战时省会韶关。图为海明威夫妇与广东当局官员合影。

1941 年，第七战区司令长官余汉谋与海明威夫妇合影。

法国远东舰队司令爱斯德华与余汉谋合影。

第四路军总部的女职员在粤北执行公务。

粤北妇女政治训练班正在上课。

粤北民运干训班女子慰劳队队员替伤兵写家书。

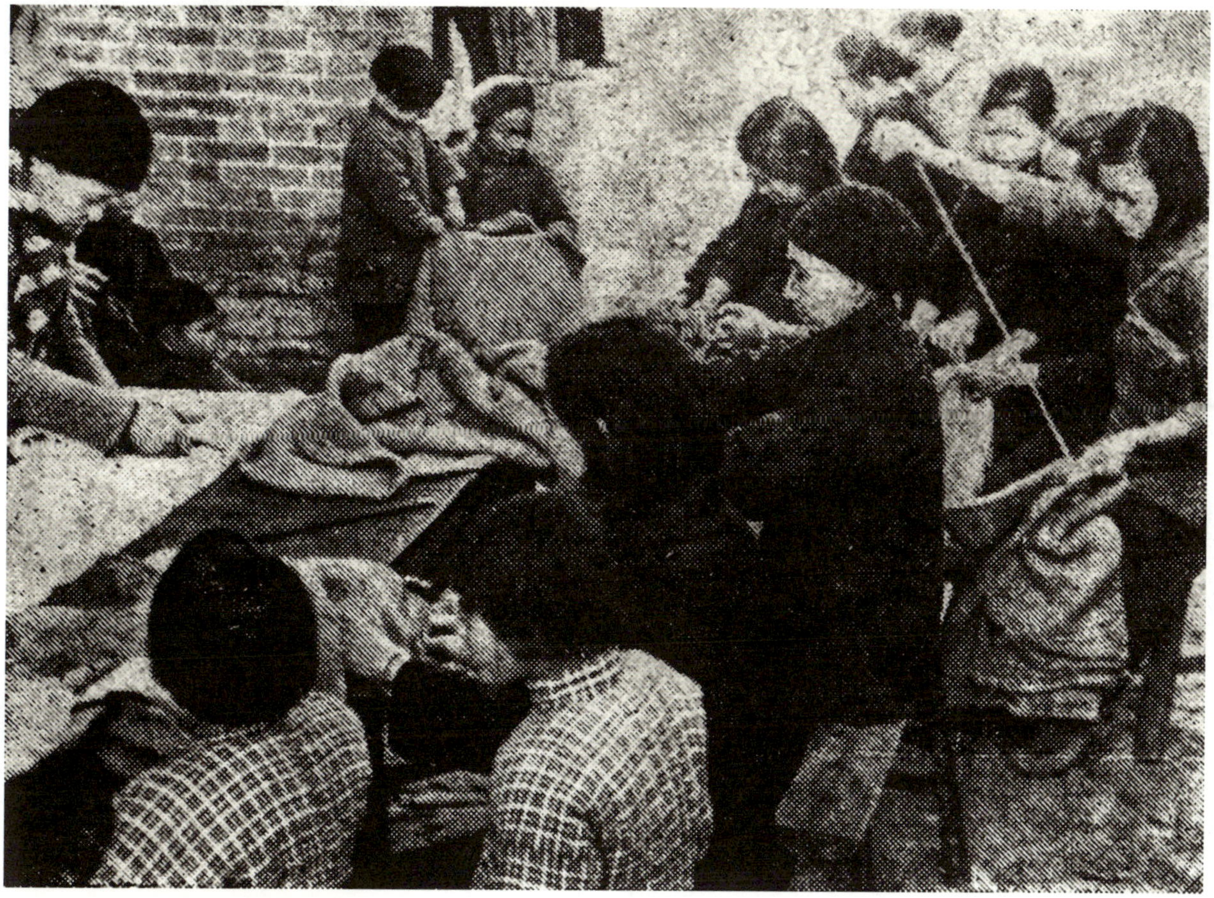

粤北的妇女为前线战士缝制军衣。

从 20 世纪 40 年代开始，广东省在战时省会韶关一带开展了军民合作运动。图为广东省军民合作总站的工作人员。

军民合作运动中的为民修路队。

抗战时期迁至粤北的广东省银行职员。

中山大学战地服务团的救护队。

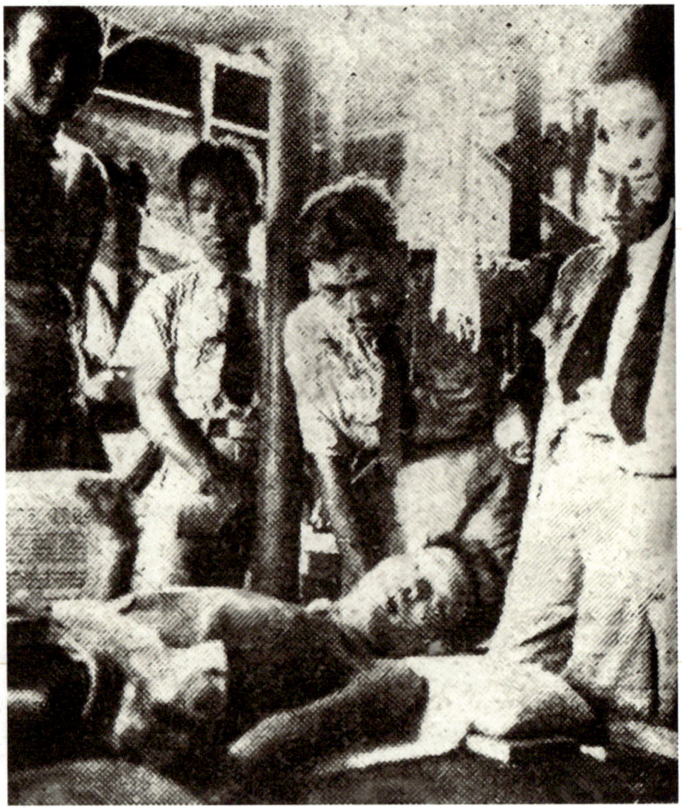

岭南大学学生慰问团在粤北慰问伤兵。

抗战时期，广东省立图书馆辗转迁至粤北。
图为该馆全体人员合影，左五为馆长杜定友。

1941 年 12 月 8 日，太平洋战争爆发后，盟军加强对中国的军事援助。图为 1942 年 7 月 6 日，美国空军首次轰炸在广州的日本军事设施。

抗日战争的胜利与广州光复

随着世界反法西斯战争局势的变化，中国抗日战争经过战略相持阶段后，敌后战场军民于 1943 年夏秋之际开始了局部反攻。1944 年起，敌后战场普遍向日伪军展开攻势。图为毛泽东和朱德在新形势下研究对日反攻作战。

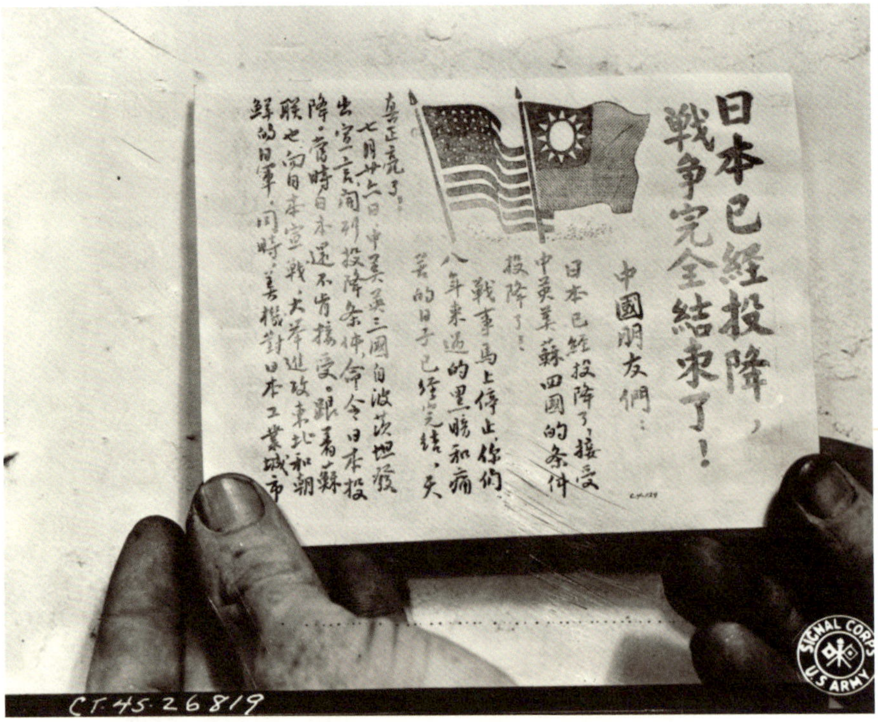

抗战胜利宣传品，上书：“日本已经投降，战争完全结束了！”

1945 年 8 月 15 日，日本裕仁天皇通过无线电台向日本全国宣读了《停战诏书》。

1945 年 8 月，日本人在收听《停战诏书》。

1945 年 9 月，投降后的日本军人。

侵华日本士兵的母亲在寺院祷告，希望她的儿子早日平安回国。

1945 年 8 月，中国人民终于迎来了抗战胜利。图为广州大街上挤满了游行欢庆的市民。

1945 年 9 月 2 日，日本向同盟国投降仪式在美国“密苏里”号战列舰上举行。

1945 年 9 月 2 日，中、美、英、苏四国正式接受日本投降以后，蒋介石即向世界发表广播讲话。

1945 年 8 月 21 日，广州市仍暂由日军警戒，直至被中国军队接收。

1945年8月，国民党第二方面军司令、广州行营主任张发奎任粤西、海南、广州地区受降主官。图为第二方面军受降官员合影，前排右六为张发奎。

“日本仔投降啦！”——纽约华人报贩欣喜若狂地向市民传递这一特大喜讯。

新编第一军军长孙立人。

1945 年 9 月 7 日，新一军开进广州。

貨車租賃

1945 年 9 月，中国军队继续进入广州接防。

1945 年 9 月 15 日，第二方面军司令张发奎率领第十三军第八十九师进入广州。图为第八十九师通过凯旋门。

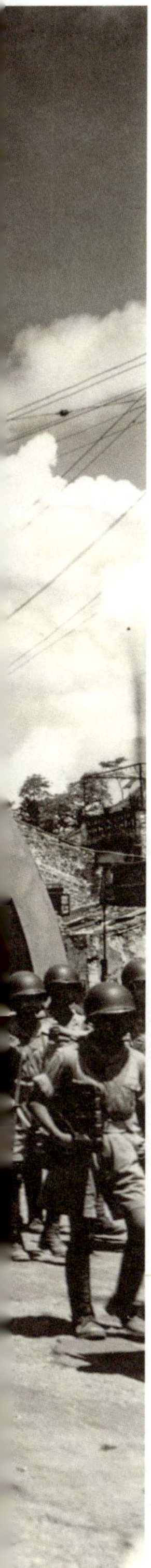

1945 年 9 月，第二方面军受降接收委员会委员合影。

抗日战争的胜利与广州光复

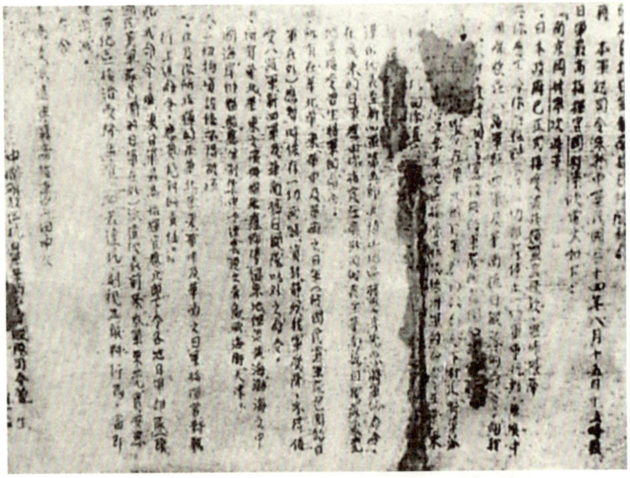

1945 年 8 月 16 日，曾生以中国解放区抗日军华南抗日纵队司令的名义，命令日本华南派遣军司令官田中久一立即下令所属部队前往华南各抗日纵队驻地缴械投降，不得有违。

1945 年 9 月 16 日，广东侵华日军受降地点——广州中山纪念堂。

国民政府受降代表前往中山纪念堂，主持受降典礼。

侵华日军华南派遣军司令田中久一在投降书上签字。

1945 年 9 月，在香港举行的日军投降仪式上，日本军官交出指挥刀。

1945 年 9 月，日军被押解离港。

1947 年 3 月 27 日，田中久一被判处死刑，押赴刑场执行枪决。

抗战胜利后，一名中国士兵正在擦去日伪标语。

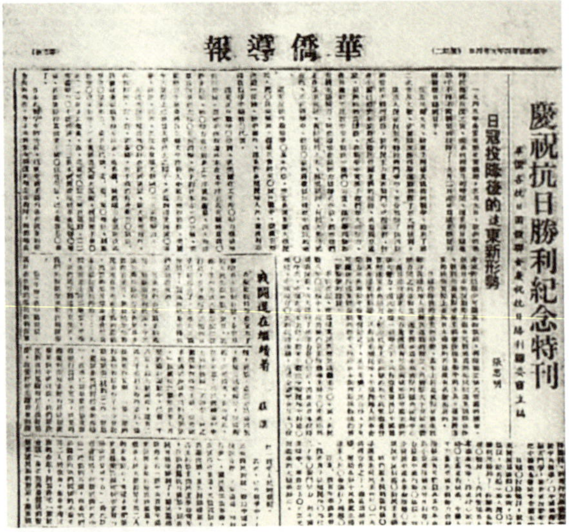

華僑導報

慶祝抗日勝利紀念特刊

日寇投降後的遠東新形勢

1945 年 9 月 4 日，《华侨导报》开辟的庆祝抗日战争胜利的纪念特刊。

1945 年，英国伦敦华侨举行庆祝抗战胜利大游行。

1945 年，纽约华侨和当地民众集会庆祝世界反法西斯战争胜利。

七

迎来胜利的曙光

（1945—1949）

抗战胜利后，中国人民并没有获得渴望已久的民主与和平。蒋介石集团坚持专制独裁，撕毁国共双方重庆谈判达成的协议，以出卖国家利权换取美国的支持，全面发动内战。国民党广东当局各机关及驻粤军队打着“接收”旗号，大肆搜刮民脂民膏，中饱私囊。官僚资本进行垄断经营，牟取暴利，加之洋货充斥，民营经济难以为继。广州经济陷入大衰退，由此引发了恶性通货膨胀，使得广州财政混乱，社会治安恶化，民不聊生，怨声载道。

国民党恢复和加强了对广东的统治，企图把广东作为发动内战的基地。大批军队调进广东，盘踞广州，控制南粤，妄图在3个月内消灭省内的人民武装。在短短几年中，无论是张发奎的“网形合围”“填空格”战术，抑或宋子文的“绥靖新策略”——两期“清剿”和“分区扫荡，重点进攻”，乃至国民政府南迁广州和阎锡山“战时内阁”的垂死挣扎，直到1949年8—10月，蒋介石多次前往广州部署“防御”，均以失败告终，未能挽救蒋家王朝的衰败。他们发动内战，拒不承认中共领导的华南人民武装和根据地，加紧进行“剿匪”，引发民众反抗。中共中央和中共香港分局都作出了加强人民武装和巩固根据地的决定及相应部署。中共领导的人民武装和根据地在斗争中日益发展壮大，为迎接解放战争的胜利作好了准备。广州解放前夕，粤东人民武装已有8万余人，根据地人口约1350万人，占全省人口的40%以上。

广东当局秉承蒋介石集团旨意，不仅“围剿”中共领导的人民武装，还迫害爱国民主人士，摧残进步文化。广州人民对国民党的统治强烈不满，不断掀起争取民主、反对独裁、要求和平、停止内战的爱国民主运动，爱国民主人士积极参与，青年学生更充任先锋。1946年初，中国民主同盟南方总部迁到广州，并成立了民盟广州市工作委员会。4 月，李济深、蔡廷锴、李章达等在广州成立“中国国民党民主促进会”（简称“促进会”），宣言反对独裁、反对内战，要求结束国民党统治，建立联合政府。促进会是中国国民党内爱国民主成员的早期组织之一，在粤、桂两省开展活动，并出版《现代》月刊。促进会的进步活动遭到国民党当局的迫害，刊物被禁，蔡廷锴等被迫离开广州，组织转入地下，总部迁往香港，继续坚持民主活动。何香凝、徐傅霖、蔡廷锴等还分别致电毛泽东主席和美国总统杜鲁门，呼吁和平，要求停止内战。毛泽东复电对爱国民主人士的言行深表赞佩，反复申明中国共产党致力和平、民主的原则。中共广东区委明确指示，要求加强对民主党派的支持。

1945 年 12 月，昆明发生一二 · 一惨案，广州学生立即奋起支援。中山大学组建了“临时工作委员会”，发表《告广州市民书》，揭露国民党政府镇压学生运动的暴行，倡议广大学生示威游行。1946 年 1 月，2000 余名学生走上街头，高呼反对内战、争取民主和建立联合政府的口号。2 月，3000 多名学生示威游行，向行政院院长孙科递交了请愿书，要求制止广东当局对中共领导的人民武装和根据地的进攻，承认中共领导的武装力量。各界民众积极支持学生运动，纷纷举行罢工、罢课。1946 年底，以北京发生的“沈崇事件”为导火线，引发了全国范围的抗议美军暴行、反对美蒋统治的示威运动。广州多所高校学生联合行动，把“反饥饿、反内战、反迫害”的爱国民主运动推向高潮。广东当局采取暴力镇压，造成多起流血事件。中共广东地下组织遵照中共中央关于“隐蔽精干，长期埋伏，积蓄力量，以待时机”的方针，实行公开工作与秘密工作相结合、合法斗争与非法斗争相结合、政治斗争与经济斗争相结合的原则，将爱国民主运动由学校推广到工厂、企业及广大社会阶层，形成声势浩大的国统区内第二条反对美蒋战线，最大限度地孤立了独裁统治者。

人民解放战争的大潮不可抗拒。继辽沈、平津、淮海三大战役胜利后，百万雄师渡过长江。1949 年 4 月，节节败退的国民党南京政府迁至广州，企图以广东为据点，在华南地区作最后的顽抗。“宜将剩勇追穷寇”，人民战争迅猛推进，华南地区的解放指日可待。中共广州党组织提出《解放前夕广州形势与当前任务》，为接管广州做好充分准备。9 月，根据中共中央的指示，在江西赣州成立了新的华南分局，以叶剑英为第一书记，并决定南下的人民解放军兵分三路进军广东。

国民党当局见大势已去，提出“总撤退、总罢工、总破坏”的行动口号，计划在败退之前，将广州的粮食、重要设备、资金、原材料运走，把剩余物资及电厂、自来水厂、海珠桥等全部炸毁。中共广州地下党组织发动广大市民，夜以继日地进行护厂、护校、保护城市公共设施的斗争。在各方力量的共同努力下，广州的重要工厂、城市建筑和市政设施基本得到完好保存。但海珠桥被炸毁，居民死伤逾百人。

10 月 14 日，人民解放军南下大军在华南人民武装和群众的配合支持下，冲破国民党军队的三道防线，迅速解放广州。广州市军事管制委员会、中共广州市委、广州市人民政府等机构相继成立。11 月 11 日，人民解放军炮兵部队举行盛大的入城仪式，广州各界群众热烈欢迎。12 月底，广东陆境全部解放。

经历了长达百年、几代人的艰苦卓绝的奋战，在中国共产党领导下，广大人民终于挣破了殖民主义和封建主义的枷锁，主宰了自己的命运。广州迎来了胜利的曙光。民主革命基本完成，中华人民共和国的成立标志着这座英雄城市跨入了一个崭新的辉煌时代。

20世纪50年代，广州市市长朱光满怀激情地挥毫写下《广州好》辞章，回溯已逝的峥嵘岁月，追忆沧桑巨变，缅怀先烈和前驱志士们的不朽业绩，瞻望更为美好的未来。谨录6首，缀于篇终。

广州好
反帝百年名
城北平英扬义帜
虎门焚毒抗夷兵
独立血来争

广州好
三月吊黄花
七二英雄溅碧血
万千豪俊拔龙牙
辛亥耀光华

广州好
黄埔涌波涛
北伐雄师钢铸骨
工农从此识枪刀
八一树红旗

广州好
工运著威声
省港洪潮寒鬼胆
沙基残杀岂能平
教我工农盟

广州好
革命好摇篮
农运雄风开讲所
回天基力出高坛
旭日万民看

广州好
我问白云山
南国擎天成砥柱
松林泉唱晓霞丹
何日摘星还

国民党独裁统治与社会经济衰退

1945 年抗日战争胜利后，张发奎任广州行营主任，负责处理华南地区接受日伪投降、收缴日伪物资、遣送日俘、审判战犯和拘捕汉奸等任务。大批官员涌入广州，以“接收”之名搜刮民脂民膏。图内居中者为张发奎，右一为欧阳驹。

1945 年 9 月，广州市民在日本投降后挖出自己埋藏的物品。

在日伪政权的蹂躏下，广州经济已是一片萧条。国民党当局坚持独裁统治，发动内战，促使广州社会经济走向崩溃，民不聊生。广州坊间盛传一则民谣："睇（看）错老蒋（指蒋介石），迎错老张（指张发奎），搭错牌楼，烧错炮仗。"图为广州市民携着大捆贬值的货币到市场抢购商品。

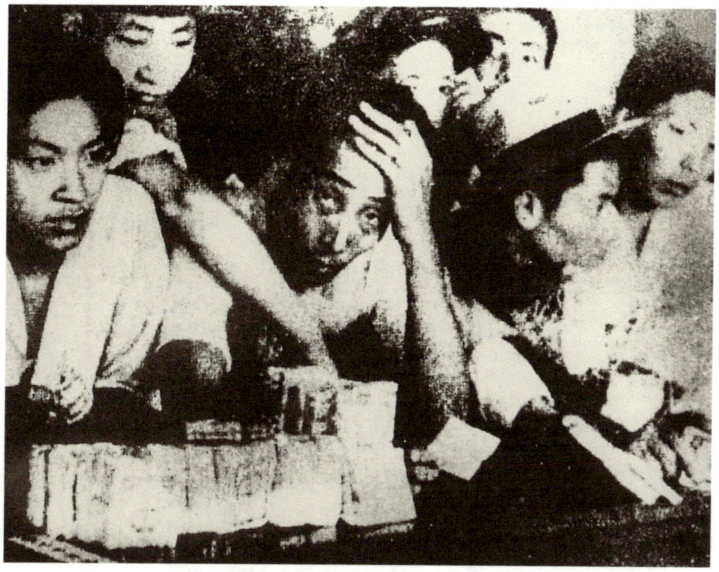

1945 年底，广州虽已光复数月，但生活用品仍然供不应求，物价飞涨，每担柴的价格比原来高出一倍多。

1945 年底，物价高涨、粮食不足，米价比 8 月时还高，市民难以果腹。

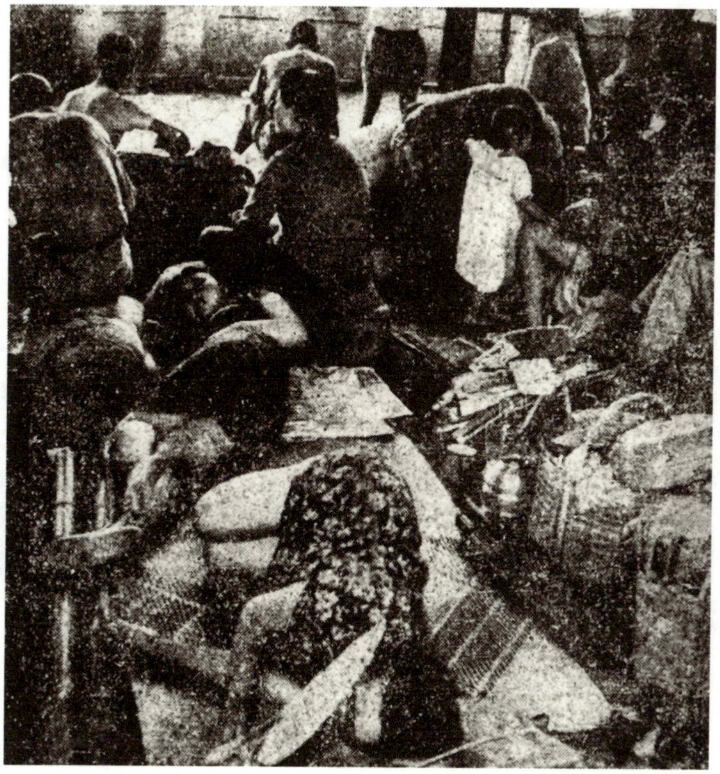

流离失所的广州市民。

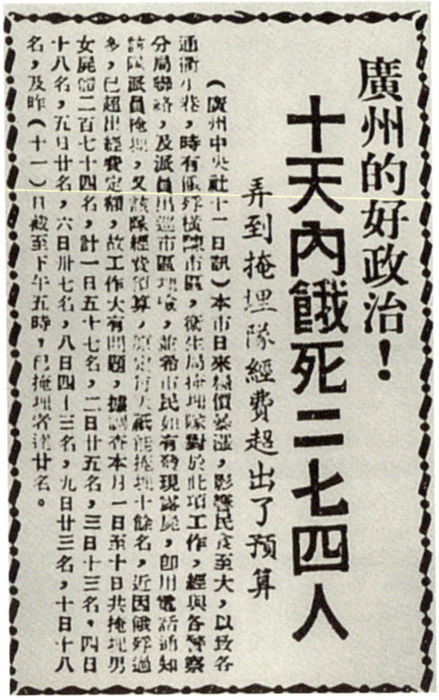

廣州的好政治！

十天內餓死二七四人

弄到掩埋隊經費超出了預算

（廣州中央社十一日訊）本市日來米價暴漲，影響民食至大，以致各通衢小巷，時有餓殍橫陳市區，衛生局掩埋隊對於此項工作，經與各警察分局聯絡，及派員出巡市區視察，並希市民如有發現露屍，即用電話通知該隊派員掩埋，又該隊經費預算，原定每月祇能掩埋十餘名，近因餓殍過多，已超出經費定額，故工作大有問題，據調查本月一日至十日共掩埋男女屍骸二百七十四名，計一日五十七名，二日廿五名，三日十三名，四日十八名，五日廿名，六日卅七名，八日四十三名，九日廿三名，十日十八名，及昨（十一）日截至下午五時，已掩埋者達廿名。

1946年初，广州霍乱流行，市民贫病交加，死亡人数日增。第一季度收尸近2000具。市民对当局大失所望，民怨沸腾。图为相关的新闻报道。

广州西濠口一带曾在日军入侵时期遭到严重毁损，成为一片瓦砾场。战后，国民党当局试图重建这块中心繁华地区，但未能完成。图为光复后的西濠口。

宋子文自1947年来粤主政后，开始着力经营黄埔港。迫于形势和财政支绌，港口开发无法按计划进行。图为1948年施工中的黄埔港口码头。

通货急剧膨胀，广州金融市场混乱不堪。图为中央银行 1948 年发行的面额 25 万元的关金券。

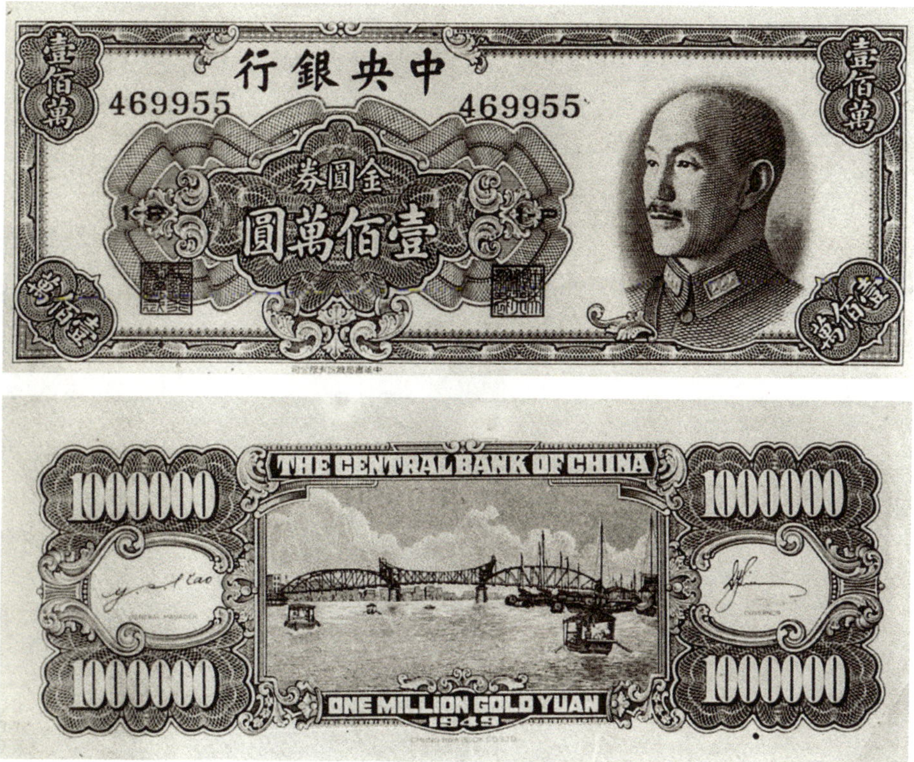

1948 年 8 月，蒋介石下令实施“币制改革”，发行金圆券。流通 3 天后，市面物价上涨一倍。大量人民财产遭到掠夺。图为 1949 年年中，中央银行发行的面额 100 万元的金圆券。

1948 年 4 月 1 日，广州市开始实行粮食配售制，市民每月仅供应大米 15 市斤。图为市民等候领取配售证的情景。

1949 年 3 月，中山大学教授因金圆券贬值后形同废纸，生活陷入绝境，多次向教育部请愿要求救济，否则全体请假。图为校方接受记者采访，左侧拭泪者为孔德教授。

中央银行初期发行的面额万元的金圆券几近废纸，而面额低于万元的金圆券则成废品，每斤价格低于旧报纸。1949 年 6 月下旬以来，市面拒收金圆券。图为美军士兵用金圆券点烟。

1949 年上半年，广州市民在排队购粮。

东江纵队北撤

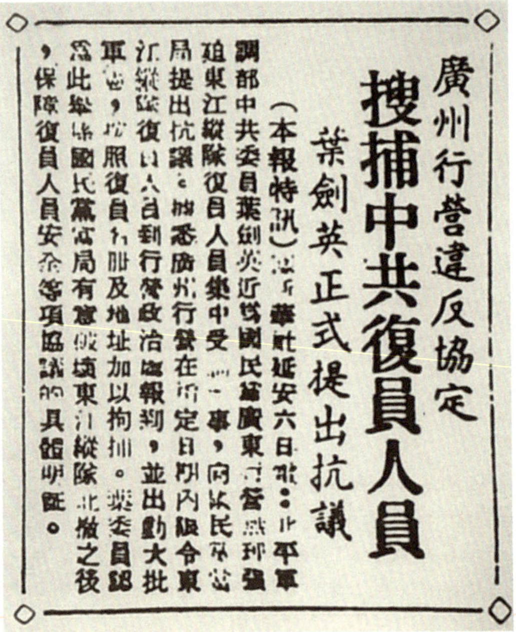
廣州行營違反協定
搜捕中共復員人員
葉劍英正式提出抗議

（本報特訊）新華社延安六日電：北平軍調部中共委員葉劍英近對國民黨廣東行營非法強迫東江縱隊復員人員集中受訓一事，向國民黨當局提出抗議。據悉廣州行營在所定日期內限令東江縱隊復員人員到行營政治部報到，並出動大批軍警，按照復員人員姓名及地址加以拘捕。葉委員認為此舉係國民黨當局有意破壞東江縱隊北撤之後，保障復員人員安全等項協議的具體明證。

1946 年 1 月，张发奎执行蒋介石密令，以“剿匪”为名，向惠阳、东莞、保安等中共部队进攻。八路军参谋长、军调处执行部中共代表叶剑英向国民党提出抗议。图为当时香港《华商报》的报道。

1946 年 6 月，蒋介石公然撕毁停战协定和政协协议，大举进攻解放区，全面发动内战。

1945 年 10 月至 1946 年 2 月，陈能兴出任中共广州工作委员会书记。

1946 年 2 月，中共广州市委员会组建，黄松坚任中共广州市委书记。中共广州市委专门设立青年工作委员会，以推动学生运动。

1946 年 3 月 31 日，周恩来在重庆主持召开记者会，在全国人民的舆论压力下，经过揭发和斗争，迫使国民党签订东江纵队北撤的协定。图为东江纵队领导人曾生（左）、王作尧（中）、杨康华（右）北撤前在宝安葵涌合影。

1946 年 6 月底，曾生出任北撤部队军政委员会书记。几经波折，打破被国民党军队围歼的阴谋，东江纵队从大鹏湾北撤，于 7 月抵达山东。图为登陆烟台的东江纵队队伍。

和平民主运动蓬勃展开

國民主政團同盟啓事

1941 年 10 月 10 日，《光明报》刊登了《中国民主政团同盟启事》，宣告中国民主政团同盟成立。

1946 年冬，中国民主同盟番禺县分部成立，兼管广州民盟工作。图为 1950 年夏，中国民主同盟番禺县分部第一届全体盟员大会召开时的合影。

1946 年 5 月 11 日，广州纺织工人向资方要求改善待遇，资方不予理睬，工人即日罢工。机器工会分会、电力分会等 19 个分支会代表呼吁援助该厂工人罢工的合理行动。图为纺织女工在劳作。

1946 年 9 月，由于日薪不足一餐的支出，广州清洁工连日举行罢工。图为清洁工在劳作。

1947 年 2 月底，广州经济大衰退造成 20 万工人失业。工友们纷纷投入“反饥饿、反迫害、求生存”的斗争，3 月中旬罢工达到高潮，波及 30 多个行业，其中以棉纺织业参与人数最多。

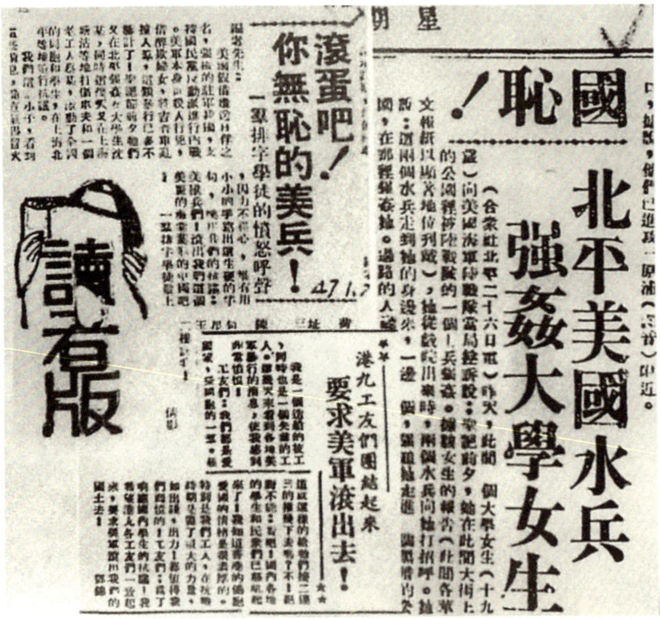
國恥！
北平美國水兵
強姦大學女生
滾蛋吧！
你無恥的美兵！
一羣排字學徒的憤怒呼聲
47.1.7
讀者版
港九工友們團結起來
要求美軍滾出去！

1946 年 12 月底，北平发生“沈崇事件”，粤港两地民众强烈声讨美军暴行。图为相关报道。

1946 年 1 月 30 日，为声援昆明学生的正义斗争，中共广州地下党组织领导中山大学等高校学生举行反对内战、争取民主的示威游行。

1947 年 1 月 7 日，“国立中山大学沈崇案后援会”组织中山大学、中山大学附属中学、中华文化学院、广东省立文理学院、广东省立法商学院等院校学生举行“抗议美军暴行示威大巡行”，沿途高呼“反对美军暴行”和“中国不是殖民地，我们不做奴隶”等口号。

1947 年 1 月，抗议美军暴行的游行队伍行进至沙面东桥时，被国民党军警阻拦。学生们不惧刺刀和铁丝网，高喊“中国人不打中国人”等口号，冲进沙面到美国领事馆前示威。

1947 年 3 月，中共广州地下党组织成立外围组织——爱国民主协会（简称“爱协”，后称“地下学联”）。图为中山大学师院“爱协”成员和同学借郊游开展活动。

1947 年 3 月 29 日，中山大学爱国民主协会成立，推动了广州的学潮，后易名为广州学生联合工作协会。图为部分中山大学地下学联成员和进步同学举行活动时的合影。

1947年5月31日，在中共地下党组织的领导下，中山大学学生发动全市学生举行“反饥饿、反内战、反迫害”的大规模示威游行，游行队伍打出“我们不能自取灭亡”等标语。

广州“反饥饿、反内战、反迫害”大规模示威游行中行进在队伍前头的宣传车。

学生游行队伍途经长堤时，遭到广东机器工会等国民党控制的组织的暴徒袭击。

1947 年 5 月 31 日深夜，广州当局出动军警、特务闯入中山大学搜捕爱国师生。

1947年6月，中共中央设立香港分局以加强华南地区工作。图为中共中央香港分局书记方方。

1946年至1948年初，钟明任中共广州地区特派员。1948年8月至1949年10月任中共中央香港分局城市工作委员会（亦称港粤城工委）副书记，分管广东内地城市工作，兼任广州市地下党总特派员（市委书记）。

1948年夏，广州新民主主义工人协会在香港成立，这是中共领导的外围组织之一。

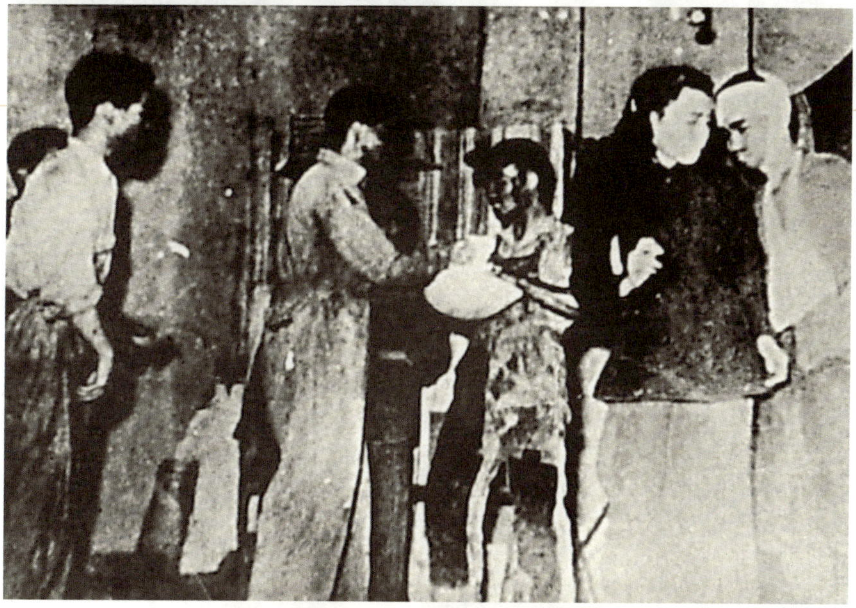

1949年4月6日，为支援中山大学教授的反饥饿罢教斗争，中山大学地下学联决定开展敬师义演，募集资金以示支持。上两图为中山大学学生义演。

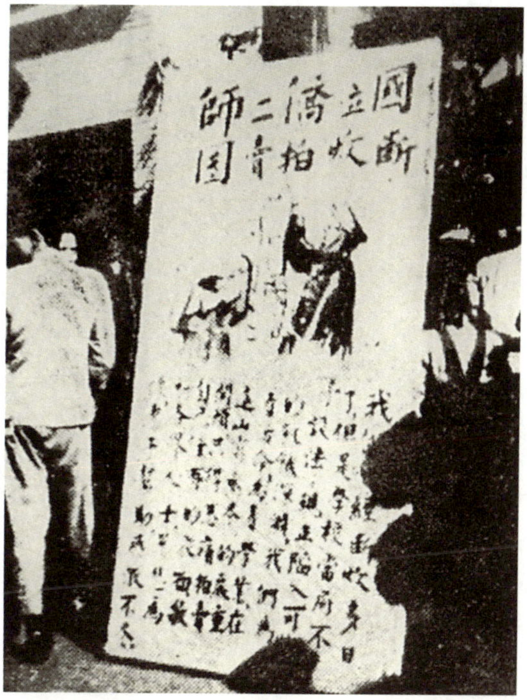

1948年12月，广州国立侨二师学生在中共地下党组织和爱国民主协会的领导下，进行游行和断炊拍卖自救，揭露国民党摧残教育和迫害学生的罪行。图为学生进行断炊拍卖。

1949年7月23日凌晨，国民党军警突然包围中山大学，逮捕中山大学师生和员工150余人，制造了“七二三”事件。

剧变前夕的社会生活

1947 年的永汉路与惠爱路交会处。

20 世纪 40 年代末，航拍广州一角。左边大型建筑为中山纪念堂，北侧山上有中山纪念碑和镇海楼。

1949 年初，资方与员工一起用餐。

1949 年，广州珠江码头女工。

1949 年，广州邮车运送邮件。

1949 年，广州沙河“笑记肥鸡”的女店主在阅读。

1949 年 3 月，广州寮屋里的居民。寮屋非常简陋，大多是以铁皮、木板等搭建而成的临时居所，又分别称铁皮屋、木屋。

20 世纪 40 年代，海幢公园内的公共卫生宣传标语。

1949 年 8 月的沙基涌，一群妇女在涌边浣洗衣物。沙基惨案纪念碑就树立在右桥脚。

1949 年，广州同安码头的工作人员在检查乘客行李。

1949 年，工人的孩子们在挑拣煤渣。

1949 年 8 月，广州街头的出殡队伍。

广州街头小食摊，光顾者多为车夫和小贩。

国民政府的败退与破坏

1945 年 8 月至 1947 年 9 月，罗卓英（左二）任广东省政府主席。

1947 年 9 月至 1948 年底，宋子文任广东省政府主席兼广州行辕主任。

1947 年 6 月至 1948 年 9 月，中国人民解放军在解放战争中由战略防御转入战略进攻。1948 年 9 月至 1949 年 1 月，解放军取得了辽沈、淮海、平津三大战役的胜利。国民政府赖以维持的主要军事力量基本消灭，解放战争胜利的基础得以奠定。1949 年 4 月 20 日，解放军渡过长江。23 日，攻占南京。

1949 年 3 月，中华民国代总统李宗仁（居中者）抵广州，广东省政府主席薛岳（左一）和广州市市长欧阳驹（右一）前往迎接。

1949 年 4 月，国民政府总统府和行政院南迁广州。图为撤至广州的败军。

1949 年 4 月底，国民党当局开始对广州实施戒严，大街小巷都建起了木闸。

1949 年，广州市区的警备队伍荷枪巡逻。

1949 年 5 月，不少广州市民开始疏散，每天有 5000 余人离穗，车船拥挤不堪。

1949 年 8 月，等待乘机离穗的人群。

1949 年 8 月，正在广州机场登机的妇女。

1949 年 6 月，20 多个国民党控制的工会举行“扩大反共救国宣传列车大巡行”，动用 20 多辆宣传车散发传单。

1949 年上半年，广州火车站附近驻扎了大批国民党军队。

1949年7月27日，国民党当局在广州设立卫戍司令部，隶属国防部并受广州绥靖公署管辖。李及兰任广州绥靖公署副主任兼广州卫戍总司令，指挥了炸毁海珠桥的行动。

1949年8月，白崇禧（左）与中华民国代总统李宗仁在沙面合影。

1949 年 8 月，美国驻广州领事馆成员摘牌，准备撤离。

1949 年 10 月，在中国人民解放军强大攻势下，国民党军政人员纷纷逃离广州。图为聚集机场的国民党军政人员。

1949 年 10 月，国民党军队从广州撤退，大量来不及撤走的卡车被破坏。

1949 年 10 月，广州黄沙车站的汽车被国民党军队全部烧毁。

1949 年，国民党当局在败退广州前提出“总撤退、总罢工、总破坏”的口号，意图摧毁广州。10 月 14 日，国民党军队在没有任何预警的情况下炸毁海珠桥，造成 400 多名市民死伤，100 多艘民船沉毁，数百间房屋被震损，受灾居民 3000 多人。图为被炸毁的海珠桥。

护城护厂斗争

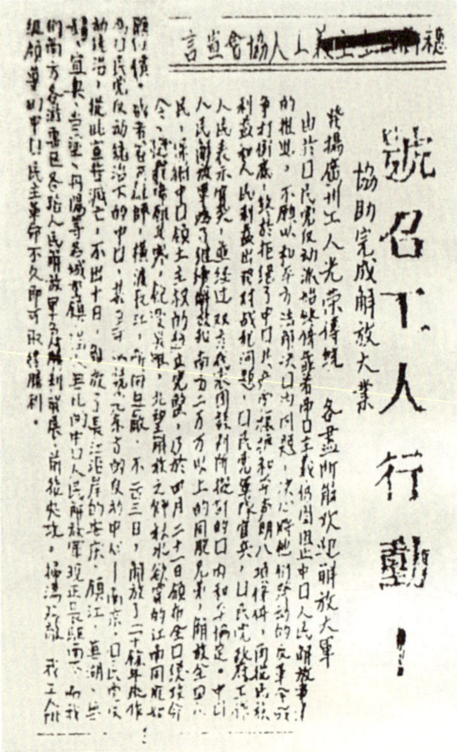
號召工人行動！
協助完成解放大業

1949 年广州解放前夕，地下工协秘密组织工人进行护城、护厂斗争。图为当年地下工协向工人秘密散发的传单。

广州东亚大酒店职工业余同乐会是中国共产党领导的一个基层外围组织。1949 年广州解放前夕，同乐会在护城、护店的斗争中发挥了重要作用。

1949 年，广州地下工协会员劳永全打入广东省第一造币厂，在国民党败退搬迁时，他发动工人故意拖延时间，保住了机器设备，等候共产党军管会代表接管。

1949 年，地下工协会员温沃强打入广东省营造纸厂，发展地下工协会员，收集厂组织、财产等资料和图纸交由中共地下党组织，并将工厂完整交给军管会代表。

1949 年 10 月广州解放前夕，广州市邮电职工积极保卫公共财产，把贵重机器设备掩藏起来。上两图为保护完好的机器设备。

1949 年 10 月，国民党军队撤退，解放军尚未入城，广州市民组织自卫队堆沙包，关街闸，维护治安。图为广州街闸。

广州市民们在堆砌沙包，保卫广州不受敌人破坏。

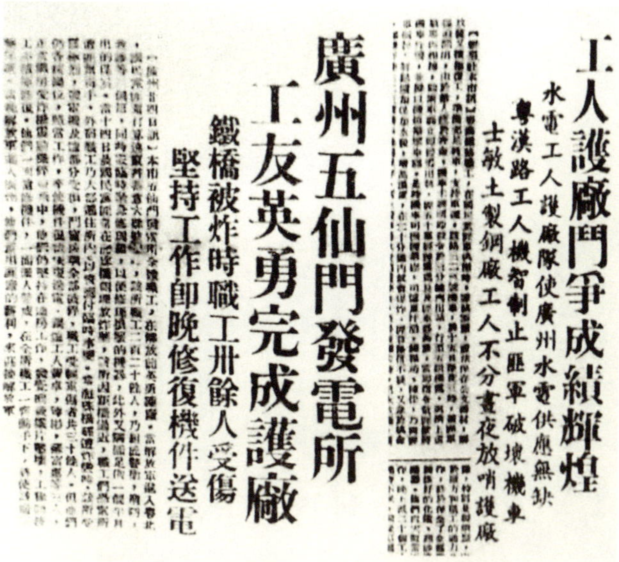

工人護廠鬥爭成績輝煌

水電工人護廠隊使廣州水電供應無缺

粵漢路工人機智制止匪軍破壞機車

士敏土製鋼廠工人不分晝夜放哨護廠

廣州五仙門發電所 工友英勇完成護廠

鐵橋被炸時職工卅餘人受傷

堅持工作即晚修復機件送電

1949 年 10 月，广州工人积极投入护城、护厂斗争，成效显著。图为相关报道。

1949 年 10 月，广州民众自卫队在巡逻。直到解放军入城，完成自身任务后解散。

中共广州党组织配合解放省城的斗争

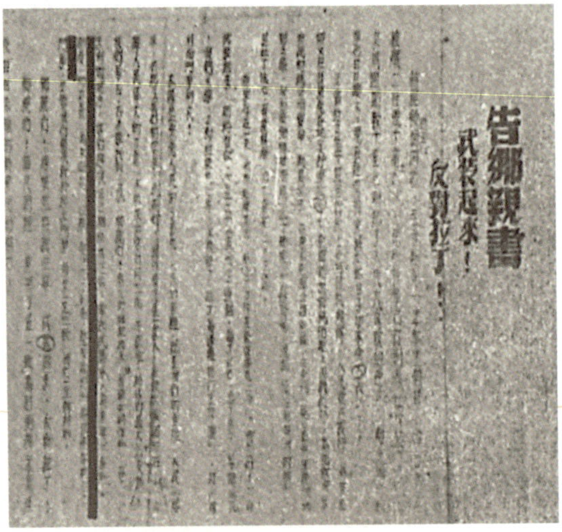
告鄉親書
武裝起來！

1946年，广州郊县人民积极开展反“三征”（征兵、征粮、征税）斗争。图为当时广州郊县中共地下党组织发布的反“三征”标语。

1947年12月，中共禺南特派员成崇正在番禺大石大山地区组织成立二支队禺南武装工作队，恢复武装斗争。图为成崇正。

1948年冬，中共番禺县委员会成立，下辖5个区委1个支部。周健夫任书记兼组织部部长，郑吉任武装部部长，廖安任宣传部部长，徐幽明负责禺北、禺东地区的工作。图为周健夫等的活动地点——番禺石碁朗边村东约6巷。

1949 年 10 月，中共广州地下党组织在长堤设立了指挥中心，领导人余美庆等在此筹划迎接解放军入城及接管城市事宜。图为中共广州地下党指挥中心旧址（今广州沿江中路 153 号）。

1948 年 12 月下旬至翌年 1 月中旬，中共粤赣湘边区党委在惠东县安墩镇黄沙村召开了第一次全体会议。1949 年 1 月 1 日，中国人民解放军粤赣湘边纵队宣告正式成立。图为粤赣湘边纵队司令员兼政委尹林平（右）与东江第一支队司令员蓝造（左）、政委王鲁明（中）的合影。广州郊县人民武装统一改编为“边纵”东江第三支队，准备配合解放军南下大军解放广州。

1949 年 10 月，广东成立支前司令部，尹林平任司令员。图为支前司令部旧址（今广州沿江中路 194 号）。

1949 年，东江游击区的文艺战士。

1949 年 1 月，中国人民解放军粤赣湘边纵队东江第三支队领导人合影。

朱骥于 1949 年任东江第三支队先遣总队总队长。同年 7 月在广州市郊九佛冯迳下村的突围战斗中牺牲。

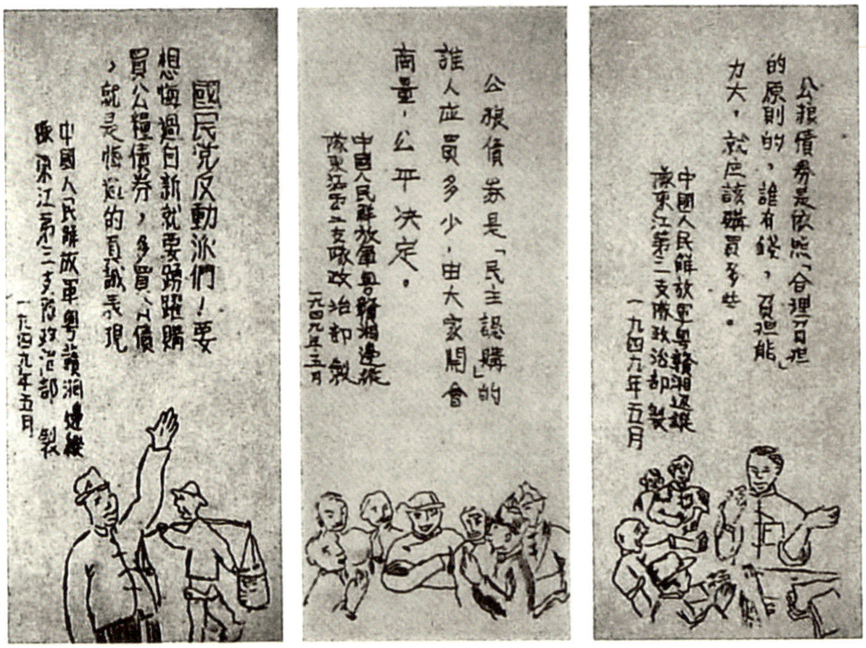

1949 年，东江第三支队印发的标语。

1949 年，粤赣湘边纵队的战士在试用缴获的重型机关枪。

1949 年 9 月，活动在中山、顺德、番禺的原珠江纵队部分人员被编入粤赣湘边纵队中山独立团、顺德独立团和番禺独立团；活动在粤中地区的原珠江纵队少部分人员被编入中国人民解放军粤中纵队；随东江纵队北撤的部队则被编入中国人民解放军第四野战军两广纵队。他们为南下大军解放广东作出了重要贡献。图为 1949 年 10 月，郑少康与黄旭分别代表两广纵队和中山独立团互赠锦旗。

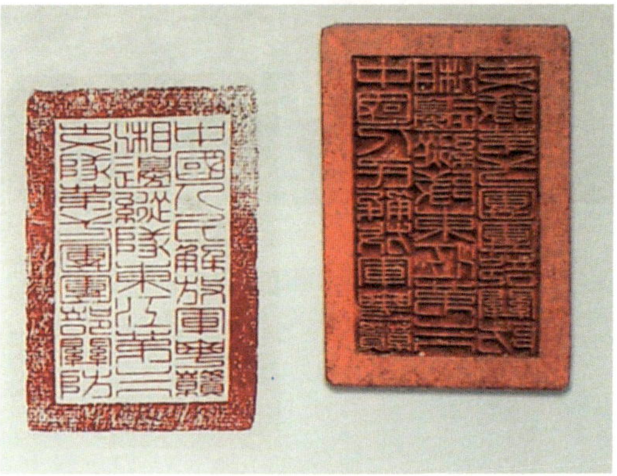

1949 年，粤赣湘边纵队东江第三支队第一团关防成立。

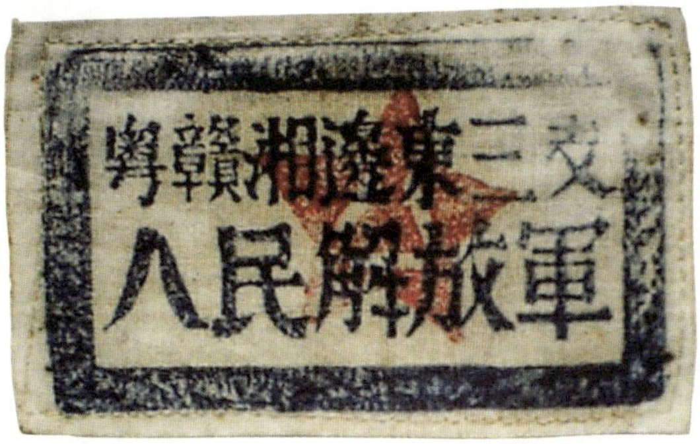

图为粤赣湘边纵队东江第三支队胸章。

迎来胜利的曙光

1949 年 8 月，珠江航拍图。两个月后，坐落在这片土地上的城市——广州发生了翻天覆地的转变，同时也改变了许多人的命运。

1949年5月23日，毛泽东和中央军委作出向广东进军的部署。7月，毛泽东制定了“大迂回、大包围、大歼灭”的作战方针，命中国人民解放军二野四兵团、四野十五兵团及两广纵队南下广东。图为四野十五兵团先头部队与粤赣湘边纵队北江第二支队在梅岭会师。

1949 年 10 月 1 日，中华人民共和国举行开国大典，毛泽东在天安门城楼上庄严宣布中华人民共和国中央人民政府成立。

中共中央華南分局告廣東同胞書

1949 年 10 月，《中共中央华南分局告广东同胞书》发表，号召广东人民群众动员起来，“拿出我们最大的力量迎接中国人民解放军，解放全广东，解放全中国”。

1949 年 10 月，中国人民解放军穿过五岭山区向广东挺进。

1949 年 10 月，中国人民解放军渡过唐江，指向广州。

1949 年 10 月，中国人民解放军第四野战军第十五兵团越过赣粤分界的大庾岭，向广州推进。

1949 年 10 月，解放军第十四军炮兵部队抢渡西江，直逼广州。

1949 年 10 月，中国人民解放军沿粤汉铁路进军广州。

解放军在南下广州途中。

1949 年 10 月中旬，解放军进入广州地区。

1949 年 10 月 14 日，解放军占领越秀山。

1949 年 10 月 14 日 18 时，中国人民解放军先头部队抵达沙河和广州北郊，旋即攻入市中心区，占领各重要机关。当晚在黄沙车站全歼残敌 2000 多人，在黄沙渡口消灭企图乘船逃走的敌军 500 多人。解放广州的战斗胜利结束。图为中国人民解放军经过黄花岗，奔袭广州市区。

解放广州的战斗胜利结束。中国人民解放军先头部队挺进市区，市民夹道欢迎。

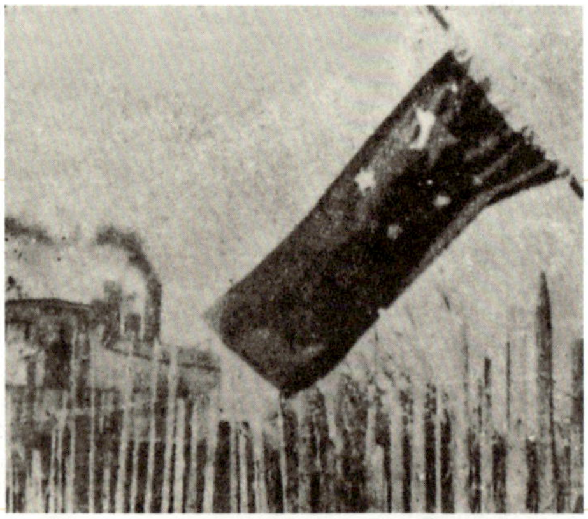

1949 年 10 月 15 日凌晨，广州东亚酒店地下工协会员挂出广州第一面五星红旗。

当年广州第一面五星红旗升起的地方——东亚大酒店（今长堤大马路 320 号）。

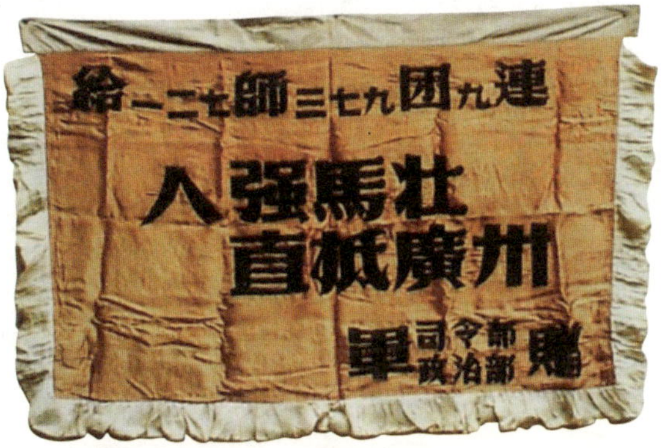

中国人民解放军四十三军奖给一二七师三七九团九连锦旗一面，内容为“人强马壮　直抵广州”。

中國人民解放軍約法八章

中國人民革命軍事委員會主席　毛澤東
中國人民解放軍總司令　朱德
一九四九年四月二十五日

中国人民解放军进入广州后严格执行军纪，秋毫无犯。图为解放军进城时公布的“约法八章”。

中国人民解放军骑兵部队进入广州市区。

解放广州时被俘虏的国民党军队士兵。

解放军占领广州国民政府行政院。

为了恢复珠江南北两岸的交通，广州市首任市长叶剑英下令立即抢修海珠桥。图为解放军抢修海珠桥的场景。

大公報
上海版
一九四九年十月十六日
★新華社時評★
慶祝廣州解放和殲滅白崇禧主力
廣州解放
華南
我軍繼續掃蕩殘敵
切斷廣九鐵路攻克三水

1949 年 10 月 16 日，上海《大公报》对广州解放的报道。

1949 年 10 月下旬，中国人民解放军沿阳江追击从广州向西逃窜的国民党军余汉谋部。

1949 年 10 月 19 日，中国人民解放军解放虎门要塞。图为两广纵队的战士们与缴获的大炮合影。

解放军守卫在海防前线，对面是葡萄牙殖民统治下的中国领土——澳门。

广东省人民政府主席叶剑英。

广东省人民政府副主席方方。

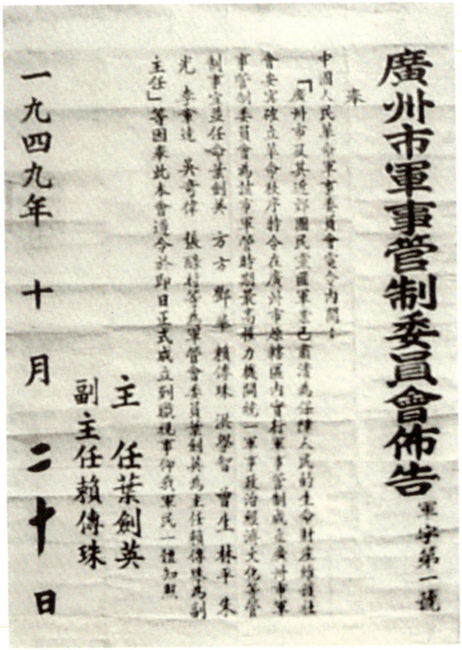

廣州市軍事管制委員會佈告 軍字第一號

奉

中國人民革命軍事委員會電令內開：

「廣州市及其近郊國民黨匪軍業已肅清為保障人民的生命財產維持社會安寧確立革命秩序特令在廣州市總轄區內實行軍事管制成立廣州市軍事管制委員會為該市軍管時期最高權力機關統一軍事政治經濟文化等管制事宜並任命葉劍英 方方 鄧華 賴傳珠 洪學智 曾生 林平 朱光 李章達 吳奇偉 張醁村等為軍管會委員葉劍英為主任賴傳珠為副主任」等因奉此本會遵令於即日正式成立到職視事仰我軍民一體知照

主　任　葉劍英

副主任　賴傳珠

一九四九年十月二十日

1949 年 10 月 20 日，军事管制期间的最高权力机关——广州市军事管制委员会成立，叶剑英兼任主任。图为广州市军事管制委员会的布告。

广州市军管会公安纠察大队的战士。

1949 年 10 月 28 日，广州市人民政府成立，叶剑英（左三）兼任广州市市长，李章达（左二）、朱光（左一）、梁广（右一）任副市长。

1949 年 10 月底，中国人民解放军第四野战军第四十四军一三一师政治部成员与各界民众慰问团合影。

高奏凯歌

中国人民解放军进入广州市区，受到广大市民的热烈欢迎。

1949 年 11 月 11 日，广州举行盛大的中国人民解放军入城式。

1949 年 11 月 7 日晚，广州数万工人举着火炬庆祝广州解放。图为火炬游行队伍途经永汉路的盛况。

1949 年 11 月 11 日，解放军炮兵部队在广州市郊集结，准备入城接受检阅。

在中国人民解放军入城仪式上，叶剑英、陈赓等首长正在检阅进城部队。图为在检阅台上的叶剑英（左三）、陈赓（右二）、方方（左一）、邓华（右一）、赖传珠（左二）。

叶剑英等在检阅台上。

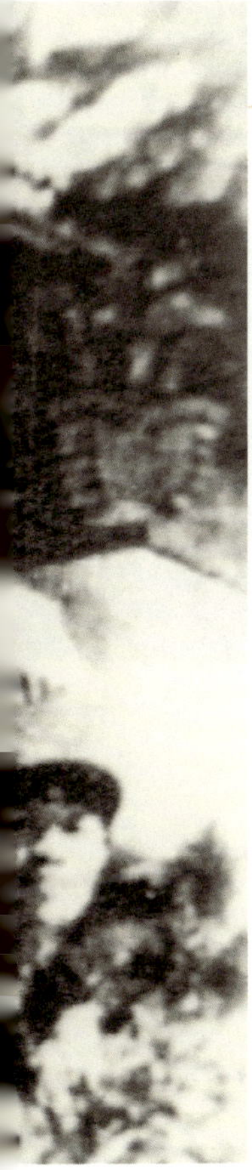

广州工人代表向叶剑英赠送锦旗。

入城仪式上的解放军炮兵部队。

入城仪式上的解放军队伍。

威武雄壮的解放军队伍。

人民解放军高射炮部队经过爱群大厦。

广州各界庆祝解放的游行队伍。

庆祝广州解放的学生舞蹈队伍。

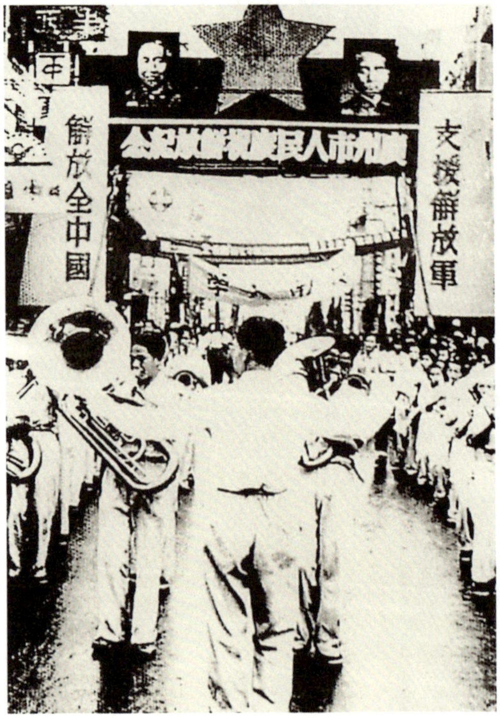

铜管乐队高奏凯歌，庆祝广州解放。

庆祝广州解放的华南文工团队伍。

1949年11月16日，香港画家们绘制的毛泽东巨幅画像悬挂于爱群大厦外墙。

1949年11月24日，广州工人纠察队成立。朱光（中）、李章达（左一）、梁广（左二）等市领导检阅工人纠察队。

1949 年 12 月 16 日至 18 日，广州市工人代表会议召开。
图为参加会议的工人代表在市政府门前合影。

1949 年 11 月 27 日至 12 月 1 日，广州市第一届各界人民代表会议在广州市政府召开，各党派、机关团体、企业等单位的 365 名代表参加会议。

广州市市长叶剑英致开幕词，发出“建设人民的广州”的号召。

广州市第一届各界人民代表会议会场一角。

后　记

由广州市人大常委会教科文卫工作委员会、广州市社会科学院历史研究所联合编撰的大型图录《中国民主革命策源地——广州（1840—1949）》，以图文并茂的形式鲜活地呈现广州作为中国民主革命策源地的史实及场景，反映了百余年来这座英雄城市的光辉历史进程。

本图录共收录图片1300多幅。图片主要为相关机构提供，如广东省立中山图书馆、中国社会科学院近代史研究所、孙中山大元帅府纪念馆、广州图书馆、孙中山故居纪念馆等。此外，还使用了旧报刊、明信片等照片，采用了部分外国人士在广州拍摄的老照片、个人捐赠的照片，以及文物或历史遗址实拍图。

图录的编辑、审订工作得到广东省社会科学院张磊研究员、中山大学历史系邱捷教授、中共广东省委党史研究室卢荻研究员、暨南大学张晓辉教授、广州市社会科学院历史所汪叔子研究员、中共广州市委党史研究室征集研究处卢玉华副研究员等大力支持。广东省立中山图书馆倪俊明副馆长、孙中山大元帅府纪念馆朱晓秋副馆长、广东省社会科学院历史与孙中山研究所李振武、张金超研究员为本书提供了宝贵的资料和素材。袁银昌老师对图录的总体设计和排版付出了极大努力。在此，我们深表谢忱。

谨向支持和协助本图录编撰工作的社会各方人士表示衷心感谢。

限于编撰时间和参与成员的水平，本书难免存在不足和缺点，恳请大家不吝赐教，以便改进。

编　者

2018年10月

主要参考书目

广东省立中山图书馆．广东百年图录（上下卷）．广州：广东教育出版社，2002.

广东省立中山图书馆．辛亥革命在广东．广州：广东教育出版社，2001.

广东省社会科学院历史研究室，中山大学历史系孙中山研究室，广东省中山县翠亨孙中山故居．纪念孙中山先生．北京：文物出版社，1981.

张磊，萧润君，盛永华．孙中山与宋庆龄．广州：广东人民出版社，1997.

盛永华，赵文房，张磊．孙中山与澳门．北京：文物出版社，1991.

广东省博物馆．广州百年沧桑．广州：花城出版社，2003.

广东省档案馆．不能忘却的记忆——广东抗战档案史料图录．广州：广东教育出版社，2015.

广东省人民政府参事室（文史研究馆）．海丝映粤——广东与 21 世纪海上丝绸之路建设图志．广州：广东经济出版社，2016.

广东革命历史博物馆．黄埔军校图志．广州：广东人民出版社，2010.

广州市文化局，毛泽东同志主办农民运动讲习所旧址纪念馆．新民主主义革命时期中国共产党广州历史图录．广州：广州出版社，2003.

广州市建设委员会．广州民居与庭园艺术．广州：花城出版社，2002.

广州博物馆，黄花岗起义指挥部旧址纪念馆．辛亥黄花岗起义．上海：上海古籍出版社，2006.

广州近代史博物馆．近代广州．北京：中华书局，2003.

广州工人运动史研究委员会，广州工人运动学会．广州工人百年图录．北京：中国工人出版社，2009.

广州地区老游击战士联谊会珠江纵队分会，郭昉凌．珠江纵队图志．北京：中共党史出版社，2014.

中国国家图书馆，大英图书馆．1860—1930：英国藏中国历史照片（上、下册）．北京：国家图书馆出版社，2008.

中国第二历史档案馆．中华民国历史图片档案（全 10 册）．北京：团结出版社，2002.

孙中山大元帅府纪念馆．广州许氏六昆仲与近代中国民主革命．广州：广州出版社，2015.

共青团中央青运史档案馆，共青团广东省委员会，共青团广州市委员会，广州青年运动史研究委员会．旗展东园：中国社会主义青年团第一次全国代表大会图志．广州：南方日报出版社，2012.

中山市地方志编纂委员会．孙中山图典．广州：广东人民出版社，2004.

《华南人民抗战历史图片集》编委会．华南人民抗战历史图片集．广州：广东人民出版社，2015.

《近世中国影像资料》编委会．近世中国影像资料（第一辑）．合肥：黄山书社，2013.

广州博物馆．广州历史文化图册．广州：广东人民出版社，1996.

程存洁，广州博物馆．革命・再革命：从兴中会到广州政权．北京：文物出版社，2011.

陈建华．中共三大纪念画册．广州：广州出版社，2006.

陈建华．广州抗战史迹图文集．广州：广州出版社，2006.

谭惠全．百年广州．北京：线装书局，2006.

李穗梅，朱晓秋．后辛亥时代的孙中山与广州．广州：广东科技出版社，2011.

王晓玲，蒋斌．广州起义图文集．广州：广州出版社，2007.

曾讲来．崩溃的帝国：明信片中的晚晴．北京：北京大学出版社，2014.

周勇，任竞．重庆图书馆馆藏珍贵抗战图片集．重庆：重庆出版社，2011.

文波．旧社会 1、2——老画报里的中国．广州：羊城晚报出版社，2000.

李民涌．志在共和：孙中山及其战友文物．广州：岭南美术出版社，2011.

陈胜粦，廖伟章，李才垚．对西方挑战的首次回应——鸦片战争．北京：文物出版社，1990.

张逸良．另一种表达：西方图像中的中国记忆．上海：上海三联书店，2016.

沈逸千，等．抗战记忆：尘封 70 年的珍稀抗战历史原照．上海：上海科学技术文献出版社，2016.

泰瑞·贝内特．中国摄影史：1842 — 1860. 徐婷婷，译．北京：中国摄影出版社，2011.

泰瑞·贝内特．中国摄影史：西方摄影师 1861 — 1879. 徐婷婷，译．北京：中国摄影出版社，2013.

泰瑞·贝内特．中国摄影史：中国摄影师 1844 — 1879. 徐婷婷，译．北京：中国摄影出版社，2014.

广州市银河革命公墓管理处，广州市银河烈士陵园管理处．广州市银河烈士陵园［内部资料］，2009.

广州近代史博物馆．近代广州教育轨辙：废科举百年纪念展［内部资料］，2006.

中国民主同盟广州市委员会．广州民盟六十年：一九四六 — 二〇〇六［内部资料］，2006.

中共广东省委宣传部，中共广东省委党史研究室，广东省档案局（馆）．南粤抗战丰碑：广东省纪念中国人民抗日战争胜利 60 周年展览图片集［内部资料］，2005.

十九路军淞沪抗日将属广州联谊会．十九路军一·二八淞沪抗日七十周年：1932 — 2002 纪念册［内部资料］，2002.

韶关图书馆．粤北抗战图片集——纪念抗战胜利七十周年［内部资料］，2015.

王晓玲．百年广州［内部资料］. 中共广州市委宣传部，2010 年．

《广州市政公报》（广州博物馆馆藏）

美国《生活》杂志（中山大学图书馆馆藏）

《时事画报》（广东省立中山图书馆馆藏）

《良友》画报（广东省立中山图书馆馆藏）

申谢单位及个人

中共广州市委宣传部
广州市原文化广电新闻出版局
广东省立中山图书馆
中国社会科学院近代史研究所
广东省社会科学院
孙中山大元帅府纪念馆
孙中山故居纪念馆
广东革命历史博物馆
广州近代史博物馆
广东省档案馆
广州市国家档案馆
广州图书馆
广州博物馆
广东省文史研究馆
中共广东省委党史研究室
中共广州市委党史文献研究室
毛泽东同志主办农民运动讲习所旧址纪念馆
黄花岗起义指挥部旧址纪念馆
中国第二历史档案馆
十九路军淞沪抗日将属广州联谊会
韶关市档案馆

李吉奎（中山大学历史系）
李学通（中国社会科学院近代史研究所）
沈　弘（浙江大学海外中国史研究中心）
袁露明（广州图书馆）
李民涌（南越王博物院）
李　静（上海袁银昌平面设计工作室）
倪世华（倪映典侄女）
刘良栋（刘纪文之子）

图书在版编目（CIP）数据

中国民主革命策源地——广州：1840—1949 / 陈建华主编．一广州：广州出版社，2023.9
ISBN 978-7-5462-3415-1

Ⅰ．①中… Ⅱ．①陈… Ⅲ．①革命史—广州—1840—1949 Ⅳ．① K296.51

中国国家版本馆 CIP 数据核字（2023）第 164237 号

出 品 人　柳宗慧
书　　名　中国民主革命策源地——广州（1840—1949）
ZHONGGUO MINZHU GEMING CEYUANDI —— GUANGZHOU (1840—1949)
出版发行　广州出版社
（地址：广州市天河区天润路 87 号广建大厦 9 楼、10 楼　邮政编码：510635）
责任编辑　区力文
文字编辑　周　秦
责任校对　李少芳
整体设计　袁银昌
设计排版　上海袁银昌平面设计工作室　李　静　胡　斌
印刷单位　佛山市兆荣印刷有限公司
（地址：广东省佛山市顺德区仙涌中集智城 6 座 A101 房　邮政编码：528308
电话：0757-23321081）
规　　格　889 毫米 ×1194 毫米　16 开
字　　数　520 千
印　　张　42
版　　次　2023 年 9 月第 1 次
印　　次　2023 年 9 月第 1 次
书　　号　ISBN 978-7-5462-3415-1
定　　价　328.00 元